여성 한국광복군 지복영 회고록

민들레의 비상

지복영 지음   이준식 정리

민족문제
연구소

민들레의 비상

말을 앞세우는 것보다 실천이 우선되어야겠다.
남이 알아주거나 말거나 스스로 옳다는 길은
아무리 험난하더라도 꾸준히 나아가야겠다.
아무리 힘이 들더라도.

지은이의 자경어自警語

오늘은 날씨가 흐리다. 비도 부슬부슬 내린다.

책을 펴 놓았다. 시간과 공간을 누비며 삶의 베를 짜던 지나간 인물들의 사건들을 더듬으며 나는 신께 빌었다. 지혜와 능력으로 내가 소원하는 이 '쓰는 일'이 꼭 이루어지게 해주십사고.

일제 36년간 한국 민족의 수난사(受難史) 가운데 피로써 절규하던 그 서럽고 아픈 사실의 자취들은 도대체 무엇일까? 모세가 이스라엘 민족을 노예에서 해방으로 이끌어내려고 40년간 사막을 헤매던 일과 흡사한 것 같다. 다만 모세 시대에는 모세 한 사람이 특별히 하나님의 부르심을 받고 명을 받아서 민족을 이끌었지만 20세기인 현세에서 한국 민족의 모세는 한 사람이 아니라는 사실만이 다른 것 같다.

나는 그들이 마치 민들레 씨앗처럼 느껴진다. 길가, 혹은 거친 들에 뿌리를 깊숙이 땅속에 묻고 때가 되면 싹이 트고 잎이 자라며 노란꽃송이를 피웠다가, (열매)씨앗은 바람이 불면 사방으로 흩어져 날아오르고, 또다시 땅 위 어느 곳에 떨어져 새로운 생명체를 키우는 그런 질기면서도 당위(當爲)의 생명력을 지닌 흔하디흔한 민들레 씨앗들 같이 생각된다. 한 송이 한 송이로서는 크게 아름다운 꽃도 아니건만 짓밟혀도 다시 살아나고 꺾여도 다시 피어나는, 그리고 비상(飛翔)의 꿈을 지녔으되 뿌리를 땅에 박고 있는 그런 민들레와 같이 생각된다.

'민들레의 비상!' 글쎄, 괜찮은 느낌을 주는 글 제목인 것 같은데! 호!

위의 짧은 글은 이 회고록의 지은이가 1983년 2월 1일 날짜로 남긴 것이다. 회고록을 쓰겠다고 마음을 먹으면서 어떠한 마음가짐으로 '쓰는 일'에 임할 것인지 스스로에게 다짐한 글로 보인다. 그러면서 지은이는 일제강점기에 독립운동을 벌인 이들을 '크게 아름다운 꽃도 아니건만 짓밟혀도 다시 살아나고 꺾여도 다시 피어나는' 민들레에 비유했다. 독립운동이란 몇몇 명망가만의 것이 아니라 이름 석 자도 제대로 남기지 못한 채 사라져간 무명전사들의 것이기도 하다는 평소의 생각이 잘 드러나 있다.

지은이가 생각한 글쓰기는 단지 자신의 회고록을 남기는 데 그치는 것이 아니었다. 좁게는 지은이의 집안 역사이기도 한 항일 무장 독립 운동의 역사, 더 나아가서는 일제 강점기에 온갖 고난을 겪으면서도 독립에의 희망을 포기하지 않고 끝내 그 희망을 이룬 우리 민족의 역사를 자신의 삶을 통해 정리했으면 하는 바람을 오랫동안 품고 있었다. 실제로 지은이는 회고록을 쓰는 데 착수하기 이전에 이미 자신의 부친이자 일제 강점기에 한국광복군 총사령을 지낸 지청천이 이끈 독립군 부대의 항일 무장 독립 운동을 독립 전쟁의 큰 흐름 안에서 정리한 책(『역사의 수레를 끌고 밀며—항일 무장 독립 운동과 백산 지청천 장군』, 문학과지성사, 1995)을 펴낸 바 있었다.

그러나 먼저 부친에 관한 책을 쓴 뒤 이어 자신의 회고록을 쓰겠다는 생각은 예상과는 달리 쉽게 마무리되지 않았다. 아무리 총기를 잃지는 않았다고 하더라도 이미 일흔이 넘은 나이에 수십 년 전의 일을 기억의 창고에서 끄집어내어 깔끔하게 정리하는 것은 결코 쉬운 일이 아니었다. 게다가 남에게 흠 잡히는 것을 꺼려하던 성품 때문에 한 번 쓴 글을 고치고 또 고치는 동안에 시간은 덧없이 흘러갔다. 그러다가 우리 나이로 아흔을 코앞에 둔 2007년 '1년만 시간이 있으면 회고록을 완성할 수 있을 터인데' 하는 바람을 이루지 못한 채 세상을 떠나고 말았다.

지은이가 특히 '미완'이라고 여긴 부분은 지은이의 삶에 버팀목이 되어준 어머니나 어린 시절을 보낸 만주 충허(沖河)의 모습에 대해 더 자세히 기록을 남기고 싶어 했는데 결국에는 그러지 못했다는 것이다. 그래서 지은이는 어떻게든 부족한 부분을 늘리고 보충해야겠다는 생각을 자필 회고록 교정본에 메모 형태로 남겨 놓았다.

지은이가 세상을 떠난 뒤 유족들은 지은이에 의해 완성되지 않은 '미완'의 회고록 출판 여부를 놓고 고심을 거듭한 끝에 고인의 뜻을 존중해 자필 유고에는 손을 대지 않되 필요하다면 각주의 형태로 보완하는 선에서 마무리해 출판하기로 했다. 이 책 제1편이 지은이가 남긴 육필 원고를 가급적 원문 그대로 실은 것이다. 아울러 지은이가 남긴 글 가운데 회고록과도 관련된 몇 편은 한데 묶어 내기로 했다. 제2편의 글들이 바로 그것이다.

회고록 출판을 결정한 뒤에는 제목을 정하는 게 고심거리였다. 지은이가 제목을 정해놓지 않았기 때문이다. 그래서 지은이 스스로 '괜찮은 느낌을 주는 제목'이라고 적은 '민들레의 비상'을 제목으로 정했다.

'미완'의 회고록을 정리하는 일은 역사를 공부한 두 아들에게 맡겨졌다. 특히 어머니를 오랫동안 모신 작은아들이 평소 어머니에게 들은 바가 많아서 육필 원고의 메모가 갖는 의미를 정확하게 알고 있었기 때문에 회고록을 완성하는 데 큰 도움이 되었다. 회고록을 정리한 사람으로 큰아들인 내 이름만 올라간 이유는 아우가 이름이 올라가는 것을 극구 사양했기 때문이다.

나는 오랫동안 한국 근·현대사를 공부하고 가르쳤다. 한때는 친일인명사전편찬위원회에서 상임편찬위원으로 일했고 친일반민족행위자재산조사위원회에서 친일 재산을 국가로 귀속시키는 일도 했다. 내가 역사를 공부하고 더 나아가 역사 연구와 실천의 문제를 한데 엮어 생각하게 된 데는 아무래도 어머니의 영향이 컸다.

내가 막연하게나마 역사를 공부하고 싶다는 생각을 하게 된 것은 중학교 시절부터였다. 어린 마음에 우리 역사에 대해 관심을 갖게 된 데는 어머니에게서 전해들은 만주 벌판과 중국 대륙의 이야기가 크게 작용했다는 것을 깨닫게 된 것은 한참 후의 일이었다.

내 진로에 큰 영향을 미친 어머니는 독립운동가 지청천의 딸이자 동시에 독립운동의 최전선에서 싸운 여전사였다. 내가 철들고 나서 알게 된 것은 어머니의 일생을 떠받친 힘이 한국광복군의 여성 장교이자 대한민국임시정부(이하 임정)의 요원으로 활동한 자부심에서 비롯되었다는 사실이다.

1940년 9월 17일 중국의 임시 수도이던 충칭(重慶)의 가릉빈관이라는 호텔에서 임정 산하 한국광복군총사령부의 성립을 알리는 전례식이 열렸다. 전례식이 끝난 뒤 참석자들은 기념 촬영을 했다. 사진에는 당연히 임정 주석 김구, 한국광복군 총사령 지청천 등 임정과 한국광복군의 요인들이 포함되어 있다. 그렇지만 정작 내 눈길을 끄는 것은 따로 있다. 군복을 입은 여성 광복군 네 명의 늠름한 모습이 바로 그것이다. 이 가운데서도 가장 자그마한 체격의 여성이 이 회고록의 지은이자 나의 어머니이다.

어머니는 1919년 서울에서 태어났다. 3·1운동으로 활활 타올랐던 독립을 향한 민족의 의지가 좌절된 직후였다. 어머니가 태어난 지 채 며칠도 지나지 않아 부친인 지청천은 독립 전쟁을 수행하기 위해 만주로 망명했다. 망명한 독립운동가의 딸로 태어났다는 사실 자체가 이후 어머니의 운명을 결정했는지도 모른다.

철도 들기 전에 아버지를 찾아 가족과 함께 만주로 이주한 뒤 만주에서의 삶은 고난 그 자체였다고 한다. 먹을 것을 제대로 못 먹어 영양실조와 병으로 여러 차례 죽을 고비를 넘기기도 했다. 어머니는 생전에 체격이 아주 작았는데 이때의 병치레와 영양실조 때문인지도 모를 일이다.

그러나 가족보다는 빼앗긴 나라를 되찾는 일에 몰두하는 독립운동가의 딸로서 어머니는 어렸을 때부터 민족과 나라에 대한 사랑을 내면화할 수 있었다. 당신의 육친인 지청천을 비롯해 주위의 독립운동가들의 언행은 그 자체가 어린 소녀에게 귀감이 되었다.

뿐만 아니라 독립운동의 일환으로 세워진 학교에서 받은 초등교육도 민족의식을 키워나가는 계기가 되었다. 지금도 내 눈에는 동작동의 국립현충원을 방문할 때마다 어린 시절 어머니에게 큰 영향을 준 독립운동가들의 무덤과 위패에 꽃 한 송이를 바치고 그분들을 추억하는 어머니의 모습이 눈에 선하다.

그러나 만주에서의 생활도 그리 오래가지는 못했다. 부친인 지청천이 한국독립군의 총사령관으로 대전자령전투 등에서 일본군에 승전을 거둔 뒤 임정의 초청을 받아 1933년 중국 관내로 이동했기 때문이다. 어머니도 가족과 함께 만주를 떠날 수밖에 없었다. 어머니는 중국 관내에서 중국인 학교에 다니면서 여느 사춘기 소녀들과 마찬가지로 문학소녀의 꿈을 갖기도 했고 성악을 공부했으면 좋겠다는 생각을 하기도 했다. 그렇지만 독립운동가의 딸로 어렸을 때부터 민족의식을 키워오던 터였기에 개인적인 꿈은 꿈으로 남겨둘 수밖에 없다는 사실을 어머니는 너무나도 잘 알고 있었다. 그리하여 학교를 마칠 무렵 결국 개인적인 꿈은 접고 독립운동에 투신할 것을 결심했다.

그런 결심은 스물 남짓의 젊은 여성의 몸으로 1938년 광서성 유주에서 한국광복진선청년공작대가 조직될 때 참여하는 것으로 구체화되었다. 그러면서 남성과 마찬가지로 여성도 독립 전쟁의 최일선에서 싸워야 한다는 자각은 더 깊어졌다. 한국광복군이 창설될 때 기꺼이 군인이 되기로 결심한 데는 이러한 생각이 자리를 잡고 있었다.

실제로 임정과 한국광복군도 독립운동에 남녀의 차이가 있을 수 없다는 것을 강조하고 있었다. 어머니는 나중에 "조국을 광복하고 신국가를 건설하는 데 역군"인 여성도 "국민의 의무를 남성들과 함께 하기 위해" 그리고 "임시정부 헌법이 빈부와 신분의 귀천을 구별하지 않고 특히 남녀 평등을 강조한 데 자극받아 미력이나마 일조를 하고 싶어서" 한국광복군에 입대했다고 회고했다.

여성의 몸으로 군인이 된다는 것은 결코 쉬운 일이 아니었다. 그러나 독립을 이루어야 하고 독립이 된 뒤 새로 세워질 나라는 남성과 여성이 평등해질 것이라는 희망이 있었기에 남성과 똑같은 훈련을 받고 장교로 임관할 수 있었다.

어머니는 한국광복군의 장병 초모 사업에 자원하기도 했다. 중국군과 일본군이 직접 전투를 벌이는 곳에서의 초모 활동은 언제 일본군이나 한

간 곧 중국인 친일파에 발각되어 목숨을 잃을지 모르는 위험을 내포하고 있었다. 그렇기에 남성도 쉽게 내켜하지 않는 일일 수도 있었다. 그런데 어머니는 누구보다 앞서 초모 활동에 자원했다고 한다.

1945년 8월 15일 일제의 항복 선언과 함께 우리 민족은 해방되었다. 그리고 3년 뒤 한반도의 남쪽에서는 대한민국이 수립되었다. 그러나 광복을 이룬 조국에서 새로운 국가를 만드는 데 힘을 보태고 싶다는 어머니의 희망은 제대로 이루어지지 않았다. 임정도 한국광복군도 정부 수립 과정에서 주변으로 밀렸다. 어머니는 지금으로 치면 영관급에 해당하는 한국광복군 장교의 전력을 뒤로 하고 뒤늦게나마 공부의 길을 밟았다. 이후 어머니의 삶은 평범하다면 평범한 것이었다.

서울대학교 도서관 사서로 일하다가 결혼했고 딸 하나와 아들 둘을 낳았다. 나중에는 부산 화교중·고등학교의 교사로 근무하면서 학생들을 가르치는 것에서 삶의 즐거움을 찾기도 했다. 어머니에게 최고의 즐거움은 만주와 중국에서 독립전쟁을 위해 피땀을 바친 독립운동가들의 삶을 기리고 다음 세대에 전하는 것이었다. 당신의 젊었을 때 삶을 정리해 역사의 작은 기록으로라도 남기겠다는 생각을 하게 된 것도 바로 이러한 이유 때문이었다.

이제 어머니가 미처 끝내지 못한 유고를 정리해 책으로 내면서 한편으로는 걱정이 앞선다. 비록 각주를 다는 정도의 정리이기는 하지만 유고에 손을 댄 게 조금이라도 어머니의 본 뜻에서 벗어나는 잘못을 범하는 일은 아닌지 우려되기 때문이다. 그러면서도 이 회고록을 통해, 자라나는 세대가 일제 강점기 우리 선조들이 겪었던 아픈 역사 그리고 그 아픔을 극복하기 위해 모든 것을 희생해 싸운 독립운동의 역사를 조금이라도 이해하게 된다면 대전 현충원에 잠들어 계신 어머니의 바람이 이루어지는 것이리라 위안을 삼는다.

　마지막으로 어머니가 당신 육친의 뜻을 이어 세상을 떠나는 날까지 품고 있던, 그리고 많은 독립운동가가 추구하던, 자유와 평등이 물결치는 나라 만들기라는 오랜 꿈이 완전히 실현되는 날을 그려 본다.

2015년 6월　이 준 식

차례

제2편 논설 기타

일러두기

1. 저본은 다음과 같다.

　회고록 1부―프린트 지은이 교정본(필요한 경우 초고를 참조)
　　　　2부―3차 초고(필요한 경우 2차 초고를 참조)

2. 지은이가 초고에서 '보충 필요'라고 메모한 부분이나 원문 내용의 이해에 도움이 필요한 부분에 각주를 달았다. 각주에 있는 한시와 노래 가사의 번역은 모두 정리한 이가 한 것이다.

3. 한글 표기를 원칙으로 했다.

　초고는 한글 / 한자 병용인데 한자를 한글로 바꾸었으며 다만 지명, 인명은 처음 나올 때 한글(한자)로 표기하고 다음부터는 한글로 표기했다. 일반명사는 뜻을 정확하게 밝히기 위해 한글(한자)로 표기하기도 했다.

4. 현행 한글 맞춤법을 적용했다. 다만 다음의 경우에는 지은이의 원문을 그대로 살렸다.

　① 자주 쓰지 않지만 우리말의 풍부한 표현
　② 우리말의 다양한 변용을 보여주는 색깔, 거리 표현

③ 부사, 구절, 말이 반복되는 것(강조의 표현)

④ 중복 문장부호

⑤ 문학적 함의를 담은 낱말이나 어구

5. 외국 지명은 그곳 발음을 원칙으로 하되 우리에게 이미 익숙한 발음은 우리 발음으로 표기했다. 중국 성(省), 현(縣), 관내지역(關內地域)의 지명은 한자의 우리 발음으로 표기하고 본문 첫 표기 때 (　) 안에 한자를 병기했다. 만주의 마을은 원고대로 중국발음으로 표기하고 본문 첫 표기 때 (　) 안에 한자를 병기했다. 단 충허(冲河)는 冲河와 冲河鎭이 병용되고 있는데 많이 사용된 冲河의 중국발음인 충허로 표기하고 冲河鎭은 충하진으로 표기했다. 또 그곳의 하천을 뜻하는 경우에는 우리 발음대로 충하(冲河)라고 표기했다.

6. 원문에 우리말 번역이 없는 간략한 중국말은 (　) 안에 우리말 번역을 넣었고, 원문에 우리말 번역이 없는 중국어 노랫말은 각주를 달아 우리말 번역을 적었다.

또한 필요할 경우 (　) 안에 그 뜻을 간략히 설명했다.

제 1 편
회고록

서장序章

　오래전부터 나는 내 가슴속에 들끓고 있는 생각들을 좀 정리해서 기록해 보고 싶은 마음을 가지고 있었다. 그런데 그게 쉽지가 않았다. 차일피일 이 핑계 저 핑계로 지금에 이르고 말았다. 이제 내 나이 이미 희년(稀年)도 넘어, 좀 잔망스러운 말 같지만 지나간 70여 년에 비해 앞으로 남은 세월이 얼마 되지 않으리라는 것을 깨닫지 않을 수 없다. 그와 아울러 지나간 70여 년의 세월과 그 세월 속에서 소용돌이치던 내 삶이 하나의 혼돈으로 나를 새삼 안타깝게 한다. 이젠 좀 넉넉하며 느긋하게 살 만한 나이도 되었는데.

　'나'란 도대체 무엇인가? 왜 태어났으며 왜 그렇게 살아야만 했나? 마치 한 마리의 작은 새모양 그렇게 아프게 날갯짓을 해야만 했나? 지금도 그 확실한 해답을 나는 얻지 못했다. 혹 앞으로 얼마 남지 않은 생애 가운데서 홀연히 깨달음을 얻을 수 있을런지?!

　일찍이 나는 중·고등학교 시절에 글 쓰는 사람이 되어보겠다고 꿈을 꾸어 본 적이 있었다. 그건 나를 가르치던 선생님의 "글을 제법 잘 쓴다"는 칭찬 몇 마디에 연유한 것인지도 모른다. 하여간 연습 삼아 일기도 꼬박꼬박 쓰고 시나 소설 따위도 더러 써서 투고도 해본 적이 있었다. 그리고 1940년 9월 17일 한국광복군이 창군되자 종군(從軍)을 한 이후 역시 일기를 계속 썼다. 특히 1942년 봄에 광복군초모위원회(光復軍招募委員會)의 일원이 되어 제5전구(戰區)-지금 많은 역사 자료에는 9전구로 기록되어 있는데 내가 그곳에 갈 때는 분명히 제5전구였음-인 안휘성(安徽省) 부양(阜

陽)으로 가서 1년여 복무하는 동안에는 출발하는 날부터 중경(重慶)에 돌아오기까지 줄곧 일기를 써왔는데 이름하여 '종군일기(從軍日記)'라 했다.

이것들, 즉 내가 전후하여 적은 일기들과 나의 성적표, 상장, 그리고 심지어는 내가 썼던 학교에서의 필기장까지 내 어머니는 나를 중히 여기는 것과 마찬가지로 소중히 간직해 오셨다. 꽤 큰 상자 하나를 마련하여 그것들을 차곡차곡 넣어두고 자물쇠까지 채워 보관하셨다. 그런데 어찌 뜻하였으랴? 어머니의 그 정성 어린 보관물이 하룻저녁에 이웃 솜틀집에서 일어난 불로 인하여 깡그리 소실(燒失)되고 말았다. 그날 내가 집에만 있었더라도 그건 건졌을 것인데. 어머니의 정성을 생각해서라도 그것만은 건졌을 것인데, 하필이면 그날따라 아버지께서, 아니 광복군 총사령 지청천 장군께서 특별한 배려를 해주시어, 남온천(南溫泉)에 가서 며칠 동안이라도 푹 쉬면서, 그간 여러 달 동안 병고에 시달리던 심신을 가다듬어 가지고 다시 일자리로 돌아와 공무에 전념하라고 특별휴가를 주셨다. 지우(知友) 조계림(趙桂林)과 함께 토교(土橋)로 가서 교포 친지 집에 숙소를 정하고 곧 남온천으로 가서 중앙정치대학에서 공부하고 있는 동창생들도 만나 오래간만에 정회(情懷)도 나누고 토론도 하다가 도보로 늦게 별을 이고 돌아오니 집에서의 화재 소식이 기다리고 있었다.

앉아서 밤을 새우고 새벽 첫차(버스)를 타고 중경으로 달려가 보니 집이 서있던 자리에 건물은 보이지 않고 군데군데 매운 연기만 모락모락 피어오르고 있었다. 나는 망연자실, 식구들의 안위(安危)가 걱정되어 섰다가 서둘러 임시정부 청사로 발길을 돌리는데 저만치서 어머니가 어린 조카(언니의 아들)들을 데리고 오시는 것이 보였다. 뛰어가 껴안으니 어머니의 첫 말씀이 "미안하다, 네 물건을 건지지 못해서. 우선 식구들의 목숨부터 구하느라고… 순식간에 그만 기둥이 무너지는 바람에…"라고 하셨다.(그때 내 언니는 이미 출가했지만 신병(身病)으로 어머니와 함께 살았다.) 나는 "사람은 다치지 않았어요? 모두 무사해요? 그럼 됐어요. 나는 얼마나 걱정했다구요.… 그런데 지금 어디 가셔요?" 하고 말하면서 어머니를 위로하고 조카들에게 아침을 사 먹였다.

그러나 지금 와서 생각해보면 어머니의 그 지성스런 사랑과 함께, 그 소실된 기록들이 아쉽고 그리워진다. 그것들이 남아 있었더라면, 참으로 많은 참고가 되었을 터인데…. '죽은 아이 나이 세어 보기'라더니 이런 일을 두고 하는 말일 것이다. 헛된 말은 접어 두자.

어쨌거나 나를 스치고 지나간 사람들, 내 어머니와 아버지를 비롯하여 스승 또는 친구들, 그리고 이름조차도 모르면서 스친 사람들, 그들과의 만남은 또 무슨 뜻을 가진 것이었을까? 이것이 내가 이 글을 쓰는 이유라면 이유이다.

나는 누구인가?

1부 들숨과 날숨 사이에서[1]

1. 출생

　나는 1919년 4월 11일─지금 호적에는 1920년으로 올라 있지만 사실은 1919년 기미년 생이다─오전 아홉 시가 넘은 열 시 가까운 시각에 고고(呱呱)의 첫울음을 울었다고 한다. 서울 종로구 관훈동 어느 셋방에서, 조금은 남다른 운명을 가지고 태어났다.

　원래 우리 집은 소위 서울에서도 양반골이라는 삼청동(三淸洞)에 제법 규모 있게 지은 집에서 살았었다고 한다. 내 어머니가 시집오실 때까지만 해도 비복(婢僕)도 몇 명 거느리며 살았는데, 어머니는 엄한 시집살이에 중문 밖에도 별로 나가는 일 없이 안채에서만 맴돌았다고 한다. 내 오빠와 언니는 바로 그 집에서 태어났다. 그러나 내 오빠가 세 살 때 조모가 돌아가시고 이어 아버지는 일본 육군사관학교를 졸업하시었는데, 재학 당시 1910년(경술년) 8월 29일 풍전등화같이 위태롭던 나라가 망국(亡國)이라는 비운을 맞으니 어쩔 수 없이 나라 잃은 백성이 되어, 아니 일본 백성이

---

1)　원고 1부의 원래 제목은 '아, 세월! 그 더딘 걸음 : 집시같이 떠돌며 자라던 시절'이다. 2부 원고 처음에 '一. 들숨과 날숨 사이에서　二. 산도 굽이굽이 물도 굽이굽이'로 적혀 있다. 2부 집필을 시작하며 1부 제목이 수정되었다고 생각한다.

되기를 강요당하여 일본군에 임관(任官)되게 되었다. 그 비참한 마음, 터질 것만 같은 울분을 참기 어려워 고민으로 날을 보내는데 그것도 모르고 세상일에 어두운 나의 외조모는 다만 당신의 애지중지 기른 딸이 시집가서 남편과 함께 단란하게 살지 못하는 것이 안타까워서 사위인 내 아버지에게 사정사정하여 조른 끝에 어머니가 내 언니와 오빠를 데리고 일본으로 건너가게 되었다. 그때 어머니는 고모님들의 허락을 얻어 삼청동 그 유서 깊은 옛집을 남의 손에 넘겨주고 말았다고 한다. 그런 까닭에 나는 셋방에서 태어나는 몸이 되었다.

　그러나 내가 좀 남다른 운명을 가지고 태어났다는 것은 결코 셋방에서 태어났다는 사실만을 두고 하는 말은 아니다. 어머니가 언니와 오빠를 데리고 일본 시모노세키(下關)에서 배를 내렸을 때 아버지의 첫마디 말은 "아니, 청룡(오빠의 아명)이까지 데려오면 어떻게 하오? 왜땅에 데려다가 왜놈 만들 작정이오? 청룡이는 여기서 바로 서울로 돌려보내야 하오"였다. 이어 어머니를 위해 함께 일본에 오신 나의 이모부(鄭其先. 정읍)께 부탁하여 시모노세키에서 겨우 하룻밤을 재우고 그 길로 서울로 돌아가게 하였다. 그런 처지에 그런 형편으로 시작한 어머니의 일본에서의 생활은 하루도 마음 편할 날이 없었지만, 비로소 조금씩 남편인 내 아버지의 속생각을 알아차리게 되었다. 그런 가운데 어느 날 밤 할머니로부터 큰 연꽃 한 송이를 받아드는 꿈을 꾸고서 나를 잉태하셨다는데 전하는 말에 꽃은 딸이라고 하여 으레 딸이겠거니 생각하셨지만, 아버지는 기왕이면 아들 하나 더 얻었으면 좋겠다고 하셨다 한다. 그래서 어떤 친구가 몸보신하라고 큰 잉어 한 마리를 가져 왔는데 "병이 나지 않아서 걱정인데 보신은 무슨 보신이오? 부인이 임신 중이니 아들이나 빌어봅시다" 하고 방생(放生)으로 잉어를 물에 놓아 주었다고 한다.

　그런데 그때 아버지는 벌써부터 벼르고 벼르던 탈출을 하고자 하여 일부러 끼니를 거르고 음주 등 겉보기에 매우 무질서한 생활을 하여 일본 당국의 이목을 흐리게 하였다. 그러다가 마침내 그 계획이 이루어져서 목에서 피가 나오게 되자 그걸 소중히 싸가지고 병원에 가서 진찰을 받고, 의사가 아니라고 하는데도 끝끝내 "폐결핵에 걸렸으니 일본에 더 머무르면 죽을 수밖에 없다. 그러니 공기 좋고 수토(水土)가 맞는 고향에 돌아가 치료해야겠으며 또 아내도 이곳에서는 도저히 출산할 수 없다고 졸라대니 무슨 일이 있더라도 서울로 꼭 돌아가야 하겠다"고 우기기를 여러 날 거듭한 끝에 마침내 겨우 휴가의 형식을 얻어 일본 땅을 벗어나 서울로 돌아올 수 있었다. 그러나 아버지는 최종 목적을 이루기 위해 병 치료는커녕 겉보기에는 더욱 무질서한 생활을 하여 드디어 일본 당국으로부터 "저 사람은 이미 폐인이 다 되었다" 할 정도까지 되었다. 그러니까 그때가 바로 기미년 3월 만세운동이 요원의 불길처럼 우리나라 방방곡곡에 타오르던 때였다.[2]

아버지가 망국민이었기에 나도 국적 없는 백성으로 이 땅에 태어났다. 그리고 세상에 태어난 지 사흘이 되어서야 겨우 아버지와 대면할 수 있었고, 그때 아버지로부터 들을 수 있었던 첫 말은 "아! 아깝구나! 사내로 태어났더라면 나라의 일꾼 하나 더 보태는 것을…" 하는 탄식 섞인 말뿐이었다. 그러나 그 말을 태어난 지 겨우 사흘만인 내가 어찌 알아들을 수 있었으랴마는 이것은 훗날 어머니로부터 전해들은 말이었다. 그 짧은 대면과 함께 꼭 한 번 아버지 품에 안겨보고 나서는 다섯 살이 되도록 아버지를 두 번 다시 만날 수가 없었다.

아버지의 망명으로 인해 산후 조리도 제대로 못한 어머니는 아버지가

---

2) 지청천은 1951년 3월 1일 일기에서 3·1운동 전후 일제 당국의 감시 속에서 망명할 때 상황을 이렇게 회고했다. "나는 이때에 천도교의 손병희 씨와 연락하고 재일 유학생을 지도하고 있었다. 3월 1일 이후로 일본 당국의 나에 대한 감시는 더욱 심하여졌다. 4월 중순 경 현역 장교의 직을 지닌 채로 압록강을 건너 만주로 망명할 때까지도 혁명의 길을 찾느라고 고심참담하였다."

다녀가신 지 며칠 뒤부터 일본 경찰과 헌병들의 시달림을 받기 시작했다. 어머니는 하늘이 무너져 내리는 듯하였지만 아버지의 탈출이 성공하기만 빌 뿐으로 일본 경찰이나 헌병들에게는 시종 "나는 원래 구식 여자라 배운 것도 없고 무식해서 남편이 항상 못마땅하게 생각하던 터이라, 아마 어떤 신식 여성과 마음이 맞아 어디 숨어서 재미를 보는 모양이니 나는 숫제 찾을 생각도 하지 않는다. 그리고 나는 벌써부터 마음을 정하고 아이들이나 키우며 살려고 작정하였으니 부디 날 괴롭히지 말아 달라"고만 말했다.

본래 일본을 떠날 때부터 아버지는 만주로 망명한다고 어머니에게 알렸고 서울에 돌아와서도 아버지는 "언제든지 내가 여러 날 계속 집에 들어오지 않고 갑자기 일본 경찰이나 헌병이 찾아와서 내 행방을 묻거든 그저 모른다고만 하시오. 그리고 그런 일이 보름이나 20일 계속되거든 이미 내가 무사히 탈출한 것으로 알고 안심해도 좋소" 하고 귀띔해 두셨다. 그래서 어머니도 미리부터 이제나 저제나 마음을 졸이면서 기다리던 터라 "20일만 참자" 하고 버티셨다. 이러고 보니 나는 태어나자마자 곧바로 아버지와 생이별을 하고—그것도 언제 다시 만날 수 있다는 기약도 없이—, 그리고 어머니는 무시로 종로경찰서에 불려가서 시달림을 받는 바람에 제때에 젖도 못 먹는 신세가 되고 말았다. '인생이 공수래공수거(空手來空手去)'라는 말도 있지만, 나는 나면서부터 가진 것 없이 태어났을 뿐만 아니라 오히려 피할 수 없는 운명의 짐을 잔뜩 짊어지고 태어난 셈이었다.

어머니가 산후 조리도 제대로 못하신 채 그런 시달림을 받는 가운데서도, 일주일이 지나고 보름이 지나고 한 달이 지났다. 비로소 어머니는 아버지가 무사히 탈출하셨다는 것을 짐작하고 마음을 다잡아 생계를 도모하려 하셨다. 어머니의 친정은 우리 집보다 넉넉한 가세였고 또 남자형제도 없어서 나의 외조부는 딸 삼형제를 애지중지하여 사랑에 독선생까지 모셔다가 한문 공부까지 시킬 정도로 귀하게 기르시기는 하였으나 유교적인 교훈으로 부도(婦道)에 더 치중하였기 때문에, 바느질 솜씨, 음식 솜씨 말고는 다른 방도로 생활해 나갈 힘이 없으셨다. 어머니의 바느질 솜씨는 참으로 놀라웠다. 곱고도 빨랐다. 그래서 삯바느질을 시작하여 밤을 낮으로 삼아 부지런히 일을 하셨다. 그리하여 네 식구의 생계를 유지하며 언니와 오빠를 학교에도 보내셨다.

그러나 일본 헌병과 경찰의 감시가 그대로 끝난 것은 아니었다. 그 뒤에도 헌병과 형사들이 계속 우리 집을 감시하고 걸핏하면 종로경찰서로 부르는 것이었다. 그러므로 일가친척도 자주 찾아오지 못하고 낯선 사람은 더욱 어려웠다. 우리 집을 찾는 사람은 누구를 막론하고 일본 헌병과 형사의 조사를 받아야 했고 어머니도 마찬가지로 족지족(族之族: 친척관계)을 캐묻는 시달림을 받아야 했기 때문에 찾아오는 것을 무서워하기까지에 이르렀다. 찾아오는 사람도 차츰 없어지게 되었다. 그런 가운데서도 가끔은 방물장수, 황아장수로 변장한 독립군의 연락원, 공작원들에게서 아버지의 소식을 들을 수 있었다. 물론 이들의 말을 믿을 수 있는 것은 미리 약속된 암호 같은 것이 있어서였다. 암호로 서로 상대방이 틀림없는 동지라는 것이 확인되어야 비로소 믿고 말할 수 있는 것이었다.[3]

그런데 일설에 의하면 그때 내 아버지의 사관학교 동창생들이 돈을 거두어 우리를 도왔다고 하는데 나는 이에 대해서 매우 이상스럽게 생각되는 점이 있다. 어머니의 성품으로 보아 그런 일이 있었다면 반드시 우리 형제자매에게 이야기하셨을 것이다. 언제라도 기회 있으면 신세를 갚으라고. 그

---

3) 당시 일제 경찰이 촉각을 곤두세우고 경계, 감시하던 정황은 『동아일보』(1924년 6월 28일) 기사에서도 확인되고 있다. "청천 부하 잠입설. 폭탄과 륙혈포를 가지고 상해 방면서 잠입햇다고. 시내에는 2-3일 전에 상해 방면으로부터 독립군 수령 리청천(지청천 : 인용자)의 부하 김철준이라는 사람이 다수한 권총과 폭탄을 가지고 몰래 잠입한 일이 잇다 하야 시내 각 경찰서에서는 쥐도 새도 모르는 엄중한 비밀 속에서 각 방면으로 대 활동을 개시하엿다더라." 많은 폭탄을 가지고 상해에서 왔다는 것은 과장이겠으나 독립군 공작원이 국내에서 활동하는 것을 일경이 극도로 경계하고 있던 사실은 확실하다.

런데 한 번도 그런 이야기가 없으셨다. 대신 한규설(韓圭卨) 씨에게서 약간의 도움을 받은 사실과 손병희(孫秉熙) 댁과 왕래가 있었던 일은 말씀하셨다. 그리고 옛말에 가난구제는 나라도 못한다고 하였는데 그들의 도움이 있었다고 한들 어찌 근본적인 해결책이 되었겠는가? 더구나 앞에서도 말했듯이 누구나 우리 집을 찾는 사람은 한바탕 곤욕을 치러야만 했음에랴.

이런 비참한 생활로 인해 셋방살이를 전전하던 끝에 그만 만주에서 찾아오는 공작원의 연락이 끊어지고 말았다. 공작원이 와서 내놓고 찾을 형편은 못되고 숨어숨어 찾다가 찾을 수 없게 되니 만주로 돌아가 '○○○의 부인은 돌아가신 모양'이라고 한 말이 한 입 걸러 두 입 전해지는 사이에 그만 내 어머니가 '죽은 사람'으로 되어버렸다. 아아, 참으로 알 수 없고 또 슬픈 이야기다. 그로 인해서 내 어머니는 훗날 더 큰 '비극'을 맞이해야 했고 한평생 여인으로서 겪기 힘든 '불행'을 안고 살아야만 했다.

그런 가운데서도 나는 이러구러 철없이 잘 자랐다. 돌이 지나 걸음마를 타고 '엄마, 맘마'라는 말을 배우기 시작했다. 어머니가 한창 바쁘게 바느질거리를 펴놓고 마름질도 하고 꿰매기도 할 때 내가 어머니 곁으로 엉금엉금 기어가면 어머니는 곧 "어딜? 일감 벌여 놓았는데 이러면 일감 다 못쓰게 되잖아? 저리 가서 혼자 놀아" 하고 나무라면 나는 그만 주춤 물러앉아 물끄러미 어머니의 얼굴을 살펴보다가 슬그머니 다른 데로 가서 놀았다고 한다. 울지도 않고. 훗날 어머니는 이 이야기를 하시면서 못내 언짢아 하셨다. "어린 것이 뭘 안다고 내 말을 알아듣고 내 마음을 아는 양 하던 것이 어찌나 측은하던지."

그러던 어느 날, 그날도 어머니의 꾸중을 듣고 슬그머니 물러앉아 성냥통을 가지고 놀다가 그만 앞으로 엎어지는 바람에 당성냥에 금방 불이 일어나—그때 성냥은 안전성냥이 아니기 때문에 조금만 부딪쳐도 금방 불이 일어나곤 했다—마침 햇솜을 두어 새로 지어 입혀 준 옷에 불이 당겨 비명을 지르는 바람에, 어머니는 바삐 물을 끼얹고 옷을 벗기고 한바탕 소동이 일어났는데 다행히 얼굴은 데지 않고 몸뚱이만, 그것도 오른쪽 겨드랑이 밑에만 흉터가 남을 정도로 화상은 깨끗이 치료가 되었다. 세브란스병원 의사들 덕분이었다. 아마 이것이 내 육신이 세상에 태어나서 겪은 첫 번째 재난이었을 것이다.

또 한 번은 어머니께서 빨래를 삶으려고 양잿물을 사다가 마루 끝에 놓아두고 잠깐 부엌에 들어가신 사이에 내가 그 양잿물 덩어리를 얼음사탕으로 알았던지 손가락 끝으로 찍어서 맛을 보았더란다. 그만 당장 입안이 화상을 입은 것보다도 더 무섭게 부풀고 헐어서 또 세브란스병원 신세를 지게 되었는데 여러 날을 물도 못 마시고 고생하였다고 한다. 이에 대해 어머니는 또 이렇게 말씀하셨다. "너는 어려서부터 좀 남다른 데가 있었느니라. 양잿물 먹었을 때만 해도 그렇다. 기왕에 얼음사탕으로 알고 먹었으면 덩어리째 먹을 법도한데 그걸 어떻게 손가락으로 찍어 먹을 생각을 했겠니? 만약에 덩어리째 먹었더라면…, 지금 생각해도 끔찍하다. 그랬더라면 세브란스 의사들도 별 수 없었을지 모른다." 그러나 이건 순전히 어머니의 나에 대한 사랑과, 또 당신이 일과 시간에 쫓겨서 나에게 완전한 사랑의 보살핌을 다하지 못했다는 자책에서 연유된 말씀이란 것을 알고 있다.

"너는 어려서부터 생각이 제법 깊고 국량(局量)이 있는 것 같았느니라. 그래서 내 속을 썩이는 일 없이, 오히려 네게서 많은 위로를 받았느니라. 말도 제대로 못하는 것이 어쩌다 내가 시름에 잠겨 있는 것을 보면 어느새 눈치를 채고 뒤뚱대며 담배를 가져온다, 성냥을 가져온다 하며 담배 피우라는 시늉을 하고 내가 그걸 받아 피우는 때는 손뼉을 치며 허허거리고 좋아하며 얼레발을 쳐서 기어코 나를 웃겨놓고야 말았거든…. 그때 만일 네가 없었다면 나는 정말 견디기 어려웠을 게다. 고마운 일이었느니라.…" 어머니는 누구에게라는 설명도 없이 그저 고마운 일이라고만 하셨다. 내가 생각하기에는 매우 짐스러웠을 것 같은데도.

그 뒤에도 몇 번 심하게 앓은 적이 있었다고 한다. 한 번은 무슨 병인지 병명조차 알 수 없이 얼굴에는 노랑꽃이 피고 시름시름 앓기 시작하더니 끝내는 어느 날 숨을 할딱거리며 곧 죽을 것만 같더란다. 그래서 어머니는 보다 못해 속마음으로 "불쌍한 것. 제 아버지 얼굴조차 모르는 채 죽고 마는구나! 어차피 그럴 바엔 옷이나 깨끗이 갈아입고 빨리 숨을 거두려무나. 그게 오히려 네게는 편할지 모르겠다" 하고 새 옷을 갈아입히셨더란다. 그런데 그때 마침 작은 고모님이 오셔서 그 모양을 보시고, "앓는 아이에게 새 옷이 웬말인가" 하며 화를 내시면서 다시 입던 헌 옷으로 갈아입히시고, 맑은 물 한 대접을 가져오라 하여 내 머리맡에 놓고 어머니더러 꿇어앉으라 하시고는 고모도 꿇어앉아 열심히 무언가 비시더란다. 그런데 희한한 것은 그날 밤부터 나는 숨도 고르게 쉬고 병세가 호전되기 시작하더니 마침내 차츰차츰 건강이 회복되더란다.

이렇게 나는 가끔씩 내 어머니를 깜짝깜짝 놀라게 하고 가슴 졸이게 하면서도 오히려 잔병치레는 없이 잘 자라주었다고 한다. 사실이야 내가 잘 자란 것이 아니라 어머니께서 무한한 사랑으로 날 길러주신 것이지.

2. 감감시여 잘명은 건 그립기 하는 짧은 그림자러니

나는 어려서 아버지를 무척 그리워하는 아이였던가 보다. 어머니와 언니의 말에 의하면 나는 대문 밖에 오도카니 앉아 놀다가도 갑자기 뛰어 들어와 "아버지 오신다아" 하고 소리를 지르며 식구들의 손목을 무작정 끌고 마중 나가자고 떼를 쓰곤 했다 한다. 말 탄 사람만 지나가도 칼 찬 사람만 지나가도, 그리고 양복 입은 사람 군복 입은 사람…, 어쨌든 사진에서 본 아버지의 모습과 무엇 하나만 비슷해도 아버지 오신다고 법석이니까 언제인가 고모님이 오셨다가 이 모습을 보시고, 기가 막혀서 "복건(내 아명)아! 넌 도대체 아버지가 몇이길래 허구헌 날 아버지 오신다고 소란이냐?" 하고 탄식을 하시니까 글쎄 내가 천연덕스럽게 손가락까지 꼽아가며 "응. 나 아버지 많아, 아홉이야 아홉. 참 좋지?" 하여서 고모와 어머니를 울려놓고 말았다고 한다.

그런데 그렇게 그리던 아버지를 정작 1924년 겨울에 만주 길림시(吉林市)에서 만나게 되었을 때는 오히려 알아 뵙지 못하였다. 아버지의 어떤 친구 분이 놀리느라고 "이분이 누구인지 너 아니? 아저씨란다. 아저씨한테 인사해야지. 인사할 줄 아니?" 하였을 때 나는 서슴없이 "아저씨, 안녕하세요?" 하고 고개까지 까딱하면서 인사를 했다. 그랬더니 아버지는 어이없어 하시면서 "원 사람두. 무슨 장난을 그렇게 하나? 철없는 아이에게" 하시면서 나를 번쩍 들어 안아주셨는데 그때 웬일인지 아버지의 눈에는 눈물이 그득 고여 있었다. 그때는 미처 까닭을 몰랐는데 그 눈물의 의미를 알 수 있기까지는 오랜 세월이 필요했다.

어머니는 우리들 삼남매를 기르는데 삯바느질로 생계는 근근이 이어갈 수 있었지만 일본인의 감시와 핍박이 심한데다가 오빠를 비롯한 언니와 나의 '사람 만들기' 교육을 더욱 절박하게 생각하지 않을 수 없게 되었다. 일본 시모노세키에서 오빠를 두고 왜놈의 교육을 받게 하여 왜놈 만들려고 데리고 왔느냐며 그 길로 돌려보내시던 아버지를 생각하면 하루속히 결단을 내려 만주에 계신 아버지 곁으로 보내야 한다고 마음을 다졌다. 하지만 총독부에서는 한사코 우리 가족이 국경 넘는 것을 허가하지 않았다. 그러나 어머니도 끈기 있게 "나 같은 능력 없는 여자의 몸으로 바느질품만으로는 도저히 세 자식을 먹여 기르기가 어렵다. 마침 봉천에 있는 모 여관에서 찬모와 침모를 구한다고 하며 대우도 좋은 편이니 꼭 가야만 하겠다"고 거듭 말한 끝에 겨우 출국 허가(?)가 나와서 만주로 떠나게 되었다.[4]

정거장에 우리를 배웅 나온 사람은 없었다. 다만 한 사람이 귤 한 상자를 들고 올라와서 낮은 말로 봉천에 닿으면 이리 저리 하라고 빠르게 주의를 주고는 내려가 버렸다. 봉천 정거장에 내리니 여관에서 벌써 마중을 나와 어려움 없이 곧 여관으로 갈 수 있었다. 그리고는 여관 깊숙한 방에 숨어버렸다. 참, 그때 나의 언니는 진명(進明)여학교에 다니고 있었는데 졸업이 얼마 남지 않았고, 또 총독부의 눈도 속일 겸해서 서울에 남겨두고 떠났다. 그리고 오빠는 봉천에 도착하자 곧 아버지 계신 곳으로 보내졌다. 그래서 어머니와 나만이 남았으니 숨기에도 좋았다.

나와 어머니는 봉천여관에서 꽤 여러 달을 숨어 지냈다. 그때의 기억으로 어느 날 밤 도둑이 유리를 도려내고 몰래 들어왔는데 여관사람에게 들켜 도망간 일이 있었다. 그래서 어머니는 그게 혹시 어머니를 뒤쫓은 밀정의 짓이 아니었을까 하고 안절부절 어떻게든 속히 아버지 계신 곳으로 가려고 서둘렀다.

길림시로 갈 때에는 모든 것을 여관에서 주선해 주었다. 그 여관은 본래 우리 독립운동가들의 비밀 연락소였기에[5] 어머니와 나는 불편 없이 지내고 또 떠나게 되었다. 옷도 그들이 주선하여 중국옷으로 갈아입었다. 그런데 기차

---

4) 당시 일제는 외국으로의 이주를 '여행권발급'을 통해 통제하고 있었다. 1924년에 지청천 가족에게 허가가 나온 것은, 오랫동안 요구하기도 했지만 만주행의 이유를 남편 찾아가는 것이 아니고 생계를 위해 봉천에 간다고 지혜롭게 말해서 일경의 경계를 늦추었기 때문이겠다.

5) 3·1운동 후 국외 망명이 증가하고 만주, 노령, 중국 관내를 오가며 독립운동을 전개했으므로 연락 거점으로서 여관의 역할이 컸다. 이를테면 3·1운동 후 신흥무관학교, 대한독립단을 찾아가는 청년을 모집해서 만주로 보내는 조직이 있었는데 그 가운데 1인이 여관업을 하면서 정해진 표식을 가진 청년이 오면 이를 확인하고 만주로 망명시켰다. 만주 곳곳에 이렇게 독립군의 비밀 연락소 역할을 하는 여관이 있었다.

안에서 어떤 낯모르는 사람이 자꾸 이 말 저 말 걸어오는 바람에 어머니는 일본의 밀정인 줄 알고 가슴이 내려앉았는데, 길림 정거장에 내려서야 그분은 밀정이 아니라 오히려 우리를 보호해주었던 독립군 연락원이었음을 알고 비로소 안심하게 되었다. 지금 와서 생각해보면 그때 우리 모녀가 아무리 중국옷을 입었다고 해도 난생 처음 입어보는 것이니 어찌 어색하지 않게 어울릴 수 있었겠나? (지금 나 자신도 서울 거리에서 다 같은 서양식 옷을 입고 행동하더라도 일본 사람, 중국 사람은 그리 어렵지 않게 알아보는데 말이다. 냄새라 할까 느낌이라 할까, 그 무엇인가 한국 사람과는 구별이 느껴진다.)

길림 정거장에 내리니 오빠가 어떤 부인과 함께 마중을 나와 있었다. 어머니는 가만히 오빠에게 누구냐고 물으셨지만 오빠는 차차 아시게 될 터이니 어서 마차에 오르시라고 독촉을 했다. 그래서 어머니는 그저 아버지께서는 몸조심하시느라고 나오지 못하고 대신 하숙집 안주인을 내보내셨겠지 하고 공손히 "그간 폐 많이 끼쳤습니다. 얼마나 수고가 크셨습니까? 이제 이렇게 식구들까지 와서 폐를 끼치게 되었습니다" 하고 깍듯이 인사를 차렸다. 그랬는데도 그 부인은 일언반구(一言半句) 대답도 없이 얼굴을 돌린 채 마차 포장에 붙어 있는 유리를 통해 바깥만 내다보는 것이었다. 그래서 어머니는 "별 이상한 사람도 다 있네. 남은 깍듯이 인사를 바치는데 이렇다 저렇다 말 한 마디 없다니" 하고 생각하셨다.

그날 밤이었다. 손님들과 함께 나가셨다가 돌아오신 아버지는 술이 조금 취해 있었다. 그리고 손에는 뜨끈뜨끈한 만두 한 뭉치가 들려 있었다. 그걸 손수 꺼내서 내 손에 쥐어 주시며 "네 이름이 복영이라고 했지? 고모가 지어주었다면서? 그래 복영아, 이거 맛있는 것이니 먹어보아라" 하셨다. 그런데 이때였다. 안쪽에 있는 방에서 주인아주머니라고 생각했던 그 부인이 내달아 나오더니 그 만두뭉치를 휙 빼앗아 봉당에 팽개쳐버리면서 "흥! 내가 입덧이 나서 밥을 전혀 못 먹어도 뭣 하나 사다주는 법 없더니 본 마누라와 자식이 오니까 금세 봉지 봉지 사들고 다니는구나"하고 악을 쓰는 것이었다. 나는 막 입으로 가져가려던 만두를 손에 든 채 얼어붙고 어머니는 너무도 놀란 나머지 캉(炕: 난방구들이 깔려 좌식 생활을 하는 공간)머리에 펄쩍 주저앉고 말았다. 잠시 후 어머니는 캉에서 다시 일어나셔서 땅바닥에 팽개쳐진 만두를 일일이 집어 다시 신문지에 싸서 방 한구석에 밀어놓고 나를 끌어당겨 안으시고는 자초지종 전후사연을 들으려고 침착하게 앉으셨다.

그때 그 부인이 누누이 말하기를 "죽었다던 마누라가 어떻게 이렇게 버젓이 살아서 찾아 왔는가? 마누라가 죽고 없다기에 서로 만났는데, 이제 이렇게 자식까지 가지게 되었는데 이제 와서 버젓이 본 마누라를 맞아들이니 나더러는 어떻게 하라는 것인가. 나는 절대로 남의 작은집 노릇은 못하겠으니 본 마누라와는 정식으로 이혼을 하라. 그러면 아이들은 내가 기르겠노라"하면서 자기의 권리를 주장하며 아버지를 사기꾼으로 몰아 부치는 것이었다.

어머니는 어머니대로 "나라 찾는 일 하겠다고 처자식 팽개치다시피 떠나간 남편이라도 오늘날까지 원망 한 번 해본 적이 없다. 자식들 데리고 그동안 겪은 고초가 얼마인데 믿는 낡(나무)에 곰이 피어도 유분수지, 어떻게 이런 일이 있을 수 있는가. 세상 일이 너무 야속하고 허무하다. 하지만 기왕지사 일이 이렇게 벌어진 이상 나는 그대의 원대로 자식들 데리고 도로 서울로 갈 것이니 아무 걱정 말고 잘 받들고 살라. 그러나 단 한 가지, 나는 자식들을 아비 없는 자식으로 만들고 싶지도 않고, 또 의붓어머니 밑에서 눈치 보며 비뚤어지게 자라는 자식도 원치 않으니 정식 이혼만은 못해주겠다. 그러나 방해는 절대 하지 않을 것이고 내가 자식들 데리고 서울로 돌아가면 이 만주 너른 땅에 누가 그대를 작은집이라고 하겠는가? 마음 놓고 아이 낳아 잘 기르면서 살라"고 하였다.

그런 가운데 아버지는 아버지대로 이유가 충분했다. 앞에서도 말했듯이 우리 식구가 일본 헌병과 형사의 시달림과 감시 속에서 셋방에서 셋방으로 전전하는 동안, 만주에서 오는 독립군 공작원과의 연락이 끊어지는 바람에 그들이 드러내놓고 우리 식구를 찾을 형편은 못되고 숨어숨어 비밀히 탐지하다가 찾을 수가 없게 되니, 만주로 돌아가서는 부인이 아마 돌아가신 모양으로 도저히 찾을 길이 없다고 말한 것이 한 입 걸러 두 입으로 전해지는 사이에 그만 말이 와전되어 어머니는 '죽은 사람'이 되어 버렸다. 그러니 아버지는 절대로 거짓말한 것이 아니었다. 아버지는 이렇게 말씀하셨다. "저 사람(나의 어머니)으로 말할 것 같으면 내게로 시집와서 가난한 집 살림 맡아 내가 유학하는 동안 나 대신 내 어머니를 지성으로 모셨고 또 돌아가실 때 나 대신 운명(殞命)까지 받아 드렸다. 옛 법에 자식 대신 부모를 지성으로 섬긴 사람은 그것이 비록 천하게 여기던 하인배라 할지라도 절대로 내쫓는 법이 없는데 하물며 육례를 갖추어 맞아들인 조강지처를 허물없이 내치는 법은 없다. 그리고 저 사람은 내가 내친다면 차라리 죽는 편을 택할 것이고 개가는 절대 안할 것이다. 더구나 내가 망명한 뒤에 철없는 내 자식들 데리고 남편 때문에 받은 고초도 이만 저만 아닌 터에 어떻게 내가 사람으로서 모질고 악하게 대할 수 있겠는가? 그리고 이 사람(작은어머니)도 딸이 될지 아들이 될지는 모르는 일이지만 이미 내 자식을 가졌으니 역시 버릴 수 없는 처지다. 우리 세 사람 중 누구도 크게 잘못한 것 없다. 잘못을 구태여 따지자면 그야 물론 내가 그 책임을 져야겠지만…. 하지만 두 사람 다 이것만은 알아주어야 한다. 나는 맹세코 일부러 거짓말을 꾸며 한 적도 없고 또 새 가정 꾸며 안락하게 재미나 보자고 이 사람 만난 것도 아니니 앞으로 두고 보면 알겠지만 두 사람 다 고생시킬 것은 뻔한 노릇이니까, 고생하기 싫은 사람은 가도 좋다. 붙잡지는 않겠다."

이렇게 밤이 새도록 말이 오고 갔지만 그야말로 식구들 누구도 다치지 않고 해결할 수 있는 묘책은 없었다. 다 함께 크든 작든 고통과 불행을 감내(堪耐)하면서 나누어 짊어져야만 했다. 그러나 그것이 어찌 쉬운 일이었겠는가?

1922~23년은 아버지에게 있어 참으로 뼈를 깎는 아픔의 세월이었다. 눈보라가 휘몰아치는 저 소련 땅 시베리아의 이르쿠츠크에서 망국민의 부끄러움을 씻고 잃어버린 조국을 되찾으려고 고려혁명군관학교(高麗革命軍官學校)를 세워 교장의 책임을 지고 군사인재(軍事人才)를 양성하던 중 우리 대한독립군을 공산군화하려는 소련정부의 요구에 불응하자 이에 소련정부에 의해 구금되어 사형선고까지 받게 되었다. 옥중에서의 참상은 이루 말할 수 없는 형편이고 정신적인 고통과 절망감은 차라리 하루라도 일찍 죽는 것이 덜 부끄럽겠다고 생각하기에 이르렀다. 옥 안에 던져주는 소위 흘레브(흑빵)마저 거부한 채 몇 날 며칠을 굶다보니 육체적 정신적으로 거의 붕괴 직전에 이르러 겨우 들숨 날숨만 붙어 있을 정도였다. 그런 가운데 사형 날짜만을 기다리던 중 우리 임시정부의 항의로 레닌의 특사령(特赦令)에 의해 출옥은 하였지만[6] 건강이 말이 아니었다. 동지들은 이 모습

---

6) 1920년 일본군의 만주 침략으로 남북만주의 각 독립군단은 노령(露領)으로 북정(北征)하고 단일 독립군단을 편제했다. 한국의 독립전쟁을 지원한다는 노농러시아 당국과 협정을 맺고 고려혁명군관학교를 설립했는데 지청천은 교장으로 사관양성에 전력했다. 교육의 중심을 독립전쟁을 위한 민족정신 교육에 두었고 이에 이념을 중시하는 노농러시아 당국의 방침과 일정 부분 충돌하게 되었다. 당시 지청천은 노령 독립군단의 지휘관으로 서로군정서 등 만주 독립군단과 연락을 하고 있었는데 이는 만주와 노령을 잇는 대대적인 독립군 편제를 위한 것이었다. 백순(白純)의 서한에는 지청천을 '대한독립군의 대대장'이라 하고 김혁의 서한에는 '본군 연대장'이자 '한군(韓軍) 사관학교의 교장 겸 지휘관'이라 했다. 노령에서 활동하지만 만주는 독립전쟁의 근거지로 중시되었고 당연히 노령과 만주의 연계가 도모되었다. 하지만 이념을 중시하는 노농러시아 군정 당국은 이를 허용하지 않고 결국 교장 지청천과 다수의 장교를 구금하고 압박했다. 이 소식은 임시정부에 전해졌고 임시정부는 곧 북경과 상해 주재 노농러시아 대표에게 독립군을 석방하도록 항의했다. 결국 외국 혁명가를 처형할 수 없다는 국제법의 관례에 따라 레닌의 명령으로 석방되었다.
고려혁명군관학교 졸업생은 만주, 노령, 국내에서 독립을 위해 모두 열과 성을 다해 노력했고 희생도 많았다. 지청천은 1952년 일기에서 졸업생 장두관과 관련하여 고려혁명군관학교에 대해 다음과 같이 회상했다. "장두관 군은 1920년 홍범도 장군의 정일군의 소대장으로 있다가 일크스크시 고려혁명군사관학교에서 여(予)의 교장 하에서 수훈한 제자이다. 200명 학생 중 병사, 전사 등 희생자가 불소한 중, 생존자는 요요무기(寥寥無機)인 중, 장대령(해방 후 육군 대령 : 인용자)은 시종 변절치 않고…"

을 보고 통곡하는 이도 있었다. 그들이 동분서주로 주선하여 마침 그곳에 머물면서 혼자 살림을 하고 있던 신숙(申肅)[7] 선생의 의매(義妹) 신 부인(申柱星: 黃愛淑)에게 부탁하여 아버지의 병구완을 하게 하였다. 신 부인은 일찍이 16세에 출가하여 딸 하나 아들 하나를 얻었으나 새파랗게 젊은 나이에 그만 청상(靑孀)이 되고 말았다. 고향은 평안도이고, 혼자되고부터는 압록강, 두만강을 넘나드는 장사꾼들을 따라 만주와 노령을 오가며 모피 같은 것을 사고팔았다. 그래서 그때 마침 노령에 머물면서 모피를 사 모으는 중이었다. 신 부인의 정성스런 간호와 동지들의 극진한 위로와 고무(鼓舞)에 힘입어 아버지의 건강은 차차 회복되어 갔다.

그 뒤 동지 신숙 선생의 권유로 아버지는 신 부인과 부부의 연을 맺었다. 그땐 이미 어머니가 돌아가셨다는 소문이 퍼진 지도 한 동안 지나서였다. 신숙 선생은 이렇게 아버지에게 권했다고 한다. "기왕에 고국에 남아계시던 부인은 돌아가셨다고 하니 어쩌겠소? 만리타국에 항상 쫓기며 사는 우리들로서는 언제 고향에 돌아갈 수 있을 지 그것도 기약이 없고 그러니 아무리 우리가 떠돌며 사는 처지라지만 그래도 가정이라고 있으면 어쩌다가도 쉴 수 있는 곳이 되고 더구나 백산(白山: 아버지의 호)[8]은 부인이 돌아가셨다니 아이들을 누가 돌보든지, 장차 데려다가 길러야 하지 않겠소. 나의 의매는 생활력도 있고 하니 짐이 되어 독립운동에 방해가 되지는 않을

---

7) 신숙(1885~1967) : 호 강재(剛齋). 북경 군사통일회 주장. 상해 국민대표회의 참가. 만주 민족유일당운동과 삼부통합운동에 참가. 1930년 한국독립당을 결성하고 총무위원장에 임명됨. 1931년 한국독립군 참모장. 1933년 중국 군사당국과 협의를 위해 중국 본토로 파견되었고 1935년 만주로 귀환 중 일경에게 피체. 1936년 보석으로 석방. 해방 후 남북협상파의 일원으로 김구와 함께 북한을 다녀옴.

8) 백산은 동지들이 지청천에게 헌사한 호다. 지청천은 관명(冠名)이 지석규(池錫奎), 본명이 대형(大亨)이고 아명은 수봉(壽鳳)이었다. 현역장교 신분으로 만주로 망명하면서 지가(池家) 성은 흔치 않아서 눈에 띄기 쉬우므로 어머니의 성을 빌려 이청천(李靑天)으로 변성명했다. 청천은 '푸른하늘'의 공평무사(公平無私), 대공지정(大公至正)함을 바탕으로 나라를 되찾겠다는 다짐의 뜻이었다. 만주에서 상황에 따라 지용기(池龍基) 등 여러 가명도 썼다. 해방 이후 지청천으로 복성(復姓)했다.

거요. 그러니 내 권고를 받아들여 부부의 연을 맺어 살아보구려. 구천(九泉)의 부인도 반대는 아니 할 것이오." 그러나 어찌 알았으랴? 이것이 바로 한 가정의 슬픈 사연의 시작이 될 줄이야!

어머니는 국내로 다시 돌아가려고 하였지만 아버지는 허락하지 않으셨다. 이제 국내로 돌아가면 전보다 더 시달림을 받게 될 것이고 또 내 오빠나 언니와 나의 장래 문제도 있고 하니 국내로 돌아가서는 안 된다고 하셨다. 그래서 오빠는 곧 액목현(額穆縣)에 있는, 여준(呂準)9) 선생이 교장으로 계시는 검성중학(儉成中學)으로 떠나가고 어머니와 나는 매일 아침에 멀건 수수죽으로 끼니를 때우고 손을 잡고 그곳에 살고 있는 김동삼(金東三),10) 오동진(吳東振)11) 두 분 댁을 번갈아 찾아가 하루해를 보내곤 했다. 그러다가 밤이 되면 하는 수 없이 아버지의 집으로 돌아와 불편한 밤을 지냈다. 그래서 나는 길림시를 기억에 떠올리면 제일 먼저 그 수수죽을 생각하게 되고 뒤 이어 창고만큼 큰 변소를 생각하게 된다. 그때까지 나는 서울에서 아무리 가난하게 살았어도 수수죽은 먹어보지 않았기에 받지 않아서 자주 배탈이 났다. 그리고 그 어두컴컴한 미로 같던 골목길이며 발걸음을 옮길 때마다 쿵쿵 골목을 울리던 나무판자 소리며—무슨 까닭인지 인

---

9) 여준(1862~1932) : 호 시당(時堂). 1906년 만주에서 서전서숙(瑞甸書塾)을 설립하여 민족교육을 실시. 신흥무관학교 교장. 서로군정서 부독판. 1922년 검성중학을 설립하고 교장으로 취임. 만주사변 직후 퇴병(退兵 : 패잔병)의 공격을 받고 사망.

10) 김동삼(1878~1937) : 호 일송(一松). 신흥무관학교 설립에 참여. 부민단 조직. 독립군 근거지인 백서농장(白西農莊)의 장주(莊主). 1919년 서로군정서 참모장. 국민대표회의 의장. 통의부 총장. 정의부 행정위원. 민족유일당운동과 삼부통합운동에 참여하고 북만주에서 민족유일당재만책진회(民族唯一黨在滿策進會)와 혁신의회(革新議會)를 조직. 1931년 하얼빈에서 일경에게 피체되어 경성 서대문형무소에서 복역하다가 1937년 옥중 순국.

11) 오동진(1889~1944) : 호 송암(松菴). 1919년 대한청년단연합회 조직. 1920년 광복군사령부 제2영장(營長), 광복군총영 총영장(總營長). 통의부 교통부장, 군사부장(겸 사령관) 등 역임. 정의부 생계위원장, 군사위원장(겸 총사령) 등 역임. 고려혁명당 조직에 참여. 1927년 한때 부하였다 밀정이 된 김종원의 간계(奸計)로 일경에게 피체되어 무기징역을 받음. 1944년 옥중 순국.

도(人道)에 목판을 깔아두고 있었다ㅡ, 희미하게 비추던 장명등(長明燈) 불빛이 기억에 떠오른다. 그 불빛으로 말미암아 길고 짧은 그림자가 앞에서도 뒤에서도 우리 모녀를 따라오며 또 어떤 때는 갑자기 쑥 길어졌다가 갑자기 사라져버리고, 사라졌다가는 어느 틈에 "어허허, 무섭지?" 하고 나타나면 바짝 긴장을 하는 데 별안간 어디선가 찰칵하는 방아쇠 당기는 소리와 함께 수하(誰何)를 묻는 소리에 나도 모르게 발걸음을 딱 멈추고 "쓰워(是我: 나예요)" 하고 떨면서 대답을 해야만 했다. 그래도 어머니는 내가 길눈이 밝아서 다행이라고 자주 내 머리를 쓰다듬어 주셨다.

3. 황띠깡즈에서

길림시에서 더는 오래 머물 수 없다고 생각한 어머니는 오빠가 먼저 가서 공부하고 있는 길림성 액목현(額穆縣) 황띠깡즈(荒地崗子)로 가기로 결심하고 말파리(말이 끄는 썰매)를 얻어 타고 시베리아에서 내리꽂히듯 불어오는 삭풍을 뚫으면서 눈길을 달렸다. 보이는 것은 모두 낯설고 거칠고 두려움을 자아내는 것뿐이었다. 그러나 황띠깡즈에 닿아 보니 그래도 살 만하게 느껴졌다. 그곳에는 한인 교포들이 이 마을 저 마을 꽤 많이들 살고 있었다. 우리는 바로 검성중학을 ㄱ자로 마주 볼 수 있는 건물에 살게 되었는데 오광선(吳光鮮)12) 씨네 가족이 한 건물에 있어서 어머니는 낯선 고장

---

12) 오광선(1896~1967) : 신흥무관학교 교관. 서로군정서 중대장. 1920년 밀산에서 조직된 대한독립군 중대장. 만주 한국독립당 군사부 위원. 만주사변 후 한국독립군 대대장. 1934년 낙양군관학교 학생반장. 1936

액목현 황띠깡즈에 위치한 검성중학 옛터와
우물가. ⓒ 이준식

에서 시작하는 생활에 외로움을 덜 느끼면서 도움도 받게 되었다.

봄이 되자 나는 검성중학의 부속격인 소학교에 입학했다. 학생 수는 그
리 많지 않고 또 연령차도 많았다. 그때 한 반에 18세 된 처녀가 두 명 있
었는데 부끄럼을 타서 공부도 제대로 못하는 것 같았다. 그래서 아주 젊
은 선생님은 안 되고 조금 나이 든 선생님을 모셔왔는데 바로 춘정(春汀)
이완규(李琬圭, 李玩圭)[13] 선생이셨다. 이분은 그때 부인이 아직 국내에

　　년 북경에서 적후공작 도중에 일경에게 피체되어 복역. 해방 후 한국광복군 국내지대장.

13)　이완규(1895~1950) : 호 춘정. 1923년 서로군정서 재무사장 대리. 1925년 검성학교 교원. 정의부 오상지
　　방 총관. 1931년 한국독립군 소대장. 1932년 하얼빈에서 일경에게 피체.

서 만주로 미처 오지 못해서 우리 집에서 식사 공궤(供饋)를 받았는데 어머니는 그분이 독립운동하시는 분이고 또 아버지도 잘 아시는 분이라 정성껏 모셨다. 밥상에는 그 시절에 귀한 따마하위(자반연어)가 자주 올랐는데 내게는 좀처럼 차례가 돌아오지 않았다. 그래서 철부지인 나는 어느 날 밥상머리에서 투정을 부렸다. 자반연어를 내게도 달라고, 아니면 밥을 먹지 않겠다고. 그랬더니 독상 받으신 이 선생님은 "독립군의 자식으로 어찌 자반연어만 찾느냐?" 하고 나를 나무라셨다. 그때 어머니는 그 말을 듣고 많이 섭섭하셨다고 한다. "이제 겨우 여섯 살 먹은 아이가 독립군이 뭔지도 모르는데 그런 말을 하면 알아듣기나 하나? 대접해서 올려드린 자반연어인데 어린 것이 보챈다고 그렇게까지 말할 게 무어람. 자기 딸이라도 저렇게 말할까" 하고 생각하셨다고 한다. 그 뒤 오래지 않아 그의 부인이 국내에서 남편을 찾아 왔다. 그리고 이어 첫딸을 낳아 귀엽게 기르는 것을 보고 그 이야기를 했더니 그 부인은 미안해하며 "원, 딱한 양반도 다 있지. 그런 일이 있었구먼요. 죄송해요 사모님" 하면서 오히려 부인이 미안해하더란다. 그 부인은 매우 서근서근한 분으로 국내에서는 고무공장 직공 노릇까지 하였다고 한다.

하여간 이분은 1년 동안 나를 가르쳤고 나의 첫 번째 선생님이 되셨다. 선생님은 내 나이보다 세 배나 많은 학생을 제쳐놓고 왜 제일 나이 어린 나를 반장으로 지명하셨는지 그 이유를 모르는 채 나는 반장이 되었고 공부도 나름대로 열심히 하였다. 우리들이 배우는 것은 교과서도 제대로 없었지만 주로 국어, 산술, 역사(국사), 지리였고 그리기라든가 음악이라든가 하는 과목은 없었다. 선생님이 칠판에 써주시면 학생들은 백로지(白露紙: 갱지)를 묶어 만든 공책에다 연필로 일일이 베껴 써서 배우는 것이고, 또 산술을 배울 때는 써서 셈하는 것보다도 오히려 나뭇가지를 젓가락처럼 다듬고 잘라서 이를 이용하여 배우는 때가 더 많았다. 가감승제(加減乘除:

더하기, 빼기, 곱하기, 나누기) 어느 것도 나뭇가지로 안 되는 것이 없었다. 그리고 그것은 우리의 놀이도구도 되었다. 그 묶음을 공중으로 집어던져 떨어지면 얼기설기 크고 작은 구멍이 생기게 마련인데 그 구멍에다 적당량의 나뭇가지를 조심스럽게 넣어 떨어진 나뭇가지를 건드리지 않으면 그만큼의 수를 상대에게서 따먹는 그런 놀이였다. 지금의 어린이들에 비하면 참으로 가난한 공부였고 가난한 놀이였다.

그런데 이런 가난함은 우리 소학교뿐이 아니었다. 옆에 있는 검성중학도 마찬가지였다. 학과공부는 주로 오전에만 하고 오후에는 선생, 학생 구별 없이 모두 들에 나가 농사를 짓는데 개인의 농사가 아니라 학교 공동의 것이었다. 학생들의 연령은 소학교나 마찬가지로 격차가 심했는데, 오빠의 나이는 겨우 열여섯으로 가장 어리고, 삼십이 넘은 애기 아버지들이 적지 않았다.

대부분이 농사를 지어본 사람들로서 일의 어려움을 모르는데 오빠는 농사일이 처음이라 김을 맬 때 벼가 어떤 것인지 피(稗)가 어떤 것인지 얼른 구별이 가지 않아 잘못 뽑을 때가 많았다. 그러다 보니 동창생들로부터 자연 구박(?)에 가까운 비웃음을 사기도 했다. 그러나 오빠는 이때에 훗날 독자적으로 농사를 지을 수 있는 여러 가지 지식을 얻게 되었으니 (학과 공부 외에도) 매우 유익한 것을 배운 셈이다.

검성학교에서는 농사일 말고도 군사교육을 많이 하였는데 오전에 학과 공부, 오후에 농사일을 하다 보니 남는 시간이 많지 않아 새벽이나 저녁 시간을 이용했다. 비록 목총이지만 진짜 총 못지않게 이용하면서 군사 지식을 터득하는 동시에 체력을 단련하였다. 군사훈련 때에 교관은 구령 대신에 호루라기를 많이 불었다. 어느 날 한창 교련에 열중하고 있을 때 갑자기 산속에서 제복 입은 군인들이 쏟아져 내려와 운동장에 있던 학생과 선생을 포위하고 총을 겨누며 우리 학생과 선생들을 모조리 포박하려 드는 것이었다. 그뿐 아니었다. 그들은 교포들이 사는 집안으로까지 쏟아져 들어오는 바람에 젊은 부녀자들은 모두 오광선 씨 집으로 피신해 와서 벌벌 떨면서 얼굴에 숯검정을 바르는 등 난리가 벌어졌다.

다행히 오광선 씨 외에도 중국말 잘하는 사람이 여럿 있어서 "우리는 일본 사람이 아니며 한국인으로서 조국의 독립을 위하여 이곳에 모여 학교를 세우고 학생들을 가르쳐 일본을 쳐부술 준비를 하고 있는 중이다. 이미 당국의 허가도 얻은 바 있다"고 하며 증명을 내보이니 그들도 이내 오해를 풀고 미안하다고 하며 산속으로 물러갔다. 대신 그들의 점심값은 톡톡히 치러주지 않을 수 없었다.

이야기의 선후가 좀 뒤바뀐 느낌이지만 검성중학은 시당(時堂) 여준 선생이 솔선하고 교포들이 힘을 모아 세운 학교다. 요새 학제나 교육 내용으로 보면 중·고등학교 내지 전문학교 수준의 학교다. 교장은 물론 여(呂) 선생님 본인이고 그 밖에도 오광선 씨를 비롯한 독립운동가들이 모여 가르쳤다. 시당 선생은 경기도 용인 출신으로 일찍이 정주(定州) 오산학교(五山學校)에서 교편을 잡고 있었는데 후에 북간도로 건너가 거기에서 이동녕(李東寧),[14] 이상설(李相卨)[15]과 함께 서전의숙(瑞甸義塾)을 세워 후진들을 가르치기도 했다. 그러다가 경술국치를 당하자 통화현(通化縣) 합니하(哈泥河)로 이주하여 신흥학교(新興學校)를 세워 교장이 되기도 하였으며 독립군 양성에 심혈을 기울였다. 1919년 3·1운동 후에는 서로군정서(西

---

14) 이동녕(1869~1940) : 호 석오(石吾). 1906년 서전서숙을 설립하고 민족교육 실시. 항일비밀결사 신민회 조직. 신흥무관학교 교장. 임시의정원 초대 의장. 임시정부 국무령, 주석(主席). 한국독립당 이사장. 한국국민당 당수로 한국광복진선(韓國光復陣線)을 결성. 1940년 기강(綦江)에서 병사.

15) 이상설(1870~1917) : 호 보재(溥齋). 의정부 참찬으로 을사오적 처단을 주장하는 상소(上疏)를 올림. 1907년 만국평화회의에 정사(正使)로 참석해 을사늑약의 부당함을 알림. 1914년 노령에서 첫 망명정부인 대한광복군정부를 세움. 노령에서 권업회 조직. 1917년 병사. "조국 광복을 이루지 못했으니 몸과 유품은 불태우고 제사도 지내지 말라"는 유언을 남김.

路軍政署) 부독판(副督辦)과 한족회(韓族會) 간부 등을 역임했으며 내가 액목현 황띠깡즈에 갔을 때는 검성중학에서 교장으로 있으면서 후진 양성에 힘을 아끼지 않았다. 내가 이듬해에 그곳을 떠난 직후 좌익세력이 밀고 들어와 한인 사회에 큰 혼란을 일으키는 바람에 학교는 그만 폐교의 운명을 면치 못하게 되었다.

그런데 그분에게는 운달(運達)이라는 외아들이 있었는데 북경에 보내 연경대학(燕京大學)까지 졸업했다. 그러나 외아들로 자란 탓인지, 아니면 그 어머니의 영향을 받아서인지, 하여간 심신이 모두 허약하여 그 아버지에 훨씬 못 미치는 것 같았다. 어쨌든 그 당시 그곳에서는 굉장한 학벌이요 지식인이었다. 뒤에 그는 내 언니의 사촌 시누이한테 장가들어 우리 집과 사돈의 사돈이 되었지만 불행하게도 일찍 죽고 시당 선생도 참으로 억울하게 마적의 손에 해를 입고 말았다. 참으로 깨끗한 선비요 지조 높은 인격자요 선각자이셨는데 그렇게 돌아가시고 대를 이을 후손마저 없다. 나는 매번 국립묘지(현충원)에 가면 내 오라버니의 묘소는 찾지 못하더라도 여 선생님의 위패(位牌)가 모셔져 있는 무후선열묘소(無後先烈墓所)는 꼭 찾아 묵도를 한다. 이 무후선열묘소에는 내가 일찍이 만나 뵈었던 분으로 오동진 선생과 고운기(高雲起: 본명 公震遠)[16] 씨도 있다.[17] 고운기 씨도

---

16) 고운기(1907~1943) : 호 학은(鶴隱). 1930년 만주 한국독립당에 참여. 만주사변 후 한국독립군 중대장. 낙양군관학교 졸업. 민족혁명당 군사부 간부였다가 노선 차이로 탈당하고 조선혁명당 조직에 참여. 한국광복진선 청년공작대 대장. 임시정부 군사위원회 위원. 한국광복군 총사령부 참모, 제2지대장. 수원성에서 적후공작. 1943년 중경에서 병사.

17) 지은이는 광복절, 삼일절, 현충일 등 기념일에 꼭 국립현충원에 참배했다. 먼저 임시정부묘역의 선친 묘소를 엎드려 참배하고 옆에 있는 선친의 무관학교 스승인 노백린 장군 묘소와 선친과 함께 활동했던 김동삼·박찬익·황학수·조경한 선생 묘소에 고개 숙여 참배했다. 그리고 애국지사묘역의 무후선열 위패를 모신 곳에 가서 먼저 제단 앞에 참배하고 여준·홍범도·오동진·고운기 등 여러 선생 위패에 국화 한 송이씩을 놓고 고개 숙여 참배했다. 애국지사 묘역에는 연고 깊은 분이 많이 모셔져 있는데 다 참배하려면 반나절은 걸릴 거라 하면서 형편상 다 참배하지 못했지만 그분들을 마음에 기리고 있었다. 이름도 남기지 못하고 희생한 독립군을 특히 추모해 넋을 위로하는 위령탑 건립을 주장했고 이후 현충원에 '대한독립군 무명용사 위

내 아버지나 나와 이런 저런 연고가 적지 않지만 그 이야기는 뒤로 미룬다.

황띠깡즈에서 있었던 일 가운데 몇 가지 더 생각나는 것이 있다. 우리 집에서 오른편 앞쪽으로 멀찌감치 큰 늪이 있었는데 그 늪 건너편에 어떤 젊은 과부가 살고 있었다. 그런데 어느 날 밤 어떤 홀아비가 친구 몇몇과 짜고 소위 보쌈을 하였는데 그 과부의 태도가 어찌나 결연했던지 어느 틈에 도망을 쳐서 늪으로 뛰어 들었다. 그 바람에 온 동네 사람이 횃불을 밝혀 들고 늪을 뒤져 겨우 건져냈다. 보쌈했던 사람은 동네 사람들에게 재판을 받고 볼기를 맞았다. 그 뒤 그 과부는 이웃사람들의 도움을 받아 정정당당하게 어떤 건실한 농군에게 개가를 했다. 그러니까 그 당시 우리 교포들 가운데는 실로 무지몽매한 사람들도 적지 않았지만, 그럼에도 우리 교포들 스스로가 교포들의 생활 질서를 잘 유지해 나갔다.

특히 부녀자들의 무지는 더욱 말이 아니었다. 그때 그곳에는 우리 독립운동사에도 찬연히 빛나는 존재인 남자현(南慈賢)[18]이란 분이 있었는데 그분은 여걸(女傑)이었다. 그는 경상도 사람으로 일찍이 그의 남편이 의병으로 죽자 남편의 원수를 갚겠다고 어린 유복자를 시부모에게 맡기고 독립전선에 뛰어 들었다고 사람들은 말했다. 일함에 있어 매우 열성적이어서 짚신감발로 추운 날 더운 날을 가리지 않고 동분서주했는데 황띠깡즈에서는 특히 여성계몽에 정열을 쏟았다. 몸소 이 집 저 집 찾아다니며 개별적으로 계몽하기도 하였지만, 더 적극적으로 부녀자들을 한 곳에 모

령탑'이 건립되었는데 그때는 건강이 좋지 않을 무렵이라 직접 가서 추모하지는 않았지만 무명 독립군 전사의 희생을 마음에 잊지 않고 있었다.

18) 남자현(1872~1933) : 서로군정서에 참여. 만주 각지에서 교회와 여성교육회를 설립하고 민족교육과 여성계몽에 전력. 1925년 국내로 들어와 일본 총독을 처단하려 했지만 실패. 1932년 무명지를 끊어 '조선독립원(朝鮮獨立願)'이란 혈서를 쓰고 국제연맹조사단에게 전달하여 각국에 한국독립을 호소. 1933년 만주국 주재 일본대사를 격살(擊殺)하려다가 일경에게 체포됨. 병보석으로 풀려났지만 모진 고문 때문에 순국.

아서 그들을 계도하였다. 그러나 부녀자들의 호응은 별로 신통한 것 같지도 않아서 회의를 할 터이니 모이라고 하면 "회라니 무슨 회요? 생선회요, 육회요?" 하고 농담인지 비아냥인지, 아니면 정말 까맣게 아무 것도 몰라서인지 알 수 없을 정도로 비협조적이었다. 그래도 그는 열심이었고 부녀자들이 모이면 열심히 현금(現今) 우리가 처해 있는 형편이며 우리의 이 비참한 망국의 설움과 그 멍에를 벗으려면 남자뿐 아니라 우리 여자들도 남편을 돕고 아들을 도와 독립운동에 참여해야 하며 그러기 위해서는 글도 배워야 한다고 역설했다. 그래서 동네에 한글이라도 좀 아는 부녀자는 그를 도왔다.

나의 어머니도 한글을 알고 있었고 예쁜 궁체로 붓글씨도 잘 쓸 줄 알았기 때문에 남 여사를 도와 부녀자들에게 한글을 가르치셨다. 그리고 편지는 으레 대신 써주는 대서인(代書人)이 되셨다. 앞에서도 말했지만 어머니는 친정에서 한문공부도 좀 하셨지만 그때는 다 잊어버리셨다고 하며 오직 기억에 남는 것은 '마상(馬上)에 봉한식(逢寒食)하니 도중(途中)에 속모춘(屬暮春)이라'라는 시구(詩句) 밖에 없다고 자조하듯 웃으시기도 했다. 나는 어려서 글씨 쓰시는 어머니 모습을 뵙기를 참 좋아했는데 그 예쁜 궁체 글씨를 배우지 못한 것이 한스럽고 또 어머니 유묵 한 점 남겨 가지지 못한 것이 더욱 부끄럽고 한스럽다. 실로 나는 어리석고 불효한 딸이다.

그해에 오광선 씨의 부인은 첫딸을 낳았는데 농사일에 바쁘다 보니 산기가 있어도 얼른 쉬지를 못하고 소여물을 주다가 외양간에서 해산을 하고 말았다. 그런데 그 소 외양간에서 낳은 딸이 훗날 자라서 나와 형이야 아우야 친하게 되고, 또 1942년에는 함께 광복군 동지가 되어 일선 지구 부양(阜陽)까지 가서 초모공작(招募工作)을 하였다. 그래저래 그 집안과는 인연이 깊다.

마지막으로 나 자신에 대해서 이야기해야겠다. 학교 공부는 주위에서 잘한다는 칭찬을 들었고 귀염도 받았다. 검성중학 운동장을 빌어 운동회를 할 때였는데 내 또래 아이들과 함께 달리기 경주를 했다. 그런데 어떤 계집아이가 바짝 내 뒤를 따라 뛰더니 그만 나를 밀쳐버리는 바람에 나는 앞으로 고꾸라지고 말았다. 무릎이 깨진 것은 물론이고 다시 일어났을 때엔 다른 아이들은 벌써 결승선 가까이에 가 있었다. 적어도 1, 2, 3등 안에는 꼭 들었을 텐데 넘어지는 바람에 꼴찌가 되고 말았다. 분했다. 어른들이 달려와서 약도 발라주고 위로도 해주었지만 나는 그 아이가 몹시 밀고 또 그런 애가 상을 타면 정말 꼴 보기 싫다고 운동회가 끝나지도 않았는데 온다간다 말도 없이 집으로 돌아오고 말았다. 내가 없어진 것을 알고 어머니도 돌아오시고 또 다른 어른들도 오셔서 위로하고 달래주었지만 나는 끝내 그런 애하고 같이 운동회 같은 것 안한다고, 또 이제부터는 그런 애 다니는 학교에도 아니 갈 것이라고 버티는 바람에 나중에는 선생님도 오시고 그 애의 상도 취소되었다. 다른 아이들이 다시 한 번 달리기를 해서 결국 그 애도 나도 다 상을 타지 못했다.

그 밖에 또 한 가지, 평생토록 잊을 수 없는 '국치일(國恥日)' 행사에 관한 기억이 있다. 8월 29일은 우리 민족에게 가장 부끄러운 나라 잃은 날이었다. 이 날은 우리 교포 어느 집을 막론하고 굴뚝에 연기가 오르지 않는다. 다시 말해서 우리 모두가 굶는 날이다. 나라 잃은 부끄러움을 절치부심 잊지 말고 정신을 분발하여 기필코 독립을 완수할 것을 다짐하는 날이다. 그리하여 낮에는 운동장에서 기념식도 거행하고 또 중학교 학생들이 평소에 연마한 군사교육으로 분열식도 하고 격검(擊劍)도 하여 교포들을 고무하였다.

나는 이런 기념식을 처음 보았는데 그때 부르던 노래를 지금도 잊지 않고 있다. 기념식에 참석한 교포들이 모두 울면서 부르던 그 '국치의 노래'를. 그래서 여기 옮겨 적어 본다.

1. 경술년 추팔월 이십구일은 조국의 운명이 떠난 날이니
   가슴을 치면서 통곡하여라 갈수록 종설움 더욱 아프다
2. 조상의 피로써 지킨 옛집을 백주에 남에게 빼앗기고서
   처량히 사방에 표랑하노니 눈물을 뿌려서 조상하여라
3. 어디를 가든지 세상 사람은 우리를 가리켜 망국노라네
   천고에 치욕이 예서 더할까 후손을 위하여 눈물 뿌려라
4. 이제는 꿈에서 깨어날 때니 아픔과 슬픔을 항상 머금고
   복수의 총칼을 굳게 잡고서 지옥의 쇠문을 깨뜨릴지어다

그날 밤 중학교 강당에서는 노래와 연극의 판을 벌였다. 그야말로 입추의 여지없이 빽빽하게 사람이 모였다. 나는 또 난생 처음 연극이란 걸 해보게 되었다. 연극 내용인즉 어느 독립운동가가 독립운동을 하러 집을 떠나 오랫동안 돌아오지 않으니까 그의 어린 아들형제가 아버지를 찾으러 집을 떠난다는 이야기인데, 나는 그의 딸로서 오빠들이 떠나는 것을 부여잡고 말리는 배역을 맡았다.

1. 어머니 아버지는 어디 가셔서 이렇게도 오래도록 안 오시나요
   학교에서 오는 길에 철없는 아우 아버지 보고싶다 웁디다요
2. 아버지는 저 먼 곳에 가계시니라 거기 가서 우리 동포 가르치신다
   오래잖아 기를 메고 돌아오리니 그때까지 공부 잘코(잘하고) 기다
   리어라
3. 우리들은 아버지를 찾아 갈 테요 산을 넘고 물을 건너 그 어데이든
   남북만주 넓은 들에 찾지 못하면 만리장성 넘어라도 찾아 갈래요
4. 거기서도 아버지를 찾지 못하면 동서남북 어디든지 다 가볼래요
   절절 끓는 열대에도 아니 계시면 시베리아 북극엔들 못 가오리까

이렇게 노래도 부르면서 진행되는 연극에서 오라비들이 떠나려고 하면 내가 여동생으로 오빠를 부여잡고 울며 가지 말라고 매달려야 하는 것인데 나는 그것이 연극이라는 것을 까맣게 잊어버린 듯 발을 동동 구르며 진짜로 섧게섧게 울어버렸다. 이에 무대 위에 어머니 역을 맡은 중학생(남자가 분장)도 진짜로 눈물을 흘리고 무대 아래 관중들도 이 구석 저 구석에서 모두 울게 되었다. 그 당시는 젊은 여자는 감히 남자들과 어울려 연극 같은 것을 할 꿈도 꾸지 못할 때라 여자 역을 모두 남자가 수건 쓰고 여자로 분장해서 무대에 오르기 때문에 가끔가다 그 분장, 그 목소리, 그 동작에 관객들이 폭소를 금치 못하는 경우가 많았는데 그날 그때만은 관중석이 울음바다가 되어 버렸다.

막이 내리고 무대에서 내려 왔지만 내 울음은 그칠 줄을 몰랐다. 어머니 배역의 중학생이 그건 연극에 지나지 않는 것이라고, 그리고 너무 잘해서 그 효과가 대단하니 나중에 상도 타게 해줄 것이라고 달랬지만 나는 슬프기만 해서 참을 수가 없었다. 그 바람에 다음에 해야 하는 다른 내용의 연극에는 더 나가지 못하고 임시로 내가 맡은 역을 빼버리고 연극 내용을 고쳐서 하는 그런 소동까지 생기게 되었다.

이리하여 여섯 살 짜리 한 여자아이의 마음의 눈이 조금씩 뜨기 시작했다. 만주 땅 길림성 액목현 황띠깡즈에서.

4. 치거멍즈에서 어린 영혼의 외로움

황띠깡즈에서 1년을 살고 또 다시 삭풍에 떨면서 길림성 오상현(五常縣)

치거띵즈(七個頂子)란 곳으로 옮겨갔다. 이때는 언니도 국내에서 만주에 왔다. 처음에는 중국인들이 살고 있는 마을에 잠시 머물러 있었지만 해동이 시작되고 농사철이 가까워지자 우리가 농사지어야 할 곳으로 옮겨 갔다. 그런데 이곳은 인가라고는 우리가 살 집을 빼고는 한 집도 없었다. 사실은 집이라고 하기조차 어려운 농막 같은 것에 불과했다. ㄱ자 모습이지만 따로 떨어지게 지은 집인데 우리는 그 중 하나에 솥을 걸고 짐을 풀었다. 짐이라야 버들고리짝 두 개, 이부자리, 그리고 취사도구 약간뿐이었다. 흙벽에는 성에가 하얗게 내배고 아궁이는 불도 들지 않았다. 연기가 거꾸로 쏟아져 나왔다. 그래도 먼지를 털고 쓰레기를 치우고, 오빠가 있으니 오직 하나 밖에 없는 캉(炕)의 적당한 자리에 못을 박고 휘장을 쳐서 아래위로 방 두개를 만들어 호롱에 불을 켜고 앉으니, 밖에서는 후후 불어대는 바람소리 사이사이에 늑대 울음소리가 들려오고 있었다.

며칠 후에 아버지와 작은어머니와 이복동생 정계(正桂)가 와서 남아 있는 건물에 자리를 잡았다. 참으로 외딴 이곳에 우리 식구 일곱이 고스란히 세상에서 버림을 받은 듯 외로운 생활을 시작했다. 아버지는 곧 다른 곳으로 혼자 떠났다.

우리 집 왼쪽으로는 논이 있고 논 저편에는 밭이 있고 밭 끝으로는 숲이 보인다. 그래도 그쪽 숲은 한 번도 가본 적이 없다. 오른쪽으로는 더 넓은 들이 펼쳐져 있었는데 작은 숲도 드문드문 있고 겨울철에는 그래도 아득한 저 멀리 인가에서 떠오르는 연기가 보일 때도 있지만 일단 풀이 자라고 나뭇잎이 무성해지자 그저 망망한 푸른 빛밖에는 아무것도 보이지 않았다. 농작물을 가꾸는 사람들이 더러 보일 법도 한데 무슨 까닭인지 사람의 그림자를 보기가 아주 어려웠다. 집 앞쪽으로는 멀지 않게 길다랗게 늘어선 버들 숲이 보이는데 그 숲에 들어서면 이내 숲 사이를 가로 흐르는 강물을 볼 수 있었다. 흐름은 아주 완만하고 조용한데 깊이가 얼마나 되는지는 통 알 수가 없었다. 몇 번인가 아버지나 어머니를 따라 낚시하러 갔었는데 고기도 별로 잡히지 않았다. 그런데 우리 집 둘레에서 가장 내 마음을 끄는 것은 바로 집 뒤쪽에 있는 숲이었다. 집 바로 뒤에는 제법 넓은 채마밭이 있어서 식구들은 갖가지 채소를 심어 가꾸었다. 호박, 오이, 무, 배추, 고추, 마늘, 아욱, 상추 등 채소 외에도 수수며 옥수수, 참외, 수박까지 심었다. 그런 채마밭에 이어 약간의 논이 있고 논 뒤쪽으로 아주 큰 숲이 있었는데 그 숲을 왼쪽으로 끼고 돌아 한참 가야만 그제야 인가가 하나 보였다. 그곳에는 황띠깡즈에서 나를 가르치시던 이완규 선생님이 부인과 갓 낳은 어린 딸을 데리고 와서 살고 계셨다. 그 부인이 농사 경험이 있어서 우리를 많이 가르쳐 주었다. 그리고 내 언니는 눈썰미가 빨라서 무엇이든지 쉽게 배웠다. 나도 언니를 도와 채소 가꾸는 일을 부지런히 했지만 틈만 나면 숲에 가기를 더 좋아했다. 어머니와 오빠는 논농사만도 힘에 겨워 채소밭은 돌볼 새가 없었다.

숲속에 들어가면 나는 거의 무아경에 빠져드는 것 같았다. 가지각색의 새들이 지저귀는 소리며 갖가지 나무의 서로 다른 모양이며 바람에 흔들리면서 햇빛을 받아 반짝이는 잎새들의 모습이며…, 비슷하지만 똑같은 것은 하나도 없는 무궁무진한 사물의 그런 신비함에 취하고 마는 것이었다. 숲속에 있는 호수는 푸르고 맑아 거울같이 나무들의 모습을 그대로 비추는데 그것은 실제 나무보다 훨씬 더 신비롭고 아름답게 보였다. 새들은 날아오고 날아가고, 역시 호수에 그림자를 던지고 하늘 위에 높이 흐르는 구름도 호수와 다정하게 이야기라도 하는 듯 물속 저 깊은 곳까지 그림자를 유유히 드리우며 흘러간다. 때로는 숲속이 너무 고요해서 일부러 돌멩이를 던져본다. 그러면 텀벙 철썩 하는 소리에 이어 크고 작은 파문이 일다가는 다시 잔잔해진다. 하여간 나는 숲에만 들어가면 시간이 어떻게 흐르는지조차 모른채 종종 날이 저물도록 돌아다녔다. 숲은 끝없이 넓고 깊은 것 같았다.

어느 날, 그날도 나는 점심을 먹고 난 뒤에 숲으로 들어갔다. 호숫가를 돌다가 한없이 숲속으로 깊이깊이 들어갔다. 깊이 들어갈수록 나무는 빽빽하고 울창해서 하늘이 보이지 않고 어두웠다. 그래도 나는 열심히 수풀을 헤치며 안으로 안으로 들어갔다. 그때였다. 멀리서 갑자기 "복영아! 복영아!" 하고 길게 부르는 소리가 들려왔다. 그래서 나는 날이 저무니까 아마 언니가 나를 부르는 것이려니 하고 발길을 돌리며 "나 여깄어요. 금방 갈께요" 하고는 급한 걸음으로 뒤돌아 달리다시피 집으로 돌아왔다. "언니. 나 불렀어?" 하고 언니에게 물으니 언니는 "아−니, 저녁밥도 아직 짓지 않았는데…. 아마 숲속의 요정이 불렀나 보지" 하고 놀렸다.

그런데 이상한 일이었다. 그날 밤부터 고열이 나더니 헛소리를 하며 손발을 허우적거리고, 벌떡벌떡 일어나 문밖으로 뛰어나가곤 하였다. 식구들은 잠을 못 이루고 애를 태웠지만 깜깜 밤중에 어디 도움을 청할만한 데도 없어 속수무책으로 지켜보는 수밖에 없었다. 어머니는 평소 특별한 종교적인 신앙은 가지고 있지 않으셨다. 그저 단순하게 하늘이 무서운 줄 밖에 모르셨다. 그런데 이때 어머니는 마음속으로 "오 하느님! 제발 이 가엾은 애를 죽게 하지 마시고 살려주옵소서" 하고 빌으셨다고 한다.

이렇게 사흘 밤 사흘 낮을 앓다가 아버지가 먼 길 외출에서 오랜만에 돌아오시는 날 비로소 열이 내리기 시작하고 그 이튿날부터는 미음을 먹을 수 있게 되었다. 아버지는 내 머리를 쓰다듬으며 "아버지 보고 싶어서 병이 났지?" 하고 웃으시면서 "그래, 아버지 이제 한동안은 나가지 않게 됐다. 빨리 나아서 같이 낚시하러 가자" 하고 말씀하셨다.[19] 언니는 나를 놀리면

---

19) 정의부 군사위원장이자 사령관이던 지청천이 잠시 활동을 멈추고 집에 돌아온 것은 독립운동의 상황 때문이었다. 지은이의 저서(『역사의 수레를 끌고 밀며 : 항일무장투쟁과 백산 지청천 장군』, 문학과지성사,

서 "원 계집애가 병이 나도…, 그 소란이 다 뭐냐?" 하면서 손짓 발짓으로 흉내 내어 내 정신없을 때의 모습을 보여주었다. 이로 인해 식구들이 비로소 한바탕 웃게 되었다. 그런데 사실 내가 열이 심해 정신을 잃었을 때 내 눈에 보이던 것은 우두마면(牛頭馬面), 기기괴괴한 무서운 형상들을 가진, 사람도 아니요 짐승도 아닌 그런 것들이 혹은 도끼를 들고 혹은 칼을 들고서 막 내게 덤벼드는 모습이었으므로 나는 악을 쓰며 그걸 막으려고 또는 피하려고 무진 애를 썼던 것이다.

이 일이 있은 뒤로는 나 혼자 숲에 가는 것이 금지되었다. 가더라도 다른 식구와 함께 가야 한다는 것이었다. 그러나 식구들은 제각기 일에 바빴다. 그 바람에 나는 숲속에서의 즐거운 소요(逍遙)를 다시 할 수 없게 되고 대신 채소 가꾸는 일에 차츰 재미를 붙이게 되었다. 그래서 나의 새로운 놀이터는 채마밭이 되었고 갖가지 채소와 옥수수, 수수 등이 나의 새로운 친구가 되었다.

씨앗이 흙속에 알맞은 깊이로 묻히고 며칠이 지나면 씨앗은 싹이 터서 흙을 봉긋이 밀어올리고 솟아오른다. 씨앗의 껍질을 그대로 뒤집어쓰고 솟아오른 싹은 쉬이 그 껍질을 벗어버리고 떡잎으로 벌어졌다가 그 떡잎 사이로부터 다시 잎이 솟아난다. 키가 자랄 것은 한껏 위로 자라고 알이 차야

1995)는 다음과 같이 밝히고 있다. 정의부 의용군을 통솔하던 백산(지청천의 호)은 1926년 9월 무렵에 치거띵즈로 와서 몇 달 동안 가족과 함께 지냈다. 백산이 이때 활동을 잠시 멈추었던 까닭은, 일제가 1925년 중국 측에 삼시협정을 강요해서 만주에서 독립운동을 강력하게 억압하기 시작했기 때문이었다. 독립운동 단체를 해산시키고 일제가 지목한 독립운동 지도자를 체포하여 인도케 하는 따위로 중국 당국을 압박했고 그 이면에서는 독립운동가 체포에 현상금을 걸기도 했다. 특히 일본 육사를 졸업한 뒤에 망명하여 항일전쟁의 선봉에 섰고 당시 정의부 사령관이었던 백산을 일제는 어떻게든 체포하려 했고 중국 당국에 압력을 가했다. 정의부의 동지들은 백산에게 적의 이목을 피하기 위해 잠시 활동을 쉴 것을 권했고 백산은 대국적 견지에서 정의부에 큰 피해를 주지 않기 위해 1926년 9월에 가족이 있는 치거띵즈로 왔다. 정의부 군사위원장 겸 사령관은 동지 송암(松菴 : 오동진의 호)이 맡았다. 송암은 일제 경찰에 돈으로 매수되어 변절한 부하(김종원)의 흉계에 속아 1927년 말 일경에 피체되었고 옥중 투쟁 끝에 세상을 떴다. 치거띵즈에서 몇 달을 보낸 백산은 다시 정의부 중앙으로 가서 중앙사판소장(中央査辦所長)으로 활동했고 송암의 피체 이후 동지들의 추대로 다시 군사위원장 겸 사령관이 되었다.

하는 것은 속으로 알이 차고, 덩굴을 벋는 것은 덩굴을 벋으며 제각기 제 모습으로 자라 어느 날 꽃봉오리를 맺고 어느 날 그게 또 활짝 피었다가 열매가 되는 그런 과정을 살펴보며 재미있어 하였다. 호박이 열렸다고 다른 식구에게 알리려면 절대로 식지(食指)로 가리키면 안 되고 엄지손가락으로 해야 한다고 이 선생님 사모님이 일러준 대로 내 작은 엄지손가락을 썼지만 그래도 제대로 자라지 못하고 스러지는 것이 있었다. 지금도 그 이치는 모르지만 그때는 그것이 이상스러우면서도 아쉬웠다.

어느덧 벼이삭이 고개를 숙이고 누렇게 익어가는 가을이 되었다. 형편으로 보아 제법 수확이 좋을 것 같다고 식구들이 흐뭇해했다. 처음 지어보는 서투른 농사치고는 참으로 풍성해 보이는 결실이었다.

그런데 뜻밖의 좋지 않은 일이 우리를 덮쳤다. 한 밤에 식구들이 곤한 잠에 곯아 떨어져 있을 때 강도가 든 것이었다. 우리 식구들은 모두 꽁꽁 묶여서 한쪽 구석에 꿇어앉아 도끼와 칼을 치켜든 강도 앞에 꼼짝 못하고 당하는 신세가 되었다. 이곳에서는 소리쳐 불러 봐도 우리를 도우러 달려올 사람조차 없으니 어찌하랴? 강도들은 집을 뒤지고 도끼와 칼로 위협하며 돈을 내놓으라고 하였다. 우리같이 가난한 사람에게 돈이 어디 있겠느냐고 대답하니 일전에 말을 판 돈이 있지 않느냐고 했다. 그제서야 우리는 "아하, 그렇구나. 그걸 알고 달려 들었구나" 하고 알아차렸으나 우리에게 그 돈이 남아 있을 리도 없고 설사 남아 있다고 해도 그 돈을 어찌 저런 강도 손에 쥐어주랴 하는 생각으로 죽기 작정으로 눈을 감고 체념해 버렸다. 아버지는 기둥에 꽁꽁 묶여 도끼의 위협 아래 그저 묵묵부답이니 나중에는 발밑에 짚을 쌓아놓고 태워죽이겠다고 불까지 질렀다. 그때 아버지의 비통한 마음을 저 무지한 강도가 짐작이나 할 수 있었을까마는 식구들은 그만 놀라서 손발이 묶인 채로 한꺼번에 불을 향해 덮쳐갔다.

아버지에게는 백마 한 필이 있었다. 티 한 점 없고 눈같이 흰 말이었는데 늠름하고 흰칠하게 잘 생긴 전마(戰馬)였다. 원래 전마는 전쟁터에 나가면 주인을 위하여 물불을 가리지 않고 종횡무진 좌충우돌, 크게 활약을 하지만 농사일에는 아무 소용이 없었다. 그뿐 아니라 매일 콩과 소금을 먹여야 하고 깨끗이 손질해주어야 한다. 말을 아끼고 사랑하시니까 손질하는 것은 아버님이 손수 하시지만 소금 먹이는 일은 수월치가 않았다. 그 당시 만주의 소금은 금같이 귀해서 소금(小金)이 아니냐고 할 만큼 흔치 않아 구하기도 힘들었다. 더구나 그때 우리는 외진 곳에서 살았기 때문에 더욱 그러했다.

  잘 먹이지도 못하고 자주 달리지를 못하니 말은 점점 비쩍 말라가고 윤기를 잃어갔다. 보다 못한 아버지는 언제 또 다시 그 말을 타고 왜적(倭賊)과 싸우게 될지 뚜렷한 기약이 없는 상황에서 그대로 두는 것은 말에게나 사람에게나 다 같이 못할 노릇이라고, 돈도 있고 말을 아낄 줄도 아는 어느 중국인에게 잘 기르기 바란다는 부탁과 함께 넘겨주고 말았다. 돈을 위해 판 것도 아니었다. 그런데 이제 이 무지한 도둑떼가 그러잖아도 울분으로 가슴이 미어지는 아버지에게 이러한 곤욕을 더 하는 것은 또 어인 까닭이란 말인가?

  도둑들은 불을 지르는 위협을 마지막으로 긴 휘파람을 신호로 하여 모두 뛰어나가 어둠 속으로 사라졌다. 일장의 악몽은 일단 사라진 것 같았다. 그러나 우리들이 포박을 풀고—어린애라고 그랬는지 나만은 묶지 않아서 내가 제일 먼저 오빠를 풀었다— 집안을 두루 살펴보니 알량한 세간은 몽땅 엎어 흩어놓고 뒤져 그 중에서 쓸 만한 것은 다 가져가 버렸다. 남은 것이라고는 어머니가 시집오실 때 외할머니께서 알뜰히 장만해 주신 한복 저고리 몇 닢뿐이었다. 그들에게 한복 저고리는 소용이 없었던 모양이다. 자다가 갑자기 당했기에 날이 밝으면 당장 걸치고 나갈 옷조차 없어서 어머니는 큰 이불을 뜯어 홑이불로 부랴부랴 식구들의 옷을 지어 입혔다. 설상가상이라더니 이를 두고 하는 말 같았다.

날이 밝자 우선 이 선생님 댁에 어젯밤 일을 알려드리고 추수를 서두르자고 하였다. 추수를 끝내고 갚을 것을 다 갚고 나니 남는 것이 없었다. 그래도 우리는 모자라지 않은 것만을 다행으로 여겼다. 만약에 모자랐으면 이 무서운 고장에서 꼼짝없이 발목 잡혀 떠나지도 못했을 것이 아닌가?

하늘에 별들도 얼어서 쟁그랑쟁그랑 소리를 낼 듯한 새벽, 차가운 바람을 가르며 우리는 그 외롭고 무섭던 치거띵즈를 뒤로 하고 길을 떠나 싸허즈(沙河子)로 향했다. 날이 밝아 오자 달리는 썰매 위에 희끗희끗 큰 눈발이 날렸다.

5. 싸허즈에서 - 민들레와 뱀

싸허즈는 치거띵즈에서 썰매로도 하루 길이 빡빡한 곳이었는데, 큰 눈 때문에 날이 어둡고 나서도 한참 만에 겨우 도착했다. 아버지가 작은어머니와 동생 정계를 데리고 먼저 떠나 난초개로 가는 도중 이곳을 지나면서 우리가 올 것을 미리 알려 두었기 때문에 우리가 도착하자 이장녕(李章寧)[20] 선생을 비롯하여 한 동네 교포들이 모두 나와서 맞아 주었다. 우리가 살 집에 군불도 지펴주고 이장녕 선생 댁에서는 저녁 준비까지 해 두셨

---

20) 이장녕(1881~1932) : 호 백우(白于). 대한제국 육군 장교. 만주 망명 후 신흥무관학교 교관. 북로군정서 참모장으로 청산리전투를 치름. 밀산에서 결성된 대한독립군 참모장. 신민부 고문. 생육사(生育社) 중앙 상무원. 만주 한국독립당 감찰위원장. 만주사변 후 친일마적에게 피살.

다. 실로 오래간만에 맛보는 동족 간의 훈훈한 정이었다.

이장녕 선생은 나의 아버지와 독립운동 선상에서 맺은 동지로서의 인연이 깊은 분으로 일찍이 1910년 망국 후에 곧 만주로 망명하여 신흥무관학교의 교관으로 많은 후진들을 기르셨고, 북로군정서 조직에도 참여하여 저 유명한 청산리전역도 치렀으며, 대한독립군단, 신민부 등의 요직도 맡으셨던 분이다. 그 당시에는 내가 너무 어려서 미처 자세히 몰랐지만 우리나라 독립운동사에 찬연히 빛나는 선열 가운데에 쟁쟁한 자리를 차지하고 계신 분으로서, 우리 집보다 먼저 그곳에 와서 살고 계셨다.

우리가 살게 된 집은 치거띵즈의 한옥(寒屋)보다는 많이 나았다. 우선 벽에 성에가 끼지 않고 자고나도 이불 위에 서리가 내리지 않는 것이 이만저만 고마운 것이 아니었다. 그러나 그렇다고 해서 건물이 뭐 그리 잘 지어진 집은 아니고 일자(一字) 건물에 중간중간 벽을 세워 세 세대가 살 수 있도록 만든 것이었다. 벽이라고 해야 두꺼운 벽도 아니어서 저쪽 집 동정도 수월히 들리는 그런 집이었다. 간혹 식구들끼리 다툰다거나 소리 내서 책을 읽는다거나 하는 경우에 그 소리를 훤히 들을 수 있을 만큼 겨우 맨살 부끄러움이나 가려 줄 정도였던 것이다. 우리 집은 맨 왼쪽 끝집으로, 안으로 들어가려면 반드시 헛간을 지나 외짝 문을 열고 들어가야만 했다. 캉이 대단히 높아서 나는 꼭 큰 디딤돌을 밟고서야 올라갈 수 있었고 캉이 끝나는 곳에 역시 얇은 벽 하나를 사이에 두고 부엌이 있는데 부뚜막도 어찌 높은지, 내가 솥뚜껑을 열려면 발뒤꿈치를 한껏 들고서야 겨우 손이 닿을 정도였다. 우리가 오기 전에 바로 이존우(李存雨) 선생 댁이 여기서 살다가 떠나셨다는데, 그의 어머니가 일찍 돌아가셨기 때문에 홀아비 3부자(父子)의 조석을 6살 난 막내여동생이 맡아 하게 되었는데 부뚜막에 기어 올라가 앉아서 하곤 했다고 나중에 이웃 아주머니들이 이야기를 해주었다. 그래도 함경도 식으로 부엌이 바로 방에 붙어서 겨울이면 온 방

안에 수증기가 잔뜩 서리는 치거떵즈의 그 집보다는 훨씬 낫다고 생각하고 고마워했다.

건물 중간 부분에 살고 있는 사람은 순수한 농군이었는데 이반수라는 열두 살짜리 아들이 있어 나와 같은 학년의 동창생이 되었다. 오른쪽 끝에 사는 집은 정씨(鄭氏)였는데 내 오빠의 동년배인 손자 태성(泰成) 씨와 그의 부인, 내 언니보다 한 살인가 두 살 위인 태임(泰妊) 씨가 있었다. 그의 사촌 동생인 태순(泰順)이는 나보다 한 살 위인 무오생(戊午生)이었다. 그의 모친은 내 어머니와 가까워 질 수 있는 점잖은 부인으로 동네에서 부덕(婦德)의 칭송을 받는 분으로 그의 시아버님이자 정씨 댁 가장이신 태성 씨의 할아버님을 지극히 공경하며 받들었다. 그런데 이 할아버지는 그때까지 상투를 자르지 않고 그대로 깨끗이 가꿀 만큼 완고한 보수적인 노인으로 여자 아이들이 학교에 다니는 것을 극력 반대하였다. 그래서 동네 청년들이 겨울철 농한기에 여는 야학에도 태임 씨와 태순이는 할아버지 몰래몰래 다녀야 했다.

태순이는 동네 아이들이 모두 학교에 갈 수 있는데 자기만 못 가는 것이 하도 억울해서 사촌오빠인 태성 씨와 큰어머니인 정씨 부인에게 울며 조른 끝에 나의 어머니에게 청을 넣어 대신 말씀 좀 잘해 달라 하기에 이르렀다. 그래서 어머니가 말씀드렸지만 그 할아버지는 일언지하에 딱 잘라 안 된다고 거절하였다.

언젠가 한번은 태성 씨네 식구들이 우리 집 식구들과 학교 다니는 아이들까지 불러 모아 태순이를 몰래 학교에 데리고 가서 입학시켜 기정사실로 만들어 할아버지의 고집을 꺾어보자고 일을 꾸며 보았지만, 그 할아버지가 어떻게 눈치를 채었는지 미리 큼지막한 작대기 하나를 들고 여러 집을 둘러싼 울타리 출입문 가까이에 서서 지키고 있다가 우리 여러 학생들이 전후좌우 태순이를 옹위하듯 데리고 나가는 것을 보자 "이 녀언!" 하는 고함소리와 함께 작대기를 공중으로 쳐들었고 태순이는 그만 혼비백산해서 우리를 밀쳐 버리고 우리 집으로 도망쳐 들어가고 말았다. 이리하여 태순이의 배우고자 하는 열망은 끝내 좌절되고 말았는데 뒤에 태성 씨의 말에 의하면 결혼하여 애기 엄마가 된 뒤 죽을 때까지도 배우지 못한 것을 못내 한스러워 하였다고 한다. 내 어릴 적 다정한 친구였는데.

가운데 집 반수는 퍽이나 깨끗하고 말이 적고 얼굴도 곱상한 아이였는데 겨우 소학교 2학년 12살 나이에 17살 처녀에게 장가를 들었다. 그 바람에 학교 친구들에게 놀림을 받곤 했다. 말마다 '새 신랑 새 신랑' 하고 놀려대니까 가뜩이나 말수 적고 부끄럼 잘 타던 아이가 더더욱 얼굴이 빨개졌다 하얘졌다 하면서 슬슬 구석으로 피해 다니며 외톨박이가 되어갔다.

그런데 그 혼인에 이어 그의 여동생도 결혼하는 일이 생겼다. 겨우 11살인가 하는 가냘프디 가냘픈 아이를 쪽을 찌워, 무명에 물감 들여 만든 분홍저고리 검정치마를 새색시의 새옷이라고 입혀서는 억지로 가마에 밀어 넣어 떠나가게 했다. 지금은 그 애의 이름조차 기억이 나지 않지만 아니 가겠다고 저희 집 문기둥을 붙잡고 울며불며 버둥대는 것을 그의 아버지가 억지로 손을 떼어내고 다른 어른들도 합세하여 밀고 끌고 하여서 가마에 태웠다. 가마에 들어간 다음에도 몇 번이나 뛰어 나왔지만 어서 메고 가라는 그의 아버지의 재촉에 끝내는 가마 속에서 엉엉 목 놓아 울면서 떠나가 버렸다. 아니, 끌려갔다고 해야 할 것이다. 그런데 그때 신랑이란 사람은 이미 나이가 삼십을 바라본다 하였다.

뒤에 들으니 이것은 소위 삼혼(三婚)이라는 것인데 '누이바꿈'이라고도 했다. 갑·을·병 세 집에 각기 아들딸이 있는 경우에 갑의 집 아들이 을의 집 딸을 데려오고 을의 집 아들은 병의 집 딸을 데려 오고 병의 집 아들은 갑의 집 딸을 데려오는 것인데 서로서로 혼수 걱정도 예물 걱정도 할 필요가 없다고 했다. 우리 옆집의 반수의 누이동생은 나이가 어려서 당분간은 그 집 민며느리로 가는 것이며 일정 나이가 되어야 정식 부부가 되는 것이라고 하였다. 나는 어른들의 이런 이야기를 듣고 도무지 납득이 가지 않았다. 반수는 왜 그리 부끄러워 할 장가를 들어야 하며 그의 누이동생은 왜 발버둥치며 가기 싫다는 곳엘 억지로 보내져야만 하는 것인지 제일 큰 의문이었다. 그때 나는 마음속으로 이렇게 말했다. "만약 내가 그런 경우를 당한다면 나는 죽어 버릴 거야, 틀림없이 꼭. 아무도 나를 억지로는 어떻게도 못해."

한 울타리 안에 사는 집은 또 있었다. 이장녕 선생님 댁도 그 중에 하나였다. 우리가 식수로 이용하는 동네 우물이 정씨 댁 오른편에 있었는데 우리가 물을 길러 가노라면 왼쪽으로 우물을 마주보는 자리에 있었다. 학교에서 돌아오는 길에도 그 집 앞을 자주 지나다녔다. 이장녕 선생은 우리 학교 교장선생님으로 교가의 가사도 손수 지으셨는데 지금은 첫 마디밖에 기억하지 못한다. "너른 뫼 뒤까지 뻗친 발끝에…" 참으로 교장선생님께 죄송하고 나 자신에게도 부끄럽다. 그뿐 아니라 내 기억으로는 학교이름이 '한얼'이었던 것 같은데 그것도 분명치가 않다.

나는 액목현 황띠깡즈에서 학교를 1년 다녔기 때문에 여기 와서는 2학년이 되었다. 이장녕 선생의 차자(次子)인 이의명(李義明)도 나와 한 반이었고 뒤에 이의명과 함께 낙양군관학교(洛陽軍官學校)를 졸업한 이순보(李順甫: 李又松)도 한 반이었다. 그 외에 이영우(李英雨)와 김한율(金漢律)이란 학생도 한 반이었는데 나이는 둘 다 나보다 10년이나 위였다. 그들은 당당하고 건장한 체구를 가진 학생들로서 그들의 집에서는 한 사람 장정의 몫을 거뜬히 해내는 일꾼이기도 했다. 그들은 무던히 성실하고 알맞게 활달한 성격을 가지고 있어서 비가 오는 날이거나 눈이 내리는 날엔 동네 아이들을 전부 모아 인솔하면서 보호자 역할을 잘해 내었다. 비가 와서 도랑에 물이 불어나면 나 같은 어린 나이의 친구(?)들을 일일이 업어서 건네주기도 했다. 그런데 웬일인지 선생님은 그런 능력 있는 학생에게 반장을 시키지 않고 굳이 나 같은 제일 어린 축에 드는 아이에게 반장을 시키려 했는지 모를 일이었다. 아마 소학생으로는 그들의 나이가 너무 많아서 그랬는지 모른다.

처음 내가 편입되어 왔을 때의 선생님은 바로 우리가 이사 오기 전에 우리 집에서 살다가 떠난 집의 작은 자제분이었는데 성함은 이존우라고 하였다. 아직 결혼도 하지 않은 젊디젊은 총각 선생님이었다. 당시 그래서 남학생은 18세짜리가 둘이나 있었지만 여학생은 모두 내 또래밖에 안 되었다. 어느 날 이 선생님은 나더러 반장을 하라고 했다. 내 생각으로는 그때 이영우 학생이 제일가는 반장 가마리인데 어찌하여 선생님은 하필 제일 나이 어린, 그리고 이사 온 지도 얼마 안 되는 여학생인 나더러 반장을 하라는 것일까 하고 아니하겠노라고 했다. 선생님은 하라거니 나는 아니 하겠다거니 한동안 승강이를 하다가 마침내 선생님은 내가 당신의 뜻을 거역한다고 화가 나셔서 나에게 체벌을 가하셨다. 두 팔을 앞으로 뻗치고 팔이 아래로 쳐지지 못하도록 그 위에 자막대기까지 올려놓고 꼬빡 한 시간을 벌을 서게 하였다.

나는 팔이 저리고 아픈 것도 고통스러웠지만 그보다 더 괴로운 것은 내 깐에는 아무 잘못한 것이 없는데, 다만 반장이 하기 싫어 안 하겠다고 한 것뿐인데 여러 학생들이 마주보는 앞에서 벌을 서는 그 사실이었다. 그렇지만 나는 이를 깨물며 고통을 참았다. 그리고 그 시간의 수업이 끝나고 벌에서 풀려나자 나는 곧 책보를 싸가지고 혼자 집으로 돌아오고 말았다. 깜짝 놀라 묻는 언니와 어머니에게 전후 이야기를 하고 그런 학교에는 다시 가지 않겠다고 선언하였다. 그런데 그날 저녁 이 선생님이 친히 우리 집을 방문하고 내 어머님께 전후사연을 이야기하고 복영이는 고집이 센 아이이니 될 수 있는 대로 어머니께서 잘 타일러 고집을 꺾고 반장이 되도록 해주기를 바란다는 말을 남기고 돌아가셨다. 결국 나는 어머니와 오빠, 언니의 권유에 못 이겨 그 이튿날 오빠와 함께 등교도 하고 반장도 하기로 받아들였다.

하여간 이것은 내가 세상에 태어나서 처음으로 받은 체벌이었고 수모(?)였다. 지금 생각해도 그때 선생님이 너무 젊으셔서 아이들을 다루는 데 경험이 부족했던 것 같다. 나는 그때까지 자라면서 어머니로부터도 모진 꾸지람 한 번 듣지 않고 자랐다. 그야 물론 내가 한 번도 잘못한 일이 없어서가 아니고, 다만 내 어머니의 일관된 교육 신조가 "매로 자란 아이 제대로 옳은 사람 구실 못 한다"는 것이어서 될 수 있는 대로 매를 피하고 참을성 있게 옳고 그른 것을 구별하여 타이르는 방법을 쓰셨기 때문이다. 나는 매를 맞아본 기억이 없고, 모진 욕 한 번 들어본 적도 없다.

다행히(?) 얼마 안 되어 이 선생님은 떠나가시고 곧 이어 김창도(金昌道)[21] 선생이 오셨다. 김 선생님은 오시자마자 몇 마디 말씀에 이내 평안도 분이시란 것을 알았다. 보통 평안도를 일컬어 '맹호출림지세(猛虎出林之勢)'라고도 하거니와 김 선생님이야말로 생김새도 우선 굵게 보이고 꽤나 직선적인 것같이 보였다. 성격이 활달했다. 학생들이 때로 뜻을 거스르면 큰 소리로 고함은 쳐도 매는 들지 않으셨다.

교장선생님은 큰일에 바쁘셨기 때문인지 자주 학교에 나오시지 않았다. 그래서 가난한 우리 학교의 모든 일을 김 선생님 혼자서 도맡아 하셨다. 우리들을 거느리고 운동장도 닦고 철봉대도 세우고 굴렁쇠도 만들고, 돌멩이를 종이와 헝겊으로 여러 겹 싸서 무명실을—털실은 근본 없으니까— 모

21) 김창도(1897~1967) : 신흥무관학교 졸업. 신흥무관학교 교성대(서로군정서)와 홍범도부대가 합대하여 대한의용군이 결성될 때 부대원으로 참가. 남만주전투와 북로군정서지원전투에 참전. 노령 이르쿠츠크 특립대대 장교. 통의부 교관. 동명중학교 등 여러 학교에서 민족교육 실시.

양이 둥글도록 칭칭 돌려 감아 야구공도 만들고, 손수 야구방망이도 여러 개 깎으셨다. 그래서 우리들로 하여금 굴렁쇠를 굴리며 달리게도 하고, 야구도 가르쳐 주셨다. 나는 머리를 땋아 늘인 여학생이었지만 남이 하는 운동은 하나도 빼지 않고 다 해냈다. 철봉대가 높아서 혼자서는 뛰어올라 매달릴 수가 없으니까 옆에 세운 기둥을 타고 기어오르고 매달려 몇 바퀴라도 빙글빙글 돌기도 하고 몸을 홀랑 뒤집어 뒤로 뛰어내리기도 했다. 굴렁쇠 달리기에 간혹 넘어져서 무릎을 깨도 개의치 않았으며 야구도 남학생들과 어울려 방망이를 휘두르고 똑같이 뛰었다. 그뿐 아니었다. 자치기, 팽이 돌리기, 땅따먹기, 널뛰기, 그네뛰기, 여름이면 나무 기어오르기, 겨울이면 얼음지치기 등 남이 하는 것은 하나도 빼지 않고 다 하려 들었고, 또다 잘해내는 편이었다. 이렇게 모든 행동이 의욕적이고 보니 몸은 자연 건강하고 몸이 건강하니 공부도 힘들지 않게 잘 할 수 있었다. 선생님은 나를 귀엽게 보아주시고 내 어머니를 만나 뵐 때마다 복영이는 장래성이 있으니 여자라고 해서 덜 가르쳐서는 안 된다고 늘 말씀하셨다고 한다.

가을 어느 날 토요일에 친구 집에 놀러가다가 야트막한 산비탈의 아가위(山査)나무에 열매가 주렁주렁 탐스럽게 열린 것을 보고 친구들이 먹고 싶어 하기에 나무 잘 타는 내가 용감하게(?) 기어 올라갔다. 그런데 아가위는 가느다란 잔가지 끝에 열리는 것이기에 가지가 내 조그만 체중도 못 이겨 부러지는 바람에 높은 데서 아래로 떨어지면서 나무 끄트머리에 팔을 찔려 큰 상처를 입었다.

그 바람에 어머니께서는 나의 이런 행동으로 말미암아 은근히 걱정하는 마음이 생기셨다. 저렇게 선머슴처럼 자라서 나중에 말괄량이나 되지 않을까 하는 기우(杞憂)이셨다. 그래서 틈나는 대로 나를 잡아 앉히고 바느질하는 법을 가르치시며 나에게 들뜬 마음을 가라앉히는 법을 가르치셨다. 그러지 않아도 나는 어머니가 바느질하시는 모습을 뵈올 때면 늘 감탄해 마지않았는데 내가 바느질 배우기를 마다할 이유가 없었다. 홈질, 감침질, 박음질, 거기에다 바느질할 때의 앉음새 등을 일일이 차근차근 가르쳐 주셨다. 골무, 괴불,[22] 각종 노리개며 필낭(筆囊), 쌈지, 두루주머니를 비롯하여 버선볼받기 등 바느질로 만들 수 있는 것을 하나하나 차례차례 가르치셨다. 그리고 처음 배우는 솜씨로 제법 땀수도 곱고 깨끗하게 잘한다고 칭찬도 하셨지만 내가 무심결에 두 다리 중 어느 하나라도 쭉 뻗어 나갈 때는 금방 긴 자막대기가 어머니 손에서 하늘을 향하고 곤두서는 것이었다. 내 흐트러지는 자세에 대한 경고였다. 이밖에도 빨래 푸지(풀 먹이는 일)며 푸지한 빨래 손질하는 법, 다듬이질과 다림질하는 법 등 어느 것 하나도 소홀히 해서는 안 된다고 하셨다. 어머니의 지론(持論)인즉 사람이 하는 일은 도둑질과 XX질만 빼놓고 무슨 일이든지 다 배우고 익혀 알아야 한다는 것이었다.

하지만 나는 철없이 어머니께 반기를 든 적이 있었다. 나는 장차 (학교) 공부를 많이 해서 많은 지식을 얻으면 사회에 나가 집안일보다도 더 크고 보람 있는 일을 할 터이고 또 돈도 잘 벌어서 집안일은 사람을 두고 할 것이라고 했다. 그랬더니 어머니 말씀이 "그래? 두고 보면 알게 되겠지. 옛말에 종을 부리려면 종의 종노릇을 해야 된다고 했다. 주인 된 사람이 맹물같이 아무것도 모르는데 사람을 어떻게 부려? 부릴 수 있을 것 같으냐?" 하셨다.

아하! 종의 종노릇을 해야 종(사람)을 부릴 수 있다! 이 쉬운 말의 어려운 뜻을 그때엔 미처 몰랐다. 생각해보면 지금 우리 사회에서도 이 말 뜻을 아는 사람은 흔치 않은 것 같다. 지금 세상에 종이 어디 있을까마는 섬기고 섬김을 받는 일은 아직도 엄연히 존재한다. 그런데 흔히들 자기 자

---

22) 어린아이가 주머니 끈 끝에 차는 세모 모양의 조그만 노리개.

신만이 능력이 있다고, 또는 좀 더 많이 안다고 남의 위에 올라서려고만 하고 남을 부리려고만 하지, 겸손하게 스스로 자세를 낮추어 남을 섬기려는 사람은 드문 것 같다. 남에게 섬김을 받으려면 내가 먼저 남을 섬겨야 하겠거늘!!

선생님은 토요일마다 변론회를 열어 학생들을 갑과 을 두 편으로 나누어 변사를 정하고, 예를 들면 우리 생활에서 물이 더 좋은가 불이 더 좋은가 하는 따위의 제목으로 갑·을 두 편의 변사들이 한 사람씩 엇바꿔 차례차례 단상에 올라가 자기가 생각하는 바를 발표하게 했다. 누구도 사양할 수 없고 또 사양하지도 않았다. 그리고 맨 마지막에 가서 선생님이 총평을 내리신다. 대개는 칭찬해 주시는 때가 많고 부족한 점은 일일이 지적해서 다음에는 더 잘하라고 격려해주곤 하셨다. 그랬기 때문에 훗날, 정확히 말해서 2년 후에 내가 충허(冲河)로 이사 가서 살 때에 다시 국치일을 맞아 어른들이 등단해 연설을 하는 자리에 나도 하나 끼어 열변(?)을 토하기에 이르렀다. 누가 시킨 것도 아니고 원고를 미리 준비한 것도 아닌데 자진해서 등단했으니 처음에는 놀라 말리는 어른이 있었지만 사회자가 어찌 생각했는지 "아이들이라고 왜 할 말이 없겠소? 말을 하도록 합시다" 하고 오히려 손까지 잡아 단상에 올라서게 해주었다. 무슨 신통한 말이 있었을까마는 내 마음에서 진정으로 울어나는 대로 주먹을 부르쥐고 때로는 발을 구르며 또 때로는 목 메인 소리로 일장연설(?)을 하는 바람에 장내는 그만 울음바다가 되고 말았다. 단상을 내려올 때는 내 볼에도 눈물이 흘러 있었고 어른들은 일어나 내 머리를 쓰다듬고 안아주기도 했다. 지금 생각하면 열적은 감도 없지는 않지만 어쨌든 그때 내가 그런 용기를 가지고 당당할 수 있었던 것은 오로지 김 선생님의 가르침 덕분이었다.

나는 선생님을 좋아했다. 다른 아이들도 잘 따랐다. 그러나 아이들은 역시 아이들인지라 때로는 선생님을 속상하게 하는 때도 있었다. 언젠가 한 번은 수업시간에 남학생 몇이서 티격태격 싸움질을 했다. 선생님이 몇 번 경고를 했는데도 불구하고 수업은 제대로 진행될 수 없을 만큼 질서가 어지러워졌다. 이에 선생님은 간신히 그 시간을 끝내고 곧 삿갓만 쓰시고 도롱이는 두르지도 않은 채 낫 하나만을 들고 휑하니 들로 나가버리셨다. 차라리 총대 메고 독립군 노릇하는 것이 훨씬 쉽다고 하시면서.

우리는 비로소 큰일을 저질렀다고 생각하고 어떻게 하면 좋을지 의논했다. 그리고 곧 무리를 지어 선생님을 모시러 찾아 나섰다. 비가 내리는 들녘에는 일하는 농부들도 보이지 않았다. 우리는 곧 농막(農幕)으로 달려갔다. 거기서 우리는 하염없이 비 내리는 들녘을 바라보고 계시던 선생님을 뵙자 모두들 한 목소리로 "잘못했어요, 선생님" 하고 용서를 빌었다. 학교로 돌아가시자고 빌며 매달리는 우리들을 한참 동안 바라보시던 선생님은 긴 한숨을 푹 쉬시더니 모두 앉으라고 하셨다. 그리고는 "지금 밖에는 아까보다도 비가 더 크게 내리는구나. 지금 돌아가면 너희들 옷이 흠뻑 젖을 것이고, 또 아무리 여름이라지만 젖은 옷을 입은 채 수업을 계속하면 병나기도 쉬우니 우리 여기 둘러앉아서 옛날이야기나 하자"고 말씀하셨다. 이에 아이들은 금방 "와!" 하고 환성을 지르며 선생님을 중심으로 둘러앉아 이야기를 기다렸다.

선생님은 한참동안 먼 곳을 바라보시는 듯, 생각에 잠기시더니 다시 우리들을 주욱 둘러보시고 나서 이야기를 시작하셨다.

"그러니까 그게 1919년에 있었던 이야기다.…참, 오늘 내가 너희들에게 하려는 이야기는 귀신 이야기도 호랑이 이야기도 아니고 내가 신흥무관학교에서 군사교육을 받던 때 겪었던 나의 이야기다. 어때? 괜찮지?" 하시며 우리들의 반응을 살펴보셨다. 우리들은 이내 좋다고 대답했다.

"나는 1919년 3·1운동 당시 평양에 있었는데 많은 사람들과 함께 만세를 부르며 시위에 가담했었다. 그런데 우리는 왜놈의 총칼 아래 무참히 짓밟히고 잡혀가고 하는 것을 보고 저들의 총칼과 맞서 싸우려면 우리도 그들을 대적할만한 힘이 있어야겠다고 생각하고 독립군이 되려고 만주로 건너왔다. 그래서 곧 신흥무관학교에 입학을 하고 군사교육을 받기 시작했다. 먹는 것, 입는 것 어느 것 하나 넉넉한 것이 없었지만 학생들은 모두 열심으로 배우고 있었다. 첫 새벽에 '도-또-따-' 하는 기상 나팔 소리를 들으면 너나없이 일초의 여유도 두지 않고 벼락같이 일어나 내무반을 정리하고 복장을 단정히 하며 헝겊 각반까지 치고 나서 운동장으로 뛰어나가 인원검사를 받는 것이 하루 일과의 첫 시작이다. 그런데 어느 날 내가 그만 잠깐의 부주의로 검사하는 교관에게 눈에 불이 나도록 따귀를 얻어맞게 되었다."

이 말씀에 아이들은 모두 놀라 "선생님이요? 선생님이 맞으셨다고요?" 하며 믿을 수 없다고 말했다. 선생님은 빙그레 웃으시면서 "그래. 선생님도 그때는 학생이었거든. 더구나 군인이 되겠다고 공부하는 학생이었거든."

"그래 뭣 땜에 맞으셨는데요?"

"단추 하나 때문이지. 아니, 아니야, 말 한 마디 잘못한 것 때문이지. 너희들 '잊었다'와 '잃었다'가 어떻게 다른지 아니? 모르겠지? 그래. 아직 배우지 않았고 주의하지 않았으니까. 그런데 그날 아침, 아니 새벽에 너무 바쁘게 설치다가 그만 단추 하나를 채우지 못한 채 줄에 섰더란 말이다. 검사하는 교관께서 내 앞에 오시더니 '복장이 그게 뭔가? 단추 하나는 어쨌길래 채우지 않는가?' 하고 나무라는 것이었다. 나는 그만 엉겁결에 '잃어버렸습니다' 하고 대답을 했지. 그랬더니 교관께서는 손을 뻗어 내 복장을 더 자세히 살펴보시고, '아니, 이게 단추가 아니고 뭐야? 단추가 여기 있는데 왜 잃어버렸다고 해? 너 한국(조선) 사람이냐? 외국 사람이냐? 한국 사람이 잊었다와 잃었다를 구별하지 못해? 뜻이 전혀 다르다는 것을 몰라? 제 나라 말도 분명히 하지 못하는 사람이 어떻게 조선 사람이 될 수 있어? 그렇게 흐리멍텅 어리벙벙해 가지고 어떻게 독립군이 되겠다고? 애저녁에 보따리 싸가지고 집으로 돌아가 버려. 군대에서는 말 한 마디의 잘못된 전달이 어떤 엄청난 결과를 가져오는지 알기나 해?' 하는 불호령과 함께 볼과 눈에 불이 번쩍하는 것이었다. 생각해보니 정말 내가 잘못했다 싶어 큰 소리로 '잘못했습니다. 이쪽도 때려 주십시오. 다시는 잊어버리지 않게' 하고 고함을 질렀더니 교관은 '그래? 그럼 원대로 해주지' 하고 한 대를 더 때리는 것이었다.

그 뒤로부터 나는 몇날 며칠을 두고 '잊었다와 잃었다는 뜻이 다르다, 군인은 말 한 마디도 똑똑 분명해야 하고 뭐든지 정확해야 하며 판단도 분명해야 한다' 하고 스스로를 일깨우며 그 어려운 군사교육을 잘 받아내어 드디어 졸업하게 되었다."

"선생님, 선생님은 그 교관 선생님이 밉지 않으셨어요?"

"미워? 아―니. 밉기는커녕 나는 다른 교관보다 그 선생님이 더 좋게 느껴지더라. 더욱 고맙기도 하고. 한국 사람이 제 나라 말인 한국말도 잘 모른대서야 말이 되니? 참으로 부끄러운 일이지. 그 부끄러움을 일찌감치 깨닫게 해주셨으니 얼마나 고마운 분이시냐? 하여간 그 당시는 신흥무관학교 창설 이래 가장 번성했던 시기였는데 학생들도 600여 명이나 되고 교관들도 전보다 더 쟁쟁한 분들이 많이 오셔서 우리들은 진짜 군사교육다운 교육을 받게 되었단다. 이른바 '만주 삼천(三天)이면 산천초목도 떤다'는 신동천(申東川: 申八均),[23] 김경천(金擎天: 金光瑞),[24] 이청천(李靑天:

---

23) 신팔균(1882~1924) : 호 동천. 대한제국 육군 장교. 경술국치 후 만주로 망명. 서로군정서 신흥무관학교 교관. 대한통의부 군사위원장 겸 총사령. 1924년 왕청문(旺淸門) 산림에서 군사훈련을 실시하던 중 일본군에게 매수된 중국군의 습격을 받고 전사 순국.

24) 김광서(1883~1942) : 이명 김경천. 일본육군사관학교 졸업. 3·1운동 직후 현역 장교의 신분으로 만주로 망명. 서로군정서 신흥무관학교 교관. 1920년 무기 구입을 위해 노령에 갔다가 니항사변(尼港事變)을 보고 청년을 규합해서 항일무장부대 편성. 적군(赤軍)과 연합해서 일본군과 백계 러시아군을 상대로 항전. 1923년 국민대표회의 참석. 1936년 소련정부의 탄압을 받아 피체되어 시베리아 수용소에서 복

池靑天) 세 분도 이때 신흥무관학교에 계셨는데 모두 생기가 펄펄 넘치는 분들이셨지. 그런데 너희들 내 이야기 어때? 재미있니?"

우리는 "네에. 재미있어요" 하고 고함을 지르며 이어 "그 뒤엔 어떻게 되셨어요?" 하고 말씀을 재촉했다.

"그 뒤 이야기는 참으로 길다. 그리고 더 어려웠다. 학교에서 뺨 맞았던 일은 거기에 비하면 아무 것도 아닐 정도였다. 며칠을 두고 얘기해도 못 다 할 것이다. 그렇지만 그 어려웠던 일 가운데 한 가지만 더 얘기해 주마. 너희들도 이 다음에 어떤 어려운 일을 당하게 될지 모르는 일이고, 또 독립운동하는 것은 그만큼 어렵다는 것을 미리 알아둘 필요가 있다고 생각되어서 하는 이야기다. 우리나라 독립이 언제나 될지 지금으로서는 정확히 알 수는 없지만 그래도 잃어버린 나라는 언제든지 꼭 되찾아야만 하고 너희들도 어서 자라서 독립운동에 참여해야 될 터이니까.

1920년 일본군이 우리 독립군 세력을 소탕하기 위해 만주로 대거 침입해 왔다. 그리고 만주의 통치자 장작림(張作霖)이란 사람에게 우리 한국 독립군이 만주에 발붙이고 독립운동하지 못하게 할 것을 강요했다. 그래서 우리 독립군은 매우 어려운 처지에 놓이게 되고 말았다. 이때 청산리라는 곳에서 우리 독립군이 일본군을 맞아 크게 싸워 승리를 거두었다. 그러나 이 승리에 이어 매우 불행한 일이 일어나게 되었다.

아무 대책도 없이 그 둘레에 살고 있던 우리 동포들, 그저 농사나 짓고 살아가던 죄 없는 교포들이 무참하게 일본군에게 죽임을 당하게 된 것이다. 총 맞아 죽고 칼 맞아 죽고 불타서 죽고, 남자 여자 어른 아이 할 것 없이 수천 명이 학살을 당했다. 이러고 보니 일반 교포들은 물론이요 남북

역하다가 1942년 옥사.

만주에 흩어져서 제각기 활동하던 군사단체들은 모두 속속 북쪽에 있는 밀산(密山)으로 모여 대한독립군단을 조직하고 노서아(러시아)로 넘어가게 되었다.

마침 그때 저 유명한 홍범도 장군의 부대가 우리 있는 곳으로 와서 부대를 합동해서 함께 움직이게 되었다. 처음에는 백두산을 향해 나아가서 일본군을 싸우게 되었단다. 그래도 우리의 최종 목적지는 밀산이어서 더 북쪽으로 가야만 했다. 우리 신흥무관학교도 부득이 문을 닫고 북으로 북으로 이동하게 되었는데 늦가을에 시작한 행군이 백설이 한길(丈餘)로 쌓일 때까지도 끝이 나지 않았다. 우리 부대는 다른 부대에 비해 무기가 부족했는데 가는 도중에 일본군과 친일마적부대와 싸우면서 이동해야 했으니 그 어려움이 오죽 했겠니?[25] 우리는 총으로 싸우기보다 꾀로 싸워 이겨야만 했다. 불행 중 다행이랄까, 우리는 싸움에서 총기뿐 아니라 때로는 식량도 얻을 수 있었다. 그러나 오랜 행군에, 더구나 산속으로 산속으로 계속하여 산길을 걷노라니 모두 지쳐 버렸다. 며칠씩 굶는 것은 예삿일이 되어버렸고, 가을에 떠날 때 입었던 옷을 백설이 한길 남짓 쌓일 때까지 그대로 입고 있으니 그야말로 굶주림과 추위와도 싸워야만 했다. 제일 곤란한 것

---

25) 지은이가 소학교 시절 김창도 선생에게 들은 이 이야기는 홍범도부대와 신흥무관학교 교성대가 청산리전투 전후 어떻게 행군, 전투, 합동했는지에 대해 시사하는 바가 있다. 우선 김창도의 공훈사실을 밝힌 『공훈록』에는 '남만주전투와 북로군정서의 지원전투'에 참가했다고 되어 있다. 일제 무장대의 수색에 서로군정서 지휘부는 피전책(避戰策)을 택했고 신흥무관학교는 백두산 기슭의 안도현 잉우산으로 이전했다. 그곳에서 북만주 각 독립군단과 연락을 취했는데 일본군이 북만주로 침략에 온다는 정보를 얻고 북만주 각 독립군단이 근거지를 이동하기 시작하여 백두산 기슭 산림지대로 행군했다. 북로군정서는 안도현에서 서로군정서 신흥무관학교와 합동할 것을 고려하기도 했는데 식량 문제 때문에 결정하지 못하고 있었다. 그 사이 일본군이 북만주 독립군단을 청산리 인근에서 포위하고 공격하면서 청산리전역이 전개되었다. 북로군정서는 승전 후 곧 밀산으로 북정을 시작했고 홍범도부대는 기왕의 행군노선에 따라 안도현으로 가서 서로군정서 신흥무관학교와 합대해서 북정에 나섰다. 김창도는 홍범도부대와 함께 전투를 치렀다고 언급했는데 이것은 「공훈록」의 '북로군정서의 지원전투'라는 내용에서도 확인된다. 한편 당시 일제 보고문서에는 10월 하순에 한족회부대(서로군정서)가 홍범도부대와 함께 작전했는데 일본군 공격으로 분리되었다고 하며, 또 고동하전투 때 홍범도부대에 서로군정서원 일부가 있었다고 기록되어 있는데, 김창도가 언급한 '지원전투'가 이를 뜻하는지 아니면 다른 전투인지 그 전후 관계는 확실하지 않다.

은 몇날 며칠 계속되는 강행군에 잠을 자지 못해 산길을 걸으면서도 졸음을 못 이겨 졸게 되는 것이었다.

언젠가 한 번은 그때도 며칠을 굶으며 행군하던 도중이었는데 비교적 안전한 곳이라고 생각되어 잠시 쉬기로 하였다. 우리 군인들은 모두 지치고 지친 끝이라 픽픽 쓰러져 이내 깊은 잠에 곯아 떨어져 버리고 몇몇 보초들만 명령에 따라 둘레를 지키고 있었다. 그 둘레에서 한 걸음이라도 벗어나는 사람은 용서 없이 사살이라고 하였다.

그런데 나는 그때 배도 고팠지만 그보다 목이 말라 타는 것이 더 괴로웠다. 물 한 사발만 마실 수 있다면 고대 죽어도 한이 없겠다고 생각했다. 달빛은 희끄무레하게 비춰드는데 산 아래쪽을 보니 퍼렇게 호수 같은 것이 보였다. 그것을 보노라니 더더욱 목이 타서 그만 '에라 모르겠다. 죽을 때 죽더라도 물이나 실컷 마시고 죽자' 하고 몸을 일으켜 살금살금 기어서 산 아래로 내려갔다. 내려가 보니 거기에는 인가가 하나 있었으나 개도 짖지 않아 다행이라 생각하고 물가에 엎드려 물을 마시고 또 마셨다. 꿀맛이었다. 드디어 배가 불룩 나오도록 실컷 마시고는 다시 살금살금 기어서 돌아와 들키지 않은 것을 다행이라 생각하고 이내 잠에 곯아 떨어졌다. 얼마나 지났는지 다른 동지들이 잠 깨는 기척에 나도 깨어 일어나니 밤은 어느 새 사라지고 날이 희부옇게 밝아 오고 있었다. 그러자 첫눈에 들어오는 것이 산 아래 호수였는데 나는 그 물을 보자마자 그만 웩웩 토하기 시작했다. 그도 그럴 것이 내가 지난 밤 꿀물로 알고 마셨던 그 물이 지금 보니 수천 마리의 오리떼가 온통 자맥질을 하며 휘젓고 다니는 흙탕물, 똥물이었던 것이다.

동지들은 놀라서 주린 창자에 토할 것이 무엇이 있겠느냐며 딱해했다. 그런데 그 순간 나는 문득 원효(元曉) 대사의 고사가 생각나서 더럽고 깨끗하다는 것은 물론 그 일 자체에도 근거는 있지만 사람이 느끼고 알게 되는 것은 마음이라는 것이 있기 때문이며, 그 마음이란 것은 정신이라고도 할 수 있고 영혼이라고도 할 수 있는데 만일 사람에게 그것이 없다면 더럽고 깨끗한 것뿐 아니라 좋다거나 나쁘다는 것을 전혀 분별할 수 없을 것 같더라. 그렇게 생각하노라니 차차 구역질도 가라앉더라. 그뿐 아니라 희한하게도 그렇게 더러운 물을 마셨는데도 병조차 나지 않았으니 얼마나 놀라운 일이냐?"

이야기가 이쯤 되자 한 아이가 불쑥, "선생님, 정말 선생님이 똥물…, 아니 그런 물을 마셨어요?" 하고 물었다.

"왜? 믿어지지 않니? 거짓말 같으냐? 독립군에 몸담고 일하던 사람들이 당한 고초가 어디 똥물 마시는 정도뿐이겠니? 우리가 겪었던 험한 일들은 이루 다 말할 수조차 없다. 나라를 송두리째 빼앗기고 겨레가 모두 짓밟힘을 당해서 사람답게 살 수 없게 되었으니 사람으로서 이 부끄러움을 씻기 위해 어떠한 고생이라도 참고 싸워서 목적을 꼭 이루어야 한다는 결심과 의지가 있기 때문에, 차라리 죽음을 택할지언정 도망치려는 사람은 한 명도 없었단다. 너희들 내 말 알아듣겠니? 너희들도 열심히 공부하고 몸을 단련하여 훗날 나라를 위해 희생하신 그분들의 뜻을 이어받아 훌륭한 일꾼이 되어야 한다. 그런데 내가 너희들을 훌륭한 일꾼으로 가르치고 키우는 데 너무 자격이 없는 것 같다. 나는 본래 군인이었으니 다시 총 들고 군인이 되는 것이 좋을 것 같다. 그러나 새로 선생님이 오시기까지는 너희들과 함께 있어야겠지. … 자 그럼, 이제 빗발도 뜸해졌으니 학교로 돌아가자" 하고 몸을 털고 일어나셨다.

우리는 교실에서 하는 공부보다 선생님 이야기가 더 흥미로웠지만 순순히 선생님 말씀을 따라 학교로 돌아왔다. 그런데 이 일이 있고부터는 학생들이 선생님 말씀에 거역하는 일이 없고 선생님을 매우 존경하게 되었을 뿐 아니라 선생님이 우리 곁을 떠나실까 오히려 걱정까지 했다.

선생님은 우리를 가르치는 데 있어서, 지금 생각해도 어려움이 이만저만이 아니셨을 것이다. 액목현에서와 마찬가지로 제대로 만들어진 교과서 하나 없었으니 말이다. 선생님 혼자서 국어, 산술, 역사, 지리, 과학 등 각 과목 교재를 만들고 짜고 해서 가르치셨으니 말이다. 내 기억으로 오직 하나 있던 교과서는 『신단민사(神檀民史)』라는 역사책이었는데, 첫 구절이 "신인(神人)이 방구(方區) 내(內)에…"여서 학생들의 폭소를 자아내던 일도 있었다. 그러나 나는 그런대로 그것을 근거 삼아 우리나라의 상고사에 해당되는 단군의 건국이며 뒤이은 삼한의 분립이며, 고구려 백제 신라에 관한 것들을 배워 나갔다. 하지만 얼마 안 되어 다시 그 고장을 떠나게 되는 바람에 그나마도 더 배우지 못하게 되었다.

김 선생님의 가르침 가운데 지금까지 잊히지 않는 이야기가 하나 더 있다. 어느 날 나는 수업이 종료된 뒤 쉬는 시간에 어떤 반 아이와 마주 서서 이야기를 하다가 마침 그 탁자 위에 놓여 있는 주전자 주둥이에 무심코 식지(食指) 손가락을 끼워 넣었다. 그것은 우리들이 물을 담아 음료수로 삼는 것이었는데 마침 주전자에는 물이 없고 비어 있었다. 상학(上學) 종이 울리자 반장인 나는 얼른 내 자리에 가서 구령을 불러야 하는데, 아! 이게 웬일인가, 손가락이 빠지지 않는 것이 아닌가. 급하기는 하고, 하는 수 없이 주전자를 손가락에 매단 채 자리로 가서 구령을 불렀다. 기립, 경례, 착석. 그런데 구령을 부르는 나는 왼손을 뒤로 한 채 몸도 오른쪽으로 기우뚱해졌고 목소리도 전과는 달랐다.

그때 우리들은 교실이라고는 하지만 제대로 책상 걸상이 있는 것도 아니고 그냥 마루나 방바닥에 주저앉아 수업했는데, 내 모습이 이내 선생님 눈에 띄었을 밖에 없다. 게다가 어떤 아이들은 킥킥 웃음까지 참지 못했으니 선생님은 자연 내 앞으로 걸어 오셔서 어떻게 된 일이냐고 물어 보셨다. 그리고는 빙그레 웃으시더니 교단으로 돌아가셔서, "복영이는 오늘 주전자

주둥이에 손가락이 물려서 빼낼 수 없게 되었다. 그러니 별 수 없다. 오늘은 종일 주전자를 매달고 다녀야겠다. 그리고 내일도 모레도 계속해서. 손가락을 주전자 주둥이에서 빼내려면 별 수 없이 하얼빈이나 다른 큰 도시로 나가서 주전자 만드는 공장을 찾아가 빼내달라고 부탁해야겠구나. 자, 이제 우리는 공부를 시작하자" 하고 다시는 알은체를 아니 하셨다. 나는 속이 탔다. 정말 선생님 말씀대로라면 어떻게 하나? 하지만 선생님이 웃으시는 모습으로 보아 절대로 그렇지만은 않은 것 같았다. 빼내는 방법이 따로 있을 것이 분명했다. 이렇게 생각하며 듣는 둥 마는 둥 한 시간 수업이 끝나자 나는 또 여러 아이들에게 둘러 싸여서 그들이 보고 있는 가운데 용도 쓰며 침도 발라 보았지만 막무가내 손가락은 빠지지 않았다. 등에서는 진땀이 흘렀다.

다시 수업 시작의 종이 울리자 다른 아이들은 바로 제자리로 돌아갔지만 나는 내 자리로 돌아갈 것조차 잊어버리고 원래 주전자가 놓여 있던 그 자리에서 용을 썼다. 그러다가 선생님이 교실에 들어서시는 것과 동시에 나는 얼떨결에 주전자 뚜껑을 열었다. '뻥' 하는 약한 소리와 함께 내 손가락은 거짓말 같이 금방 쏙 빠져 나오는 것이었다. 벌겋게 상기된 얼굴로 내 자리로 돌아와 구령을 부르고 고개를 푹 숙이고 앉아 있노라니 선생님은 마침 그 시간이 상식 시간이라고 내가 겪은 일을 내용으로 수업을 시작하셨다. 빈 주전자에는 일정한 공기가 들어 있고 손가락이 그 공기를 압축시켜 빠져나오지 못했는데 주전자 뚜껑이 열리면서 공기 압력이 바뀌어 비로소 손가락이 수월히 빠져 나올 수 있게 되었다고 하시면서 "사람은 언제나 어려운 일을 당했을 때 당황하지만 말고 침착하게 머리를 쓸 줄 알아야 한다. 그래야만 그 어려움에서 벗어날 수 있는 길이 열릴 수 있는 것이다. 오늘 복영이도 제 스스로 머리를 써서 손가락을 빼낼 수 있었으니 칭찬해 줄 만하다"고 하시며 꾸짖지 않고 오히려 칭찬을 아끼지 않으셨다.

그러니까 그분은 그때 벌써 계발식 교육을 하셨던 것 같다. 교과서도 없는 그 어려움 속에서 선생님은 백묵으로 우리가 배워야 할 내용을 칠판에 쓰시고, 우리 학생들은 그것을 일일이 백로지를 매어 만든 연습장에 베껴서 배우는 그런 형편 속에서도, 선생님은 우리들을 지·덕·체(智·德·體) 세 방면으로 조금씩조금씩 계발하여 사람이 되어가도록 하셨던 것 같다.

그러나 나는 이런 선생님을 모시고 공부할 수 있는 복된 삶이 오래 계속될 수 없게 되었다. 싸허즈에 이사 온 지 이태 만에 이곳을 떠나야만 했다. 치거띵즈에서 싸허즈로 이사 올 때는 그래도 교포들이 비교적 많이 살고 있어서 외롭지도 않겠고, 이미 치거띵즈에서 한 해 농사를 지어보아서 경험도 생겼으니 좀 더 넓은 농터를 얻어 열심히 땀 흘려 농사를 지으면 먹고 사는 것은 큰 걱정을 면할 수 있겠거니 생각했는데, 우리들이 예상했던 것과는 딴판으로 이곳은 만주 너른 지역에서도 보기 드물 만큼 박토(薄土)인데다가 뱀도 많고 늑대도 많은 고장이었다. 뱀은 거의가 몸이 가늘고 길지 않은 독사로 동작이 어찌나 빠른지 우리 학생들이 등하교할 때에는 너나할 것 없이 모두 작대기 하나씩 들고 앞의 풀섶을 탁탁 쳐가며 헤치고 가야 했다.

그때 우리들은 거의 모두가 맨발로, 짚세기나 혹은 어쩌다 얻어 신게 된 고무신은 아끼느라고 모두 벗어들고 학교에 닿아서야 물로 발을 씻고 신발을 신고 들어가는 형편이니, 뱀에게 물릴 가능성이 많았던 것이다. 늪 같은 물속에도 뱀이 우글거려서 누구도 함부로 물속에는 들어가지 못했다. 물속에 있는 뱀은 모양이 또 다르고 크기도 풀섶에 있는 독사보다 좀 커서, 물속에 도사리고 있는 모습이나 물살을 가르고 살레살레 헤엄쳐 가는 모습을 보면 온몸이 오싹해지곤 했다.

이런 환경에 야속하게도 이태 동안 계속 가뭄이 들어서 첫 해에도 흉년, 이듬해에도 흉년이 되어, 우리 교포들의 삶은 말이 아니었다. 지주(중국인)에게 도조(賭租: 소작료)도 갚지 못하고 얻어 쓴 빚도 갚을 방도가 없게 되자, 앞마을에 살던 교포 한 집이 그만 야반도주를 하고 말았다. 그러자 그런 집이 하나 둘 더 생겨났다. 이에 중국인들은 "조선 사람들은 도둑놈이고 믿을 수 없다. 식량도 꿔어주지 않겠다"고 했다. 불행 중 다행이랄까, 우리 집은 도조도 갚고 빚도 갚을 수는 있었지만 그러기에는 내 어머니의 고심이 이만저만이 아니었다. 예를 들어 그 당시 내가 끼니를 일주일이나 계속 굶은 적이 있었는데—싸허즈에 온 지 이듬해 봄—, 이웃에 인심이 꽤 좋은 애꾸눈 영감(중국인)이 적잖은 땅도 가지고 있고 재산도 가지고 있어서 그 영감과 아들이 가끔 우리 집에 와서는 곤란한 일이 있으면 자기네더러 말하라고 하며 자기네 창고에는 옥수수, 콩, 좁쌀 등 없는 것이 없으니 양식이 필요하면 얼마든지 가져다 먹으라고 했지만, 어머니는 굶으면 굶었지 남의 빚을 함부로 덜컥덜컥 져서는 안 된다고 빚 얻어서 먹는 것을 극력 조심하고 절제하셨다. 그도 그럴 것이 간혹 가다가 중국인에게 빚을 갚지 못하는 경우에 강제로 딸이나 아들을 빼앗기는 경우가 있다는 것을 들으신 어머니로서는 한창 꽃다운 나이로 자라나는 딸(나의 언니)을 둔 처지에 조심하지 않을 수 없었다. 그런데 일주일 동안 굶은 것을 어떻게 눈치를 챘는지 바로 이웃집 그 애꾸눈 영감이 손수 좁쌀과 옥수수쌀을 두어 말 지고 와서 오빠의 등을 툭툭 두드리며 "샤오로리(小老李)도 좋은 사람, 나도 좋은 사람. 절대로 다른 생각 같은 건 없으니 염려하지 말고 어서 밥 지어서 동생(나를 가리키며)을 먹이라"고 하며 외눈에 눈물까지 글썽이는 것이었다. 그래서 오빠는 고맙다고 인사를 하고 받아들이고, 어머니는 오래 굶은 끝에 갑자기 밥을 먹으면 탈나기 쉬우니 죽을 끓이자고 하여 온 식구가 나누어 먹었다.

나는 그때 허기진 몸으로 양지바른 토담에 기대어 앉아 아지랑이 아물거리는 먼 들판과 울타리 밑에 피어있는 노오란 민들레꽃 몇 송이를 하염

없이 바라보던 기억만 남아있다. 그런데 언니는 뒤에 가끔 말하기를, "계집애도, 어린 것이 어떻게 그리 잘 참아내는지, 글쎄 매끼 끼니를 못 끓인다고 굴뚝에 연기조차 피어오르지 않으면 동네 이웃에서 모두 알게 될 것이고 다 같이 비슷한 처지이니 서로 도울래야 도울 수도 없어 공연히 안타까운 마음만 더하게 될 터이니 굴뚝에 연기라도 올려야겠다고 때가 되면 꼭꼭 군불이라도 때곤 했는데, 그때마다 너는 슬그머니 부엌으로 들어와서 아무 말도 하지 않고 그저 그 높은 부뚜막 솥뚜껑을 천천히 열어 맹물만 한 솥인 것을 보곤 힘없이 다시 밖으로 나가는 것이 하도 안스러워 나 혼자 아궁이 앞에 앉아 눈물을 짓곤 했다. 차라리 배고프다고 밥 달라고 떼라도 썼으면 덜 불쌍하게 느꼈을 텐데…" 하곤 했다. 그래서 그랬는지 언니는 나를 참으로 극진히 사랑하고 잘 돌보아 주었다.

하여간 싸허즈에서의 이태 동안은 참으로 굶는 때가 먹는 때보다 더 많게 느껴질 만큼 어려운 생활이었지만 그래도 이웃들은 훈훈한 인정미를 잃지 않고 서로서로 도와가며 살았다. 우리는 애꾸눈 영감이 가져다 준 양식도 이웃들에게 조금씩 나누어줄 수 있었고 이웃들도 우리를 더 많이 도와주었다.

끝으로 싸허즈에서의 일 가운데 한 가지 더 이야기할 것이 있다. 싸허즈에는 독사도 많고 늑대도 많았지만 만주의 특산물인 울라초(烏拉草)도 많고 민들레 또한 다른 지방에 비해 지천으로 널려 피었던 것으로 기억된다. 길섶이나 늪가에도 논두렁과 밭머리에도 그 노오란 꽃들이 지천으로 피어 있어서 우리 학생들의 등하교 길을 황금빛 꽃길로 장식해 주기도 하였다.

그리하여 우리는 그 꽃길에서 별난 놀이를 하곤 했다. 어떤 학생 몇몇은 그 노란 민들레 꽃송이를 따서 어깨에 몇 개 붙이기도 하고 콧구멍 양쪽에도 꽂아 콧수염을 만들고 (연극에서 본 모양대로) 이등박문(伊藤博文)의 흉내를 내어 거만하게 걸어가면 옆에 몇몇 수종하는 아이가 있어 굽신굽신

호위를 하는 것이었다. 그러면 몇몇 다른 아이들은 책보와 도시락 보자기 두 개를 열십자로 등에 묶어 매고 토막 막대기를 손에 꼬나쥐고 숨을 죽여 풀섶에 숨어 있다가 이등박문 일행이 다가오면 벼락같이 내달으며, "이놈! 이등박문아, 대한남아의 정의의 총알을 받아라" 하면서 입으로 탕탕탕 총소리를 내면 이등박문으로 행세하던 아이가 "옥" 하는 소리와 함께 그 자리에 푹 고꾸라져 죽은 시늉을 한다.

나머지 아이들은 연방 "이놈, 왜놈들아 총 받아라" 하며 호위하던 아이들에게 덤벼들면 그 애들은 또 "고노 바가야로"를 외치며 덤벼들어 육박전이 벌어지지만 언제나 끝마감은 왜놈 편이 거꾸러지고 안중근 편, 즉 한국 편이 이기기 마련이었다. 왜놈이 다 거꾸러지면 우리는 "만세 만세, 독립 만세!"를 크게 외치면서 작대기에 수건을 매달아 태극기를 대신하고, 또 막대기를 총대 삼아 둘러메고서는 줄을 지어 「용진가」, 「독립군가」, 「충무공 노래」, 심지어는 「신흥무관학교 교가」까지 소리 높여 부르면서 행진했다. 그때에는 왜놈 행세를 하며 쓰러졌던 아이들도 모두 일어나 함께 노래하며 함께 전진하는 것이었다.

벽파정(碧波亭) 푸른 물 파도는 높고　빠른 바람 앞뒤로 있는데
떴구나 떴구나 왜적의 배가　널쪽같이 둥둥 떠오누나
우리 장군 이순신은　거북선 휘몰아 왜적을 쳐부셨네
우리도 용감케 나아가면　무엇인들 못하리!

6. 충허에서-감당키 어려웠던 거센 물살[26]

　온기를 잃은 겨울 해는 이미 흐릿하게 서쪽 하늘로 기울고 매운바람은 눈보라를 일으키어 어쩌다 지나가는 마차의 채찍소리마저도 눈보라 속에서 베폭을 찢어내듯 얼음장이 갈라지듯 매운 소리를 낸다.

　우리 집 이사는 언제나 추운 겨울에 있었다. 이번 충허(沖河)로의 이사도 설을 막 지난 한겨울, 눈보라 속에서 이루어졌다. 충허 까이청(街城)까지는 말파리(썰매)로 와서 그곳 안야산(安也山) 댁에서 하룻밤을 잤다. 이튿날은 세간 살림을 식구들이 나누어 지고 걸어서 갔다. 오빠는 지게에 버들고리짝 하나 얹고, 그 위에 대강대강 볏짚을 엮어 가려 싼 가마솥 하나를 더 얹어서 지고 맨 앞에서 빠르지도 느리지도 않게 발걸음을 옮겼다.

　"오빠. 아직 멀었수?"

　"아니, 다 와 간다. 조금만 더 가면 된다."

　그러나 그 '조금만 더'라는 말은 그 뒤에도 몇 번이나 거듭되었지만 우리가 목적으로 하는 곳은 쉽사리 닿아지지 않았다. 안씨 댁에서 아침 요기를 하고 떠나기는 했지만 이미 한낮이 기운 지도 오래되어 해질 무렵이 가까워져 있었건만 하얀 눈길은 가도가도 끝이 없는 것 같았다. 전후좌우 아무

---

26) 원고에는 이 제목 아래에 다음 같이 자세한 차례가 있다. 지은이는 늘 충허 시절을 그리워하며 그때 겪은 일을 기록하려 했다. 이 차례는 회고록이 완성된 뒤에 충허 시절을 문학적으로 자세히 기록하기 위한 구상으로 생각된다.
　1. 설원(雪原)-고목(枯木) 위에 겨우살이 2. 달무리 3. 향(香)을 사르는 어머니-제사
　4. 춘래불사춘(春來不似春)-봄은 오건만 5. 강물은 흐르고-봇물 막기
　6. 춘궁 7. 쑥이야기-어느 장례 8. 봄 씨앗-늦 파종(播種) 9. 김매기-구름나무
　10. 추수-흰 박과 빨간 고추 11. 산삼캐기 12. 다시 겨울-야학 13. 낯선 손님
　14. 며느리와 시아버지 15. 방학-개천절-눈길 16. 눈밭에 핏자국 17. 겨우살이의 운명
　18. 주인 잃은 개 19. 20세기의 새로 생긴 집시(백의민족) 20. 아직도 아득한 하늘 저편

리 둘러보아도 망망한 눈밭뿐이었다. 군데군데 패자숲이 있기도 하고 더러 더러 인가(人家)도 있기는 하였지만 그것도 역시 흰 눈으로 덮여 있어서 오히려 더 으시시하게 느껴졌다. 어쩌다가 나타나는 그 인가에서는 사나운 개떼가 무리를 지어 극성스럽게 짖어대며 우리를 뒤쫓고 있었다.

만주는 도둑이 많은 곳이고 산짐승 들짐승들이 많은 고장이라, 그곳 사람들은 집안 형편이 좋을수록 개를 많이 길렀다. 개들은 낯선 사람만 보면, 특히 흰옷 입은 우리 한국 사람을 보면 주인이 큰소리로 불러들이지 않는 한, 몇 리고 무리를 지어 쫓아오는 것이었다. 우리도 그 하루 동안에 몇 번을 그렇게 당했다. 우리 집 네 식구, 어머니, 오빠, 언니, 그리고 나는 다른 한국인들처럼 완전히 흰옷만 입은 것도 아니건만 그 개떼들은 어떻게 우리가 한국인인 것을 알고 그렇게 극성스럽게 쫓아오는지 알 수 없었다. 역시 우리가 입은 한복 때문일까? 아니면 우리가 이고 지고 어렵게 걸어가는 모습에서 알아채는 것이었을까? 하여간 개들도 우리를 낯설어하고 이 고장 사람이 아니라는 것을 분명히 일깨워주는 듯싶었다.

나는 이제 10살이 된 댕기머리 여자아이로서 이번 이삿길이 심통(?)이 나도록 싫었다. 등에 짊어진 보따리가 어깨를 짓누르고 무겁게만 느껴졌다. 무엇 때문에 겨우 정들어가는 싸허즈를 떠나 이렇게 막막한 곳으로, 그리고 학교도 없는 곳으로 다시 이사를 해야만 하는 것인지, 그게 짜증스럽고 심통 나는 것이었다. 한 발짝, 한 걸음, 내디딜 때마다 내 몸은 오히려 뒤로 잡아당겨지듯 싸허즈로 되돌아가고 싶은 마음뿐이었다.

싸허즈를 떠날 때 김창도 선생님은 내가 학교 없는 충허로 옮겨가는 것을 못내 안타까워 하셨다. 그래서 당신이 책임질 테니 나를 이장녕 선생 댁이나 정태성 씨 댁에 맡겨두고 떠나라고 거듭 권하셨다. 그러나 어머니는 내가 남자아이라면 그렇게 해도 무방하겠지만 여자아이인 까닭에 절대로 그렇게 할 수 없다고 기어코 나를 데리고 떠나셨다. 그래서 나는 처음으로 어머니가 원망스러웠고 공부 못하게 될 것이 염려되고 불안해서 어머니보다도 오빠에게 더 짜증을 부렸다. 이사 가는 일은 오빠가 먼저 생각하고 결정한 일인 것 같았다. 내 마음을 짐작하는 오빠는 길을 가면서도 줄곧 나를 위로하려고 애를 썼다. 충허는 비록 새로 개간해야 할 땅이지만 싸허즈보다도 우리 동포들이 더 많이 모여와서 살게 될 곳이니까 얼마 지나지 않아 곧 학교도 세워질 것이고 그러면 어떤 어려운 일이 있더라도 책임지고 학교에 보내줄 테니 걱정하지 말라고 하였다.

황혼 무렵에 목적지에 다다라 보니 우리가 살 집은 일자(一字) 초가집인데 치거띵즈나 싸허즈 같이 우리 동포가 지은 집이 아니었다. 중국인이 지었고 지붕이 꽤 높았다. 큰 캉(炕) 아래는 흙바닥으로 된 청(廳)[27]이 꽤 넓었다. 청에는 벽 가까이 흙으로 쌓아 만든 큰 화덕이 있었는데 이것이 바로 겨울철 난방용이었다. 그날로 눈 속에서 나무를 해다가 얼기설기 얹어 놓고 자작나무 껍질로 불쏘시개를 삼아 불을 지폈다. 생나무인데도 탁탁 소리를 내며 잘 탔다. 그때마다 불똥이 불꽃이 되어 날아올랐다. 언 흙을 녹여 솥을 걸고 눈을 퍼다 가마솥에 붓고, 다른 한 솥에는 서둘러 밥을 지어 싸허즈에서 만들어가지고 온 장떡으로 반찬을 삼아 허기를 채웠다. 밤이 이슥해서 뒷간엘 가려고 문밖을 나서다가 문득 집 왼쪽으로 시커멓게 보이는 산그림자에 등골이 서늘하도록 놀라서 그만 후다닥 집안으로 뛰어 들어오고 말았다.

충허에서의 생활은 이렇게 등골이 서늘한 무서움으로 시작된 것 같았다. 해만 저물면 우리는 대문에 빗장을 질러 단단히 닫아걸고-그래 보았자 한 발길이면 대번에 부서져버릴 쪽문에 불과한데도- 네 식구가 호롱

---

27) 당시 중국 동북지역의 집 실내는 바닥이 흙이나 벽돌로 되어 청(廳)이라 하고 청 가운데 일부가 난방 구들이 놓인 캉으로 되어 그곳에 앉거나 눕게 되어 있었다.

불 앞에 모여 앉아 말소리조차 낮추어가며 제각기 새끼도 꼬고 짚신도 삼고 바느질도 하고, 봄이 오면 논에 밭에 뿌릴 씨앗들도 고르며 일을 하다가 밤이 들면 호롱불을 끄고 모두 자리에 눕는다. 큰 캉을 반으로 나누어 아랫목 쪽은 어머니, 언니, 그리고 내가 쓰고 윗목 쪽은 오빠가 쓰기로 하고 수숫대로 엮어 벽을 세우고 그 위에 신문지로 앞뒤를 발라 칸을 막았지만 말소리가 잘 들리는 까닭에 잠이 오지 않으면 이런저런 이야기를 하다가 잠이 들곤 했다.

그러던 어느 날 밤이었다. 봄이 오기엔 아직도 머─언 밤이었다. 푸르스름하게 밝은 달 둘레에는 뿌옇게 달무리가 섰다. 집 앞으로 엇비슷이 보이는 숲에서는 부엉이가 '부으으으 부으으으' 하고 울어댔다. 모든 것이 얼어 굳어버린 것 같고 허허하게 텅 비인 것 같기도 하며, 모든 것이 완전히 정지된 듯 죽어버린 듯도 했다. 그러면서도 산그림자, 숲그림자, 모든 그늘이란 그늘, 그 어두움 속에서는 어떤 알 수 없는 음모가 숨어 있는 듯도 하여 금방이라도 무엇이 툭 튀어나올 것도 같은, 두려움이 웅크리고 있었다.

한밤중 잠결에 나는 이상스러운 느낌이 들어 화들짝 놀라 일어났다. 무어라고 말을 하려니까 어머니와 오빠가 동시에 "쉬" 하며 조용히 하라는 시늉을 했다. 그때 내 귀에도 분명 이상한 소리가 들려왔다. 마치 저 땅속 깊은 곳으로부터 새어나오는 울음소리 같기도 하고, 아니면 저 텅 빈 들과 숲을 헤매며 돌아다니는 유령으로부터 나오는 듯 망측하고도 야릇한 그런 소리였다. 그 소리는 조금씩조금씩 저 달무리 둘레를 감돌다가 드디어 밤을 가르고 하늘로부터 땅으로 내려왔다. 그러더니 저쪽 산그늘 속에서 마침내 한 사람의 그림자가 나타나더니 얼마 뒤 우리 옆집 문을 쾅쾅쾅 부서져라 두드리는 것이었다. 그러자 그 집에서 곧 사람이 나와 무어라고 말을 주고받더니 먼저 사람은 오던 길을 되돌아가서 산그늘 속으로 사라지고 옆집 사람은 아까 그 사람처럼 목청껏 노래를 부르며 아랫마을을 향해 걸음을 옮기는 것이었다.

한밤중에 괴상한 일! 밤은 다시 정적으로 가라앉았지만 우리는 잠을 이루지 못하고 그 밤을 새웠다. 이튿날 우리는 그것이 산속에 무리지어 살고 있는 후즈(鬍子: 산적)가 저 아랫마을에서 한참 멀리 떨어져 있는 대지주 집으로 보내는 '통보'(편지)의 전달이라는 사실을 알았다. 그 '통보'는 한 귀퉁이에 깃털을 꽂아 그것이 예사 편지가 아니고 바로 '후즈'의 편지란 것과 시각을 지체해서는 안 된다는 '화급(火急)'을 나타내어 절대로 도적 소굴에서 나온 사람이 직접 받을 사람에게 전하는 것이 아니고 중간 중간 일반인의 손을 거쳐 받을 사람에게 전하게 되어 있다고 한다. 그렇기 때문에 어떤 사람이든지 이 편지 전달을 의뢰받은 사람은 어떤 경우에라도 촌각을 지체해서는 안 되는 것이며 또 중도에 어떤 사람도 그를 해칠 수 없다고 한다. 그뿐 아니라 그 편지를 전해 받은 대지주라 할지라도 편지 전한 사람을 잡아가두거나 해쳐서는 절대 안 된다는 것이며, 만일에 그런 일이 생기는 경우에는 도적떼들이 가만히 있지 않고 반드시 보복하기 때문에 누구도 감히 해치지 못한다고 했다. 그래서 그런 것을 나타내기 위해 한밤중 남 다 자는 밤이라도 그렇게 노래를 부르며 다닌다는 것이었다.

그리고 그 통지를 받은 지주[보통 따량후(大糧戶)라고 부른다]는 도적의 요구대로 양식이며, 마필(馬匹)이며, 육류 등을 수량대로 지정 일자, 지정 장소로 보내주어야 별탈이 없이 지낼 수 있다. 만약 이것을 묵살하고 거절하면 도적들이 가만히 놓아두지 않고 어느 날 그 따량후를 치러 산을 내려온다. 이런 날은 도적들이 미리 인근 부락이나 지나는 길목에 있는 민가에 기별하여 자기네 길을 방해하지만 않으면 절대로 일반 사람들에게는 해가 돌아가지 않도록 할 것이니 놀라지 말고 조용히만 있으라고 한다. 이러면 일반인들은 그날 그 시각에 문을 굳게 닫고 얼굴을 내밀지 않기만 하면 된다. 그러나 따량후들은 사정이 다르다. 그들은 본래 큰 지주일수록 큰 마을을 이루어 성채(城砦)를 높이 쌓고 포대(砲臺)까지 갖추어놓고 총포도 다 준비되어 있어서 그 힘을 믿고 항거를 하게 되는 경우에는 쌍방 간에 한바탕 전투가 벌어지게 되는 것이다.

바로 그날 밤에 통지를 받은 그 지주도 도적들의 요구에 응하지 않고 있다가 그만 그 집 아들이 방표(綁票: 사람을 잡아다가 볼모로 금품을 요구하는 행위)의 대상이 되었는데 도적들이 그의 귀를 잘라 소금을 담은 상자에 넣어 집으로 보내는 바람에 결국은 도적의 요구를 다 들어주고서야 아들을 구해왔다. 귀는 영원히 잃었지만.

그런데 일반 주민들은 도적떼가 클수록 오히려 무서워하지 않고 반대로 도적을 잡으러 다니는 관군(官軍)을 무서워하고 싫어했다. 앞에서도 말했듯이 큰 도적일수록 일반인들은 건드리지 않는다. 개중에 어쩌다가 민가에 누를 끼치고 해를 가하는 도적이 있으면 엄벌로 다스리고 그 규율이 매우 엄했기 때문에, 백성들은 도적을 무서워하지 않고 도리어 관군을 꺼린다. 관군은 도적을 잡는다는 핑계로 가끔 마을에 들어와서는 닭 잡아라, 돼지 잡아라, 술 가져오라, 안주 가져오라 하면서 몇날 며칠을 민가에 드러누워 도적 잡을 생각은 아니하고 아편이나 빨고 일정 기한이 다가오면 아무데서나 운수 나쁜 사람 몇 명 잡아다가 도적이라고 등에 팻말을 붙여 동네를 몇 바퀴 돌리고는 회자수(劊子手)를 시켜 목을 뎅겅뎅겅 잘라 사람들이 들고나는 성문 위에나 길가 큰 나무 가지에 높이 매달아 놓는다. 소위 일벌백계(一罰百戒)라는 명목 아래. 그렇게 죽은 사람들 가운데는 눈을 크게 뜬 채로 무슨 말을 하려는 듯이 보이는 경우도 있었다. 만주에서 사는 동안 나도 이렇게 잘린 머리를 한두 번 본 것이 아니었다. 대개는 어머니와 동행하는 길이었는데 어머니는 그때마다 "아이구머니나, 끔찍해라" 하면서 내 눈을 가리고 보지 못하게 하셨다.

이러한 충허에서 생활을 시작하는 것이 무섭고 외롭고 불안하고 막막했지만 그래도 이곳을 떠나 또 어디로 간단 말인가? 기왕에 오기로 결정하고 온 것이니 어떻게 하든지 살아가야만 했다. 어머니와 나는 지난해에 중국인이 심었던 배추밭에 나가 수북이 쌓인 눈을 헤치고, 얼기도 하고 마르기도 한 배추 가운데서―지난해에 중국인은 좋은 것만 가려 뽑고 나쁜 것은 그대로 두었다― 웬만큼 먹을 수 있는 것을 골라 주워다가 김치도 담그고 우거지도 만들어 찬거리를 장만했다. 오빠는 도끼와 톱을 가지고 숲으로 가서 마른 나무나 혹은 촘촘한 나무들 가운데 휘어지거나 삐뚜름히 쓰러진 나무들을 베고 잘라서 일 년 동안의 땔감을 마련하기 시작했다. 나도 오빠를 도우려고 새끼줄을 들고 따라 나섰다. 오빠가 찍어놓은 나무의 밑둥 큰 가지에 새끼줄을 묶어 줄의 한쪽 끝을 내 어깨나 허리에 동여매고 끌어당기면 처음엔 힘이 좀 들지만 눈 위라서 나무는 슬슬 잘 끌려 왔다. 이렇게 집 앞 마당까지 끌어다가, 가지를 치고 토막 내어 도끼로 쪼개서 묶은 뒤에 차곡차곡 쌓아 놓았다.

도끼 소리는 쩡쩡 숲을 울리고 까치들은 푸르륵푸르륵 이 나무에서 저 나무 위로 날아 옮겨 다니고 그 순간 나뭇가지에 수북이 쌓여 있던 눈은 햇빛을 받아 은색가루로 부서져 내린다. 나는 땋아서 늘어뜨린 머리꼬리에 붉은 댕기를 너풀거리며 연방 이 나무에서 저 나무로 뛰어다니며 일부러 나무를 흔들어본다. 그러면 그때도 눈가루는 하얗게 부서져 내린다, 내 얼굴 위에도 목덜미에도. 숲에는 자작나무와 백양이 많았기 때문에 나무 줄기도 희었다. 숲은 온통 은백(銀白)의 비경(秘境)같았다. 많은 눈이 쌓여 발이 푹푹 빠지는데도 생기가 넘치는 것 같았다. 나는 충허에 와서 처음으로 밝은 마음이 되었다. 숲 가장자리에 있는 큰 고목나무에 한 떨기 새파란 겨우살이를 발견하고는 더욱 그러하였다. "오빠! 저게 뭐지? 어쩜 저렇게 새파랗지? 저건 추위도 모르나봐." 내 눈에 그건 정말 하나의 비취로 만들어진 그런 무엇과 같았고 무척 싱싱하게 보였다. 세상이 온통 하얀 눈빛뿐인 것 같았는데 어쩌면 저렇게 파랗게 추위 속에 살아 있을까?

그날부터 나는 일하는 것이 즐거웠다. 오빠를 따라 나무를 하러 가는 것은 힘들거나 고달프지 않고 즐거운 일이 되었다. 겨우살이를 쳐다보는 것도 즐겁고 눈가루가 부서져 내리는 것도, 혹은 눈덩이가 그대로 머리 위에 덮쳐 내리는 것도, 목덜미와 얼굴에 느껴지는 차가운 감촉도 오히려 시원하고 상쾌했다. 손끝이 알알하도록 시리고 추워도, 나무를 집으로 끌고 올 때 간혹 무엇에 걸려 힘이 들어도, 내 뒤에서 내 발걸음에 따라 쓱쓱 싹싹 소리를 내며 따라오는 나무마저 신통하고 귀엽게 느껴졌다.

이렇게 얼마 동안 지내자 땔감은 제법 큰 낟가리 모양 쌓였고 위에 마른 풀로 이엉까지 만들어 덮어놓으니 마치 우리가 큰 부자나 된 것같이 대견하고 흐뭇했다. 나무뿐 아니라 들에 지천으로 서 있는 마른 풀도 베서 쌓아 놓았다.

날씨가 조금씩 풀리기 시작하자 낮에는 제법 햇살이 따뜻하게 느껴지고 눈도 녹기 시작했다. 눈 밑에서도 빨갛게 새싹이 돋아났다. 그러나 해만 설핏하면 이내 녹았던 눈이 도로 얼어버렸다. 그럴 무렵 어느 날 저녁 비로소 우리 동포의 모습을 집 앞 큰길에서 발견했다. 남자는 지고 여자는 이고, 짐 뒤에 매달린 바가지만 보아도 그들은 분명 우리 동포였다. 반가웠다. 이제나 저제나 하고 기다리던 터이라 참으로 무척 반가웠다.

우리 집으로 들어서는 모습을 살펴보시던 어머니는 깜짝 놀라시며 "원 이런 딱한 노릇이 있나. 갓 순산한 애기 엄마인 모양인데 눈 녹은 물탕 속을 맨발로 걸어오다니!" 하시며 서둘러 맞아들이고 곧 물을 데우고 밥을 지어 대접하고 몸을 녹이게 하였다. 그러고는 그들이 살기로 되어 있는 아랫마을까지 바래다주었다. 그들 식구도 많지는 않았다. 아기 엄마와 그의 남편, 그리고 어젯밤 주막에서 낳았다는 갓난아기, 남편의 어머니와 여동생이었다.

———

그들이 아랫마을로 간 뒤에도 어머니는 "원 세상에 아무리 가난하기로서니, 아무리 무지막지한 사람이기로서니 애기를 갓 낳은 산모를 버선도 신기지 않고 맨발로 눈길을 걷게 하다니! 그 젊은 새댁 인물이 아까울 만큼 훤히 잘 생겼던데 어쩌다가 그런 데로 시집을 갔을까?" 하시면서 계속 딱해 하셨다. 그런데 뒤에 안 사실이지만 그 인물 좋은 새댁은 바로 유명한 독립운동가 P씨의 딸일 줄이야! P씨로 말하면 나라가 망하기 전에는 양반으로 가세도 넉넉해서 어려움을 모르고 지냈는데 망국 후 독립운동에 몸을 담은 뒤부터는 집안일은 돌볼 새 없이 동분서주 오직 독립운동에 전념하는 바람에, 그 딸이 만주 땅 험한 생활 속에서 불행하게도 좁쌀 몇 말의 빚 때문에 억지로 빼앗기다시피 하여 인정 풍속이 전혀 다른 집으로 시집을 가게 되었다고 했다. 더구나 충허에 왔을 때는 남편에게 따귀를 맞아서 귀까지 먹어 있었다. "독립운동을 하면 삼대가 망한다"고 하더니 독립운동가들의 '불고가사 위국진충(不顧家事 爲國盡忠)'의 단면을 보는 듯도 했다. 그로 인해 같은 독립운동가의 가족으로서 자연 동정도 우러나서 어머니의 양해 아래 나는 종종 그 집을 찾아가서 애기도 업어주고 디딜방아도 찧어주곤 했다. 물론 그 집 시어머니나 남편은 알지 못하게 했다.

봄이 되자 우리 집 왼쪽에 남아 있던 중국인 집이 마저 이사 가고 우리 동포 몇 세대가 들어와 살게 되었다. 독립운동가 이진산(李震山)[28] 씨 댁과 평안도 어딘가가 고향이라는 열두 살, 열 살짜리 아들 형제를 데리고 사는 과부집, 그리고 경상도 어느 두메에서 살다가 왔다는 젊은 부부가 늙은 어머니를 모시고 사는 집과 홀아비 혼자 살면서 책읽기를 좋아하는 중년 남자 하나, 이렇게 네 세대가 한 지붕 밑에서 살게 되었다. 그 집은 건물

---

28) 이진산(1883~?) : 한족회 법무부장. 임시정부 의정원 의원. 1923년 국민대표회의 참석. 1925년 정의부 법무위원장. 1930년 만주 한국독립당 부위원장.

이 우리 집보다 훨씬 컸고 지붕도 더 높았다. 그리고 다시 그 집 왼편으로 바로 산 밑 가까이에도 한 집이 있었는데 평안도가 고향인 사람들로 일찍이 독립운동에 참여하여 정의부에서도 일했다는 젊은 임씨(林氏) 형제가 와서 살았다. 형은 결혼하여 아내까지 있었으나 동생은 아직 결혼을 아니 했고, 늙은 어머니는 일 년 내내 언제든지 하얀 무명 수건을 깨끗이 접어 평안도 부인답게 쓰고 있었으며 옷도 항상 흰 것만 입었다. 아주 깨끗하고 조용하고 인자한 분이었다. 시골 할머니 같지 않고 아주 점잖으셨다. 자기 아들들에게도 항상 "나 좀 보우다, 젊은이" 하는 식으로 점잖게 말을 했다. 그래서 그 집에 내 또래 아이도 없었는데도 옆집에 사내아이들 있는 집을 제쳐놓고 자주 그 집으로 놀러 가곤 했다. 늙은 부인도 젊은 부인도, 그리고 그 아들들도 내게 잘 대해 주었으며 흥미로운 이야기도 잘 해 주었다.

다음 해에는 역시 경상도 어디에선가 왔다는 홀아비가 고만고만한 아이들 셋을 데리고 그 집으로 들어 왔다. 그리고 얼마 있다가 새 마누라를 맞아들였는데 이 마누라는 국내에서 온 지 얼마 안 된다는 아낙이었다. 어떤 몹쓸 사람의 꼬임에 빠져 사흘에 황소 한 마리 잡아먹고 기름이 잘잘 흐르는 이팝(쌀밥)만 먹고 산다는 어처구니없는 거짓말에 속아 초혼에 남편을 여읜 과부가 팔자 한 번 고쳐보자고 만주로 왔다고 했다. 그러나 막상 와서 보니 만주에서의 삶은 그게 아니었고, 개가해 온 집은 더없이 가난한 농사꾼 집으로 이팝은커녕 조밥도 배부르게 먹을 수 없고 사흘에 소 한 마리는커녕 일 년에 닭 몇 마리도 잡아먹기가 쉽지 않았다. 게다가 전실 자식이 셋이나 되어 아귀같이 배고프다고 졸라대니 여인은 그만 속은 것이 분하기보다, 하도 어이가 없어 얼이 빠져 버렸다. 그 당시엔 이와 같이 속아서 만주로 오는 사람도 적지 않았는데 어떤 사람은 심지어 중국 땅은 대국(大國) 땅이니 조선에 달이 하나면 여기는 적어도 달이 두 개는 있을 것이 아니냐는 사람조차 있었으니 웃어야 할지 울어야 할지!

어쨌든 주위 80리-혹은 100리라고도 했다- 이 마을 저 마을에 이런 사정, 저런 연고로 동포들이 많이 모여들었다. 그들의 공통된 명제는 오직 하나 "살아야 한다"는 것이었다. 그리하여 제일 먼저 서둘러야 할 것은 넓은 도랑을 파고 충하(沖河)의 물줄기를 막아 보(洑)를 만들어 물을 농지로 끌어들이는 일이었다. 농민들은 너나없이 모두 품을 내서 공동으로 도랑을 파고 보를 만들기 시작했다. 그러나 그건 쉬운 일이 아니었다. 원래 충하는 그 이름에서도 나타나듯이 물살이 빠르고 거세어서 사납기조차 했다. 그 당시만 해도 우리네 한국 사람들에게는 힘을 줄일 수 있는 기계 같은 것은 꿈도 꿀 수 없는 시절이라 있는 것이라고는 조상에게서 물려받은 육체의 힘뿐이었다. 그리고 하나 더 있다고 하면 그것은 육신의 힘을 어떻게 써야 더 효과적일까 하고 생각하여 짜내는 지혜와 투지가 있을 뿐이었다. 산에서 돌을 캐내고 흙을 파서 자루에 넣어 무작정 충하에 집어넣기 시작했다. 그러나 충하는 우리들의 생각을 곱게 받아들여 주지 않고 마치 우리들의 슬기와 용기 그리고 끈기를 시험이라도 하려는 듯 큰 돌덩이와 흙 자루를 물살에 싣고 그대로 떠내려가게 했다. 그러기를 몇날 며칠, 이제 씨앗을 뿌려야 할 계절이 바득바득 다가오는데 봇물은 막아낼 가망마저 없어 보였다. 산이 깎여서 한 귀퉁이가 횅한데도 강물은 여전히 도도히 춤을 추며 흘러내리는 것이었다. 마치 우리들의 노력을 비웃기라도 하려는 듯이.

그러자 누가 먼저 시작했는지 맥을 놓고 주저앉는 사람, 땅을 치며 통곡하는 사람, "이제 금년 농사는 다 글러버렸다. 이 일을 어찌하면 좋을꼬. 내 고향 공들여 가꾼 땅은 남에게 빼앗기고 산 설고 물 설은 이곳 만주 땅까지 찾아와서 살아보자 일어서보자 하였더니 씨앗도 못 뿌리고 고스란히 굶어죽게 되었구나. 이 일을 어찌할꼬?" 하며 넋두리까지 섞어 우는 사람도 있었다. 이때 어떤 사람 하나가 불끈 일어서더니 큰소리로 외쳤다. "자, 자, 그만들 하시오. 운다고 봇물이 저절로 막아진답디까? 그럴수록 더 기운 내서 일을 해야 합니다. 금년 농사 못 짓고 처자식 굶어죽게 할 수는 없지 않습니까? 그러니 오늘부터는 밤을 새워서라도 속히 봇물을 막아야겠습니다. 자, 어서들 일어나시오. 우리가 믿을 것이라고는 우리 자신의 힘밖에는 없습니다. 스스로 돕는 자는 하늘도 돕는다고 했습니다. 어서 힘을 냅시다. 봇물은 꼭 막아집니다. 안 막아지는 날에는 나를 잡아 강물에 처박으시오." 이 말에 울던 사람들도 다시 곡괭이와 삽을 들고 일을 시작했다.

그날부터는 정말 밤에도 횃불을 대낮같이 밝혀 놓고 계속 일을 했다. 어른, 아이, 여자, 남자 할 것 없이 모두 다 나와 흙 한 줌, 돌 한 개라도 더 파내고 날라서 계속 강물에 던져 넣었다. 그러기를 또 며칠, 어느 날 일하는 도중에 갑자기 환성이 터졌다. "와, 만세, 만세" 하면서 서로 부둥켜안는 사람도 있고 덩실덩실 춤을 추는 사람도 있었다. 떠내려가기만 하던 돌덩이와 흙 부대가 드디어 멈추어 아래로 가라앉는 것이었다. 물밑으로 희미하게나마 먼저 던져 넣었던 돌무더기가 보였다.

봇물을 도랑으로 끌어들이던 날은 동네에서 추렴을 걷어 시루떡을 찌고 술도 빚어서 고사를 지냈다. 두꺼운 나무판자로 짠 수문(水門)을 여니 충하의 그 거세던 물이 콸콸콸 도랑으로 넘쳐 흘러들었다. 그 물은 마치 우리 한국 농민들의 몸속에 핏줄 속에 흐르고 있는 피처럼 우리들에게 생명감을 넘치게 하였다.

이제부터는 저마다 각자의 일이 남았다. 밭을 갈아 흙을 부드럽게 하는 일, 작은 도랑을 파는 일 등등. 우리 집은 가장 윗동네에 살게 되어서 물을 끌어들이기가 비교적 빠르고 쉬웠다. 어차피 새로 모여든 농사꾼들에게 소나 말이 있을 리 없으니 곡괭이와 쇠스랑으로 한 번씩 계속 땅을 파 일구어야 하고, 작은 도랑의 물을 끌어들여 밭에 넣어 그 물 드는 높낮이로 논두렁을 만들고, 물에 흠씬 젖은 흙을 고르게 써레질을 하고, 미리 싹 틔워 놓은 볍씨를 많지도 적지도 않게 알맞은 양으로 고루고루 논에 뿌리는 일

등이 차근차근 이루어져야 했다. 우리 집도 작년 싸허즈에 있을 때보다 좀 더 많은 땅을 빌려 세 쌍[晌: 요녕(遼寧)에서는 6무(畝)나 10무를 1쌍으로 하고, 길림이나 흑룡강(黑龍江)에서는 17무를 1쌍으로 한다]지기를 짓기로 하였으니 모두 51무에서 농사를 짓게 된 셈이었다. 우리 식구와 같이 농사 경험도 부족하고 노동력도 시원찮은 형편으로는 실로 넓은 면적으로 힘에 겨운 것이었다. 그러나 싸허즈나 치거띵즈에서 지냈던 그런 비참한 생활은 벗어나야겠다고 큰맘 먹고 얻어 빌린 땅이었다. 그때 아주 일 잘하는 농부 한 사람이 지을 수 있는 면적이 보통 두 쌍지기였다. 우리는 오빠가 그런 농군은 못되지만 어머니와 내가 도울 요량으로 그렇게 시작한 것이었다.

　나는 난생 처음 해보는 땅파기로부터 가래줄 잡아당기기, 써레질하기, 고무래질하기 등 어느 것 하나 힘들지 않는 것이 없었다. 아침에 시작할 때는 즐겁고 재미있다고 느끼던 일이 한낮이 기울고 해가 질 때까지 하다보면 손바닥에 물집도 생기고 그만 지쳐버리게 된다. 그러면 나는 책보 메고 아이들과 어울려 학교 가던 싸허즈가 그리워졌다. 함께 놀던 학교 친구들이 그립고 김창도 선생님도 그리웠다. 그리고 김창도 선생님이 하시던 이야기가 귓전에 들리는 듯하고 이어서 "나는 왜 하고 싶은 공부는 하지 못하고 이렇게 힘겨운 일만 해야 하나?" 하고 심술이 일기 시작한다. 그러면 하던 일을 팽개치고 밭머리에 주저앉아 버린다. 이런 나를 보고 오빠는 위로를 겸해서 놀려댄다. "우리 집 공주님 화나셨네. 좀 편히 앉아서 쉬세요. 금년 농사는 공주님이 한 몫 거들어 지으니 틀림없이 풍년이 들 거예요. 그러면 명년에 학교가 세워지면 하얀 쌀밥 싸가지고 학교에 가시게 될 걸." 어머니도 따라서 "아무렴! 명년까지 기다릴 게 아니다. 언제든지 학교만 세워지면 곧 보내야지. 얘, 달수야. 저 건너 마을에 옛날에 훈장 하시던 분이 계신다는데 거기라도 보내면 어떻겠니? 한 번 알아보아라. 공부나 못했으면 덜 억울하지. 최우등상까지 탄 것을 학교에 보내지 못하다니" 하시면서 한

숨을 쉬시는 것이었다. 이러고 보면 나도 미안한 생각이 들어 그만 부시시 일어나 다시 일을 하게 되었다.

그렇게 시작한 농사일이 한 해가 지나는 동안에 제대로 익숙해졌다. 김 매기, 벼베기, 볏단 나르기, 타작하기, 도리깨질하기, 키질하기 등 못하는 것이 없을 정도였다. 아니, 꼭 한 가지 못하는 일이 있었다. 중국말로 '양 창'(揚場)이라는 일이다. 즉 나무로 된 넉가래에 타작기로 털어낸 벼알갱 이를 듬뿍 퍼서 공중으로 높이 치뜨리면 불어오는 바람결에 검불이나 쭉 정이는 날려가고 깨끗한 알곡만 수북이 떨어지게 하는 것으로, 이 일만은 내 팔 힘이 모자랐다. 그러나 나는 마대를 고깔처럼 접어 머리에 쓰고 알 곡이 소르륵소르륵 쏟아지는 사이를 요리조리 뚫고 다니며 더러 남아있는 검불 같은 것을 댑싸리비로 살살 쓸어내는 일은 곧잘 했다.

만주는 기후가 추운 지방이라 농사철이 짧다. 소만(小滿)에서부터 늦어 도 망종(芒種)까지는 볍씨를 다 뿌려야 한다. 자칫 이삼 일 늦어도 가을에 반타작밖에 못 하는 경우가 있다. 그뿐 아니라 추수도 된서리가 내리기 전 에 다 걷어야 좋다. 된서리가 내리고 나면 벼 이삭목이 똑똑 부러져서 손해 를 보게 된다. 그러므로 갑자기 날씨가 설렁설렁 서리가 내릴 듯하면—서리 맞은 벼잎은 마치 칼날 같아서 가끔 손을 베이기도 한다— 달밤에도 벼베 기를 한다. 베어낸 벼를 단으로 묶고 이 단을 서로 마주보게 열을 지어 세 워두었다가 벼베기가 끝나면 지게로 져서 타작마당으로 옮긴다. 그리고는 노적가리를 쌓아 올린다. 한 사람이 볏단을 던져주면 다른 한 사람은 그것 을 가볍게 받아 빙빙 둥글게 쌓아 올리는데 손발이 척척 맞아야 잘 할 수 있는 것이다. 노적가리 쌓기는 신나는 일이었다. 막말로 내일 삼수갑산을 갈망정 노적가리를 쌓아올리는 날은 세상 부러울 것이 없는 부자가 된 듯 하다. 보고만 있어도 배가 부른 듯 느껴진다.

그러나 타작을 마치고 곡식을 한 섬 한 섬 마대에 담아 그것을 하나하나

세어보며, 이것은 도조 줄 것, 이것은 장리로 먹은 양식 값, 이것은 여름에 꾸어 쓴 변돈에 이자까지 합친 것, 이것은 세상없어도 명년에 써야 할 종자… 이렇게 세어나가다 보면 명년에 먹을 양식은 또 마련되지 않는다. 또 다시 세어본다. 그래도 마찬가지다. 그러니 모자라지 않고 종자라도 남겨 둘 수 있는 것을 다행으로 여겨야 한다.

　우리 집엔 둘레에 따라붙은 밭이 꽤 있어서 그 경작권도 가졌기 때문에 거의 언니 혼자서 갖가지 밭곡식을 심어 가꾸고 거두었다. 그 당시 언니의 밭농사 고문(顧問)(?)은 바로 옆집에 사는 경상도 젊은 새댁이었는데 옥수수, 감자, 들깨, 참깨, 차조, 차수수, 배추, 무 등 온갖 것을 심었다. 심지어 잇(紅藍花, 紅花)과 쪽(木藍)까지 심어 이웃에게도 나누어주어 물감으로 쓰게 하였다. 오이밭에는 가얌나무를 베어다가 가지를 치고 오이덩굴이 기어오르도록 네 개씩 마주 묶어 집을 만들어주면 오이가 잘 자라 많이 열린다. 그 오이밭 옆에는 먼저 살던 중국인이 심었던 모양으로 삼(大麻)이 저절로 나서 적잖이 거둘 수 있었다. 한 길이 넘게 자란 푸른 삼을 베어 잎을 다 훑어 버리고―삼은 가지를 치지 않고 곧추 자라는 것이 좋기 때문에 촘촘하게 들어서야 한다. 삼씨를 받기 위해서는 밭 가장자리에 성기게 가지 치며 자라게 하여 따로 기른다― 단을 묶어 사흘 동안 늪 물에 담가 두었더니 좋은 삼을 많이 벗겨 쓸 수가 있었다. 이것을 이웃에게도 쓸 만큼 나누어주고 남은 것을 가지고 노끈도 꼬고 미투리도 삼았다. 내가 배워서 멜빵도 짜고 방석도 만들었다. 꼬아놓은 노끈으로는 언니가 헌 헝겊들을 모아 배접해서 만든 신발 바닥을 누벼서 그 위에 다시 신발 운두를 만들어 노끈으로 연결시켜 신발을 만들기도 했다. 이렇게 만든 신발을 콩기름이나 피마자기름을 자꾸 발라 걸어놓으면 훌륭한 비신(雨鞋)이 되었다. 한겨울 내내 우리 식구들은 쉬지 않고 이런 일들을 했다. 그야말로 자작자급(自作自給), 우리의 생활은 우리 스스로 해결하는 데 모든 힘을 기울였다. 이밖에도 전에 돼지를 치던 자리에는 호박과 박을 심었더니 박은 세워 둔 나무 기둥을 타고 기어올라 주렁주렁 크고 작은 박이 많이 영글었고, 호박도 가끔씩 낫으로 무성한 잎을 쳐주었더니 바람이 잘 통해서 떨어지는 것이 적고 열리는 대로 많이 잘 자라서 우리 식구가 미처 다 먹지 못해 이웃에 나누어주고도 가을에 덩굴을 거둘 때에는 잘 익은 누런 호박을 20여 덩이나 딸 수 있었다.

지금 내가 왜 이런 자잘구레한 이야기를 애써 더듬는가 하면, 나름대로 이유가 있다. 그해 농사는 제법 풍년이어서 집집마다 적지 않은 기대를 걸고 타작을 했다. 우리 집도 마찬가지였다. 노적가리를 집 오른편 타작마당에 끌어들여 큼직하게 몇 더미 빙 둘러 쌓아올려서 어림으로 소출을 가늠해 보고는 금년에야 설마 뭔가 좀 얻겠거니 했었다. 그런데 막상 타작을 해서 알곡으로 볏섬을 세어보니 우리들의 예상은 빗나가고 말았다. 도조주고 장리로 먹은 좁쌀 값 주고 빚돈 얻어 쓴 것 다 갚아주고 나니 남는 것이라고는 겨우 이듬해 다시 농사지을 종자벼와 타작마당 양창에서 쓸어낸 쪽정이 나락 두세 마대밖에 없었다. 이 쪽정이 벼는 찧어봐야 한 섬에 싸라기 두어 말 정도가 나올까 말까 하다. 그러니 추수를 하고 타작을 하던 때에 나던 농부들의 신명은 어느새 다 사라지고 이 집 저 집에서는 한숨소리만 새어나온다. 흉년이면 흉년이라서 풍년이면 풍년이라서─풍년이면 곡가가 폭락이어서 낼 도조 돈 맞추기도 빠듯했다─ 이래도 저래도 한 뼘의 땅도 가지지 못한 우리네 농사꾼들은 못살기는 마찬가지였다.

이런 가운데 그래도 우리 집은 다른 집에 비해 조금 나은 편이라고 할 수 있었다. 농사 경험도 없는 언니가 주역이 되어 배워가며 한 밭농사의 수확이 적지 않아서 이웃의 부러움을 사기까지 하였다. 게다가 봄철에 내가 먼동네 처녀와 아낙네들을 따라다니며 캐어다 말린 산나물, 들나물은 향취도 어느 정도 그대로 지니고 있어서 우리들의 입맛도 돋우면서 좋은 건강식품이 되어주었다. 뒤에 안 일이지만 그때 우리들이 먹은 그 산나물, 들나물은 거의가 한방 약재로 쓰이는 것들로서 우리들은 그때 그 궁핍 속에서 오히려 좋은 건강식품을 쉽게 먹을 수 있었으니 얼마나 고마운 일이었던가? 비록 타국의 타향살이었을망정 그런대로 추위를 면하고 배고프지 않을 수 있었던 것은 참으로 고마운 일이었다. 군불 솥에 쪄낸 감자나 말려두었던 풋강냉이며 호박 따위를 끼니로 먹으면서도 식구 중에 누구 하나 불평하는 사람 없이 고마워하며 먹었다. 만약 싸허즈에서의 그 참담한 '굶기'의 경험이 없었다면 그런 고마움을 느낄 수 있었을까?

그리고 가끔씩 어머니는 이런 말씀을 하셨다. "지금같이 이렇게 추운 날씨에 우리들은 따뜻이 불 땐 방에서 지붕 덮고 편히 발 뻗고 앉거나 잘 수 있지만 너희들 아버지나 다른 독립운동하시는 분들은 그렇지 못할 때가 많으실 거다. 끼니도 제때 잡숫지를 못하실 거고, 춥고 시장할 때가 얼마나 많으시겠니? 그걸 생각하면 지금 이곳에서 우리가 먹는 호박도 감자도 이팝만큼 고마운 것임을 알아야 한다."

그리하여 우리 집 겨울밤은 오빠의 구수한 이야기가 있고—오빠는 옛날 이야기, 즉 옥루몽, 유충렬전, 소대성전, 숙영낭자전, 장화홍련전 같은 이야기와 서울 우미관에서 보았다는 활동사진 이야기를, 내가 조를 때마다 참 재미있게 들려주었다— 그리고 나와 언니의 합창이 있고, 나의 유희(율동)가 있고, 어머니의 따스한 보살핌이 한데 어우러져 그야말로 근심걱정이 없는 가정 같았다. 그래서 이웃에서는 저 서울 집은 모범가정이란 말까지 하였다. 비록 촌살림이지만 어머니와 언니의 손길이 구석구석 미쳐서 잘 정돈되고 깨끗해서 이웃 아낙네들이 애기를 데리고 놀러왔다가 똥오줌을 싸면 자기네 집으로 달려가 걸레를 가져오려고 하는 사람까지 있었다. 그러나 어머니는 그들을 잘 대해 주셨고 걸레는커녕 당신 손으로 모두 깨끗이 치우고 애기도 깨끗이 씻겨주시며 거리를 두지 않으셨다.

그런데 이렇게 친숙하게 지내는 가운데 나는 매우 이상하게 생각되는 일을 발견했다. 앞에서도 말했듯이 봄이 되면 처녀들뿐 아니라 많은 아낙네들이 나물을 캐러 산을 오르는데, 산에는 잔대싹, 삽주싹, 원추리, 둥굴레, 돗나물, 취나물, 도라지, 더덕, 고비, 고사리… 따위가 언덕에도 골짜기에도 지천으로 자라고 있어서—독풀인 왝새풀(박새)이라는 것을 빼고는 거의 다 먹을 수 있었다— 한 나절만 부지런히 손발을 놀리면 고개가 휘도록 나물 보따리를 이고 돌아올 수 있었다. 우리 집은 산과 제일 가까운 곳에 자리 잡고 있었기 때문에 먼 동네에서 온 아낙네들은 다리쉬임도 할 겸 물을 얻어 마시려고 들르는 일이 많았다. 그런데 이상한 것은 그 아낙네들이 우리 집에 와서 하는 첫마디는 으레 "고향이 어드멥네까?"라든지 "고향이 어딩기요?"이다.

그때마다 어머니의 대답도 달라졌다. "어서 오세요" 하는 인사말에 이어 "저희들 고향은 원래 평양인데 몇 대째나 서울에 와서 살았기 때문에 이젠 서울 사람 다 됐습니다" 라거나 "본 고향은 경상도 안동 땅인데 서울에 오래 살아서…" 하고 대답하는 것이었다. 그런 말을 듣고 나서야 그들은 비로소 나물 보따리를 내려놓고 물을 청하여 마시고는 이런저런 이야기를 하면서 다리쉬임을 하고 가곤 했다. 그래서 나는 언젠가 한 번 어머니를 향해 이렇게 말했다. "엄마는 거짓말장이예요? 우리가 어떻게 평안도 사람이 됐다가 또 경상도 사람 됐다가 그럴 수가 있어요?" 그 말을 들으시고 어머니는 한숨을 푹 쉬시고는 이렇게 말씀하시는 것이었다. "나라를 빼앗기고 만리타국에 와서 이런 고생 저런 고생 다 함께 겪으면서 목숨부지하고 사는 것도 서럽고 원통한데 다 같이 흰옷 입은 동포끼리 평안도면 어떻고 경상도면 어떠냐? 마음 편하게 물도 마시고 다리도 쉬어가게 하려고 그랬다. 거짓말도 남에게 해 끼치지 않고 오히려 이(利)가 될 수 있다면 용서받을 수 있지 않겠느냐?"

아닌 게 아니라 옆집 경상도와 그 윗집 평안도 집에서는 종종 그런 꼴을 당한다고 했다. 그들 네 식구는 두드러지게 지방 사투리를 쓰니까 한 마디면 대번에 평안도냐 경상도냐가 분간되기 때문이었다. 평안도 아낙네가 경상도 집 문전에서 뒤도 돌아보지 않고 돌아서고 경상도 아낙네가 평안도 집 문전에서 마찬가지의 행동을 취한다. 아비 죽인 원수도 아닐 터인데 이게 어찌 된 일일까? 이런 무의미한 지방색 때문에 독립운동선상에서도 웃지 못할 영향을 적잖이 남겼다면 지금의 사람들은 누가 그 말을 곧이듣겠는가? 소위 ML당은 경상도 사람이 하는 것이라느니, 홍사단은 '머산이'패가 하는 것이라느니, 그리고 영남파니 기호파니 서도파니 하면서 얼마나 쓰잘데없는 감정대립으로 분열을 일으키고 힘을 소모하며 약화시켰는가? 힘을 하나로 똘똘 뭉쳐 왜세(倭勢)에 대항해도 하기 어려웠던 독립운동이요, 조국광복의 대업인데…. 오늘날 우리의 북녘땅은 3·8선으로 말미암아 전혀 이념이 다르고 체제가 다른 부분으로 갈라져 버려서 남쪽과 가까이 할 수 없는 처지가 되어버렸으니 우리 민족에게 이보다 더 큰 불행이 어디 또 있을까! 말이 같고 글이 같고 같은 조상 한 집안이었는데 갈라져서 남남이 되어 서로 으르렁거리다니!! 그런데 그도 모자라서 우리 한반도에서도 겨우 반을 차지한 이 남녘땅에서 더구나 같은 체제 아래에서 모듬살이를 하는 우리들이 어찌하여 또 전라도와 경상도가 마치 견원(犬猿) 사이가 된 것처럼 헐뜯고 못마땅해 해야 하는가? 이런 꼴을 보노라니 나는 그 옛날, 아니 정확히 말해 70년 전 만주에서 본 나물 캐던 일개 시골 아낙네에 불과했던 그들의 쓰잘데없는 감정과 행동에 새삼 가슴이 아프다.

하여간 우리들의 복잡다단했던 충허에서의 생활도 이태째 접어들었다. 나는 이제 일하는 것이 즐겁고 재미도 있었다. 그러나 한 가지 못내 아쉬운 것은 역시 공부를 못하는 것이었다. 지난해에 오빠의 주선으로 앞마을 서당에 얼마 동안 나가 보았지만 재미를 느끼지 못했다. 훈장 어른이 책상

다리를 꼬고 앉아서 몸을 흔들어 대며 "재왈(子曰),[29] …"하고 읽으면 학생들은 무릎을 꿇고 앉아서 훈장보다도 더 몸을 흔들어대며 따라 읽어야 하는데 조금만 그 동작이 다른 애와 같지 않다거나 한눈을 파는 경우에는 훈장선생의 긴 담뱃대가 그 아이의 정수리를 향해 날아오는 것이었다. 그리고 읽고 나서는 새김을 하라는 것인데 제대로 새김을 하는 아이가 없었다. 냅다 읽고 외우기는 하면서도 새김도 못하니 뜻을 제대로 알 수 있겠는가? 그래서 한 열흘쯤 다니다가 자진해서 그만 두겠다고 해서 공부에 대한 이야기는 감히 다시 꺼내지도 못했다. 그러던 중 충허에 모인 교포들이 자녀의 교육문제를 생각하고 힘을 모아 학교를 설립하고 하얼빈에서 선생님도 모셔왔다.

학교 이름은 신광(新光)이었던 것으로 기억한다. 우리 집에서 학교까지는 5리나 되었지만 오빠는 나와의 약속을 어기지 않고 나를 곧 학교에 보내주었다. 나는 비로소 마른 풀잎이 봄비를 맞은 듯, 날개를 펼친 한 마리의 새처럼 마음이 한껏 부풀어 올랐다. 4학년이 되었다. 신광에서는 최고 학년이었다. 여기에서도 교재가 충분하지 않았지만 그래도 국어 독본은 등사판에 밀어 책으로 묶어 나누어주었다. 그리고 이때까지 배워오던 과목 외에 주산(珠算)이 하나 더 늘었다. 그런데 나는 다른 아이에 비해 주산을 하지 못했다. 선생님이 한참 빠르게 수를 불러대면 나는 어느 틈에 그만 한두 개를 빠뜨리기 일쑤여서 답이 틀리곤 했다. 그렇다고 고학년인 주제에 이제 1학년처럼 새로 시작할 수도 없는 노릇이니 어째야 좋을지를 몰라 쩔쩔맸다. 나는 하는 수 없이 머릿속으로 암산을 해서 답을 대곤 했는데 신통하게도 주산 알 굴리는 것보다 암산이 더 쉽고 빨랐다. 그러나 선

---

29) 옛 서당 훈장은 '공자 왈'이라 하지 않고 주격조사 '이'를 붙여 '공재 왈'이라고도 했다.

생님은 나의 이런 비밀을 모르셨다. 이래저래 모든 학과 중에서 나는 주산 성적이 제일 부진했다. 겨우 턱걸이 정도였다.

학교에 다니기 시작한 지 얼마 안 되어 소년단이 조직되었는데 내가 단장으로 뽑히게 되었다. 나는 신광에서 제일 높은 반이라고는 하지만 나이는 다른 아이들보다 어린데도 무슨 이유에선지 그렇게 뽑혔다. 일찍이 싸허즈에서는 반장을 하지 않겠다고 해서 선생님으로부터 체벌까지 받았었는데 이번에는 사양하지 않고 받아들였다. 지금 생각해도 고마운 것은 나이도 5, 6살이나 위인 남자아이들까지도 소위 단장인 내 뜻과 말에 잘 따르고 잘 움직여 주던 일이다. 나이 어리다고 조금도 깔보거나 맞서려 들지 않고 잘 협조해 주었다. 그들도 지금쯤은 백발의 80객(客)들이 되어서 어딘가에들 살아있는지 모르겠다.

우리 소년단이 하는 일은 어른들, 특히 청년단에서 시키는 일을 어떤 어려움이 있더라도 사양하지 않고 해내는 것이며, 이웃이 어려울 때는 내 집 일 같이 아낌없이 도와야 하는 것이었다. 그런데 그보다도 더 중요한 것은 우리들 자신의 심신을 단련하여 후일에 훌륭한 일꾼(항일 독립운동가)이 되는 것이었다. 시계가 없는 시골에 살면서도 새벽 일찍 날도 밝기 전에 일어나서 하늘의 별자리로 시간을 맞춰가며 우선 단장인 내가 가까이 살고 있는 아이들부터 하나하나 불러 깨우고 그들과 함께 이 마을 저 마을을 돌며 단원들을 모아가지고 구보(달리기)로 학교 운동장까지 간다. 그때쯤이면 먼동이 트기 시작하고 선생님도 나오셔서 우리들과 함께 아침운동을 한다. 두 팔을 활짝 벌리고 심호흡을 하노라면 아침의 맑고 푸른 정기(精氣)가 온통 다 내 가슴으로 빨려 들어오는 듯 뿌듯이 환희와 충족감을 느끼게 된다.

아침운동이 끝나면 다시 구보로 뛰어 집으로 돌아와 아침을 먹고 점심 도시락으로 조밥이나 옥수수밥, 혹은 삶은 감자 몇 알을, 그리고 반찬으로는 보통 고추장이나 짠 장아찌 몇 조각을 받아 싸가지고 등교한다. 그래도 누구 하나 불평하는 아이가 없었다. 아마 너나없이 다 비슷한 처지이고 또 '험한 음식'에 길들여져 있었기 때문이리라. 우리들은 그때 그런 험한 음식도 그야말로 없어서 못 먹는 때가 많았으니 어찌 불평을 할 수 있었을까? 그리고 험한 음식이 우리 건강이나 활동에 아무 불편도 주지 않았으니 전혀 불평할 수도 없었다. 생각해보면 그때 우리 어린이들은 험한 음식을 먹으면서도 건강하고 씩씩하고 일 잘하고 부지런했다. 지금의 어린이들은 그때에 비해 참으로 하늘과 땅의 거리만큼이나 다르게 우유다, 계란이다, 육류에다 어패류까지 부모님들이 마음 쓰고 애써서 골고루 영양식을 먹이건만 건강 면에서는 그때의 우리를 따르지 못하는 것 같다. 무슨 까닭일까?

나는 학교에 다니기 시작하고 또 소년단장이 된 뒤부터는 더욱더 부지런히 집안일을 도왔다. 언니가 하던 물 긷는 일도 내가 스스로 떠맡아 물지게를 졌다. 언니는 그때 이미 나이가 찬 처녀로 자라 있어서 내외를 하기때문에 동네 우물가에 나가지 않게 하기 위해서였다. 그뿐 아니라 나는, 앞서 이야기한 속아서 만주로 시집온 아낙의 병간호도 해주고, 또 그 집 아이들도 돌보아줘야 했다. 오빠를 도와 논일, 언니를 도와 밭일, 나는 그야말로 팽이처럼 돌고 돌며 일하고 배웠다. 모든 것이 즐겁고 희망차고 싫증나지 않았다.

그런데 그 불쌍한 아낙은 나의 간호와 도움에도 불구하고 끝내 죽고 말았다. 병명조차 모르고 또 의원 한 번 불러보지 못하고 병원에는 더더욱 가보지 못한 채 죽어갔다. 왼편 겨드랑이 밑에 계란만한 단단한 멍울이 생기더니 그것이 마침내 곪아 터져서 고름이 줄줄 흘러나왔다. 지금 생각해도 딱한 것은 약이래야 고작 감자 삶아서 소금 넣고 짓이겨 환부에 붙이는 것이고, 고름이 흘러나오고 난 뒤 뻥 뚫린 구멍에는 솜을 틀어막아 넣는 것뿐이었다. 이 일을 나에게 부탁하니 나는 그대로 하는 수밖에 없었는데 그때 그 구멍에 어찌나 많은 솜이 들어가던지, 매번 그렇게 도와주고 나면 나는 그만 그 아낙이 불쌍하게 느껴져서 어찌할 바를 모르고 눈물을 흘리곤 했다. 아낙은 그때마다 고맙다고 애썼다고 하며 희미하게 웃곤 했다. 그랬는데 그는 끝내 죽고 말았다.

그가 숨을 거두자 그의 남편은 어찌할 바를 모르는 듯 멍청히 앉아 죽은 여인의 얼굴만 들여다보았다. 그러자 동네사람들이 발 벗고 나서서 장례 준비를 서둘렀다. 관을 짜고 염을 하고 입관해서 출상을 했다. 달리 상여가 없으니 특별히 꾸밀 필요도 없어 관 위에 태극기를 하나 덮어주자고 했다. 우리나라의 한 백성으로 불행하게 조국의 슬픈 운명을 지고 만주 땅까지 흘러와서 불쌍하게 죽었으니 태극기 하나는 덮어주어 우리 동포임을 인정해주어야 한다고 해서였다. 동네 젊은이들이 자진해서 상여를 둘러메어 상두꾼이 되고 나머지는 뒤를 따랐다. 처음에는 단순히 발을 맞추기 위해 '어허어허 허이허이' 하고 상여를 멘 젊은이들이 소리를 내더니 나중에는 그 중 한 사람이 상두꾼의 노래처럼 목청을 다듬었다.

우리나라 단군 성조
금수강산 복된 땅에
삼한삼국 고려조선
착하고 부지런한
홍익인간 고루살이
평화롭게 살잘더니
동해섬 중 오랑캐가
우리 땅 우리 권리
오천년 우리 문화
슬프다 이천만의

신인으로 하강하여
자리잡고 나라세워
오랜 세월 거칠 적에
우리 겨레 이천만이
개국정신 되새기며

잔꾀와 총칼로써
송두리째 앗아가고
더러운 발로 유린했네
착하고 어진 겨레

백주에 창졸간에
땅을 치며 호곡하고
우리 국토 우리 국권
해마다 날마다
남들이 우리더러
억울함 말 못하고
오호(嗚呼)라 동포들아
이 땅의 신세가 웬말인가?
삼순구식(三旬九食) 헐벗은 몸이
쇠약하고 병들어서
저승으로 떠나갈 제
어린 자식 못 잊어서
오호 오호라 동포들아
하늘나라 저 나라에
다시 한 번 우리 마음
하루바삐 왜적들을
섬나라로 몰아내고
환고향을 하여보세

살길을 잃었구나
피를 토해 외쳤어도
잃은 지 20년에
종설움만 늘어가네
망국노라 비웃을 때
가슴만 짓찧었네
문전옥토는 어디다 두고
유리걸식이 웬말인가?
추위와 굶주림에
환고향의 꿈도 못 이룬 채
형제자매 부모생각
차마 눈인들 감을손가?
가는 사람은 잡을 수 없으니
편히 쉬게 하여주고
가다듬고 가다듬어
우리나라 우리 땅에서
독립만세 외치면서
환고향을 하여보세

물론 나는 그때 그 사람이 부르던 구슬프고도 높은 상여노래를 정확히 외웠는지는 모르겠으나 그래도 그 높고 낮은 가락이 지금도 귀에 들리는 듯하다. 그리고 젊은이들이 하관하고 흙을 덮고 마지막으로 꼭꼭 밟아 봉분을 만들면서 하던 말도 기억난다.

"아주머니! 젊은 나이에 일찍 갔다고 너무 서러워하지 마시오! 우리들이 그래도 옛날에 총대 메고 왜놈잡이 하던 독립군들이오. 독립군으로 왜적과 싸우다 죽은 동지들은 우리들이 무덤조차 만들어 주지를 못했소이다. 그 생각 하며 우리가 아주머니의 무덤을 정성껏 만들어드리니 저승에서 혹시라도 그들을 만나거든 대신 말씀이나 전해주시오. 아주머니, 부디 편히 쉬시오."

음력으로 10월 3일은 개천절, 즉 우리나라의 시조 단군이 처음으로 나라를 세운 날이라고 한다. 만주의 교포들은 이날을 즐겁게 기념하는데 마침 우리 학교 방학식도 겸하여 거행하게 되었다. 학부형들은 저마다 추렴으로 음식을 장만해 가지고 와서 선생, 학생, 학부형, 그리고 일반 교포까지 다 함께 잔치를 벌이고 음식을 나누어 먹는다. 마침 추수가 끝난 뒤라 그야말로 내일 삼수갑산을 갈망정 이날 하루는 너도 나도 인색함이 없이 푸짐하게, 자기 집 솜씨 자랑도 겸하여 장만해 온다.

이날 나는 소위 최우등이라 하여 난생 처음 푸짐한 상도 탔다. 싸허즈에서도 최우등은 했지만 상이 이번처럼 많지는 않았다. 백로지 한 필 외에 붓이며 연필이며 먹이며 너무 양이 많아 내 힘으로 받아들 수조차 없었다. 그것을 보고 앞자리에 앉았던 어떤 학부형이 벌떡 일어나 대신 받아들고서는 내 어머니 무릎 위에 올려 놓아 드리며 "따님이 공부를 잘하니 얼마나 기쁘십니까?" 하고 인사까지 하였다. 어머니는 그날 참으로 기뻐하시는 것 같았다. 그날 밤에 우리 학생들이 연극도 하고 노래도 부르고 춤도 추는 것을 학부형들은 밤이 늦도록 지켜봐주었다.

자정이 가까워질 무렵 집으로 돌아갈 때는 함박눈이 소담하게 내렸다. 언니는 내 상품을 한 아름 안고 어머니는 내가 상으로 받은 연등에 불을 밝혀 드시고 앞을 인도하셨다. 그리고 하시는 말씀이, "눈도 참 탐스럽게 내리는구나! 오늘은 특별한 날이니 청룡(오빠의 아명)아, 오늘만은 복영이 좀 업어줘라. 오늘은 정말 더 기특해 보이는구나. 집안일에도 게으름 안 부리고 공부도 최우등까지 해서 식구들 모두 기쁘게 했으니…. 그렇게 하고 싶은 공부를 한 동안 못했으니 제 속인들 얼마나 탔겠니? 김창도 선생님 말마따나 계집애라도 공부는 제대로 시켰으면 좋으련만. 원 세상이 앞으로 어찌 되려는지…" 하셨다. 업히기 싫다고 했지만 오빠는 어머니 말씀을 따라 업히라고 등을 돌려대었다. 오빠는 그때 이미 탄탄한 젊은이가 되어 있어서 나 하나쯤 업는 것은 문제가 아니었다. 든든한 오빠 등에 참으로 오래간만에 업혀 가노라니 갑자기 내가 마치 동화 속에 나오는 공주같이 느껴지고 온 세상 사람들이 모두 나를 귀애(貴愛)해주는 것 같아 흐뭇했다. 세상 부러울 것이 없는 것 같았다.

그러나 며칠이 지나지 않아 그런 감정은 그만 산산조각 부서져버리고 말았다. 우리 풍속에 섣달 메주는 쑤지 않는다 하여 메주를 서둘러 쑤느라고 한창 바쁘던 어느 날, 언니와 나는 절구질을 하고 어머니는 손으로 곱게 매만져 메주를 만들고 있었다. 그때 어떤 젊은이 한 사람이 헐레벌떡 뛰어와서는 숨이 턱에 닿아 하는 말이 우리 아버지가 한 떼의 젊은이들에게 붙잡혀서 지금 아랫마을에서 곤욕을 당하고 계시며 오빠도 그 자리에 있기는 하지만 속수무책이니 다른 식구들도 나가보는 것이 좋겠다고 했다. 우리 모녀는 마른하늘에 날벼락처럼 그 소식을 듣고 메주고 뭐고 다 팽개치고 젊은이가 알려준 대로 그 집을 찾아갔다.

뜰에는 사람들이 꽉 차서 수런거리고 방문을 꽉 닫은 방안에서는 고함소리만 들렸다. 젊은이들이 질러대는 고함소리는 무슨 내용인지 잘 알아들을 수 없었지만 뒤이어 우리 아버지의 맞고함 소리가 들렸다. 어머니는 사람들을 헤치고 창문에 다가가서 창문을 확 잡아 열었다. 젊은이들이 살기 띤 눈으로 우리 모녀를 노려보더니, 그중에 어떤 사람이 "저리 가라우요! 당신은 상관없시요. 상관없는 사람은 이 자리에 올 필요도 없이요" 하면서 방문을 도로 닫아버렸다. 어찌할 바를 모르고 안타까이 발만 동동 구르고 있는데 오빠가 어디서 불쑥 나타나더니 우리를 이끌어 무리에서 빠져나와서는, "어머니, 여기 계셔도 별 소용없으니 집으로 돌아가 계셔요. 이건 저 주중청년동맹(駐中靑年同盟)에서 민족주의자들을 때려잡으려고 꾸민 일인데, 주모자는 이 자리에 나타나지도 않았고 사주 받은 애들만 있어요. 설마 목숨이야 해치겠어요. 제가 지키고 있다가 정히 안 되겠으면 목숨을 걸고라도 아버지를 구해낼 터이니 어머니는 집으로 돌아가 계셔요" 하고 말했다.

이에 어머니는 한참 동안 말이 없이 오빠의 얼굴만 바라보시더니, "어쨌든 너의 아버지가 아니시냐? 이날 이때까지 너희들 아버지, 오직 나라와 겨레를 구하시겠다고 노심초사하시고, 가정사까지 다 잊으신 분이다. 너희들은 혹시라도 섭섭한 마음 품었는지 모르지만 이 어미는 그분의 마음을 잘 안다. 나라 찾겠다고 부귀영화 다 버리신 분이신데 무슨 죄로 동포의 손에, 더구나 새파랗게 젊은 사람들 앞에서 곤욕을 치러야 한단 말이냐? 어떻게든 네가 알아서 무사하시도록 힘써라" 하시곤 돌아서서 내 손목을 잡고 집으로 돌아와서 혼자 집에 남아 오돌오돌 떨며 궁금해 하고 있는 언니와 함께 그 밤을 고스란히 새웠다. 날이 새자 어머니와 나는 다시 나가보려고 막 대문을 나서는데 오빠가 하룻밤 사이에 딴 사람같이 얼굴이 해쓱해서 돌아왔다. 어머니는 오빠의 안색을 보시고 일이 잘못된 것이 아닌가 하고 문 앞에 우뚝 멈추어 서서 말도 못하시는데 오빠가 그 모습을 뵙고 깜짝 놀라, "어머니, 아버지 풀려나셨어요. 내가 집까지 모셔다 드리고 오는 길이어요. 걱정마셔요. 자세한 건 안에 들어가서 여쭐게요" 하고 어머니를 부축하여 안으로 들어왔다. (그때 아버지는 작은어머니와 딴 마을에 살고 계셨다.)

그때 충허에는 주중청년동맹이 생겼다. 이 조직은 지난 겨울쯤 소련으로부터 비밀공작 임무를 띠고 맨 처음 밀파되어 온 두 명의 젊은이가 있어서 1년 동안 우리 교포 농군들에게 공산주의 사상을 주입하여 만든 것이다. 한 사람의 이름은 홍도라고 하였다. 그는 우리 학교와 가까운 동네에 기숙을 하고 지냈는데 들리는 소문으로는 갓 시집온 새댁 하나가 있는 집과 매우 가까이 있었다고 했다. 그 새댁에게는 조금 모자란 듯한 남편과 시부모와 시할아버지가 있었는데 언제부터인가 남편도 동무, 시아버지도 동무, 시어머니도 동무, 시할아버지도 동무란 칭호를 쓰기 시작했다. 시부모와 시할아버지는 기절초풍을 하게 됐고 이웃에서도 수근수근 해괴망측하다고들 했지만 본인은 오히려 한술 더 떠서 시부모, 시할아버지를 윽박지르고 그 앞에서 담배까지 뻐끔뻐끔 피우기까지 한다고 소문이 났다. 이에 대부분의 교포들은 세상이 어떻게 되어 가느냐고 개탄해 마지않던 터였는데, 지금 이런 일이 벌어졌다.

바로 이해 1월 24일에 김좌진 장군이 영안현(永安縣) 중동선(中東線) 산시역(山市驛) 자택 앞 정미소에서 공산주의자 박상실(朴相實), 김일성(金一星) 등의 손에 암살을 당했다. 일찍이 북로군정서를 이끌고 군사인재를 많이 길러 청산리전역에서 왜군을 통쾌하게 무찔러 용명을 떨치고, 나이 어린 교포 어린이들까지도 다 알고 있는 바로 그 '나는(날아다니는)' 김좌진 장군이 억울하게도 동포의 손에 의해 희생되었는데, 이곳 충허에서도 이런 일이 벌어진 것이다. 이번에는 우리 아버지뿐 아니라 바로 우리 옆집에 살고 있는 이진산, 이규보(李圭輔) 등 다른 몇 분의 민족(독립)운동가들도 일을 당했었다고 하는데 지금은 일일이 기억할 수가 없다.

홍도라는 사람을 내가 직접 보았는지 어쨌는지 기억에 남아 있지 않다. 다른 사람들의 말을 기억해보면 그는 손수 농사를 짓거나 하지는 않고 그저 이 집 저 집 젊은이들이 많이 모이는 사랑에 으레 빠짐없이 자리를 함께 하곤 했는데 얼마 안 가서 젊은이들의 의식에 변화가 생기고 주중청년동맹이 조직되고 부녀회(여맹)까지 생겼다. 그래서 이번에 그들의 첫 사업으로 소위 우익 민족운동가들을 숙청하기 위해 죄를 만들어 씌우려고 하였으나 그 죄목을 뚜렷하게 밝힐 자료도 없을 뿐 아니라 일반 교포, 그리고 주중청년동맹에 이미 가입한 젊은이들까지 대부분 이 일에 반대하는 바람에 하는 수 없이 풀어준 것이라고 하였다.

그런데 일은 불행하게도 여기에서 끝나지 않고 기어코 살인으로 번져갔다. 이곳은 앞에서도 말했듯이 주위 100리를 둘러싸고 우리 교포들이 살길을 찾으려고 모여들어 수답(水畓: 물을 쉽게 댈 수 있는 논)을 개간한 곳이다. 그런데 교포들은 중국어도 할 줄 모르고 중국인에게 그만한 신용도 가지고 있지 못했기 때문에 이곳 사정에 밝고 중국어도 능한 박일만(朴一萬)이란 사람이 있어 그가 중간에 들어 땅도 빌리고 분배도 했다. 그렇게 한 결과 우리 교포들에게서 추수 때면 얼마인지는 확실히 모르지만 얼마간의 곡식을 받아가곤 했다.

그러다보니 그는 노동은 하지 않고 발걸음과 입놀림으로 벌어먹는 사람이 되어, 우리와 같이 마을에 살지 않고 까이청(街城. 한국으로 말하자면 읍·면 소재지)에 살고 있었다. 사람들의 말로는 그는 참 편하게 잘 산다고 했다. 그래서 이번에는 그가 '중간 착취자'라는 명목으로 숙청 대상이 되었다. 그리하여 어느 날 밤 주중청년동맹 맹원들이 그 집으로 몰려 들어가 잠자고 있던 그를 그대로 끌고나와 밧줄로 목을 매고 손발도 묶어 말파리(썰매) 뒤에 매달고 20여 리를 채찍으로 달려 우리 집이 있는 맞은 편 강기슭까지 끌고 와서는 반죽음에 이른 사람을 여러 사람이 달려들어 발로 짓밟고 몽둥이로 패서 죽여 버리고 말았다.[30]

---

[30] 이 살해 사건은 공산주의 진영이 민족족의 진영을 와해시키기 위해 일으킨 것이었다. 민족유일당운동과 삼부통합운동으로 남만주에서는 국민부와 조선혁명당이 결성되고 북만주에서는 한족총연합회와 생육사(生育社)가 결성되었다. 생육사는 비밀결사조직으로 재만한인의 '농노 해방'을 목표로 활동했는데 홍진, 이장녕, 황학수, 김좌진, 지청천 등 민족주의 진영이 참여했고 박일만도 중앙집행간사로 활동했다. 1930년 당시 만주 공산주의 진영은 중국공산당의 무장봉기노선에 영향을 받아 민족주의 진영에 대해 극한 대립 노선을 취했다. 이런 배경 아래 충하진에서 생육사 활동을 하며 독립운동의 기반을 확충하려던 박일만

이튿날 아침에 그곳을 지나던 중국인이 시체를 발견하고 경찰에게 알린 결과 죽은 사람의 신원이 밝혀지니 온 동네가 발칵 뒤집히도록 범인을 찾아다녔다. 적잖은 교포들이 잡혀가서 주모자가 누구냐고 조사를 받았다. 그러나 주모자인 홍도라는 사람은 살인이 일어나던 날 밤에 이미 그곳을 떠나고 없어서 잡히지도 않았다. 그때에 이르러서야 농민들은 속았다고 배신감을 느꼈으나 때는 이미 늦었던 것이다. 중국 당국에서는 다시는 우리 한국인에게 농지를 빌려주지 않겠다고 하며 곧 이곳을 떠나라고 추방령을 내렸다. 그때 만일 홍도라는 사람이 끝까지 농민들과 행동을 같이해서 희생을 감수했던들 그 많은 농민들이 그렇게 억울해 하지는 않았을 것이다. 2년 동안 땀 흘리고 힘을 모아 논밭을 개간하여 그나마 이제 겨우 안정되게 살려고 했는데 이제 또 어디로 가야 한단 말인가? 왜적에게 나라를 빼앗겨 내 조국 내 땅에서도 쫓겨나고 이제 또 남의 땅에서나마 땀 흘려 일해서 앞날을 위해 굴욕도 참으며 일어서보자 하였더니 이게 또 어인 일이란 말인가?

그해 겨울에 우리 집은 열세 번이나 이삿짐을 옮기고 열세 번 부뚜막에 새 흙을 발랐건만 끝내 떠나야 했다. 어느 한 집에 옮겨들었을 때는 아궁이에 불이 들지 않아 불만 때면 온 집안이 오소리굴이 된 듯하더니 나중에 언니와 내가 심한 안질(眼疾)에 걸리고 말았다. 너무너무 아파서 밤에 잠도 잘 수 없고 눈물만 쏟아졌다. 한참 울다보면 눈은 더 부어오르고 더 아팠다. 너무 아프니까 밥도 먹히지 않았다. 아니, 밥그릇이 앞에 놓여도 보이지 않으니 숟가락질도 할 수 없었다. 나는 그때 앞을 못 보는 장님은 얼마

나 답답할까 하며 생각하다가 나도 장님이 되는 것이 아닌가 하고 겁이 났다. 다행히 까이청에 한국인 안과 의사가 한 분 있어서 찾아가 치료를 받아 20여 일 만에 겨우 앞을 보게 되었다.

눈병이 낫자 우리는 다른 동포들과 같이 행동하려고 서둘러 짐을 꾸렸다. 다른 사람들처럼 마차를 한 대 세내어 짐을 가장자리에 싣고 가운데는 거적 위에 이불까지 깔아놓고 식구들이 올라탔다. 오빠는 타는 것보다 걷는 때가 더 많았다. 나는 어려서 이상한 버릇 한 가지가 있었는데 길에 나서기만 하면 사먹는 음식을 전혀 먹지 못하는 것이었다. 그러니까 하루 이틀 길이면 별 문제가 되지 않았는데 이번 이사 길은 충허를 떠나 주행야숙(晝行夜宿) 여러 날이 걸리고 또 중간에 큰 재를 넘어야 했다. 그 산에는 도적떼들이 횡행하여 보통 마차 한두 대는 감히 넘을 엄두도 못 내고 산 밑 주막에서 며칠이고 기다렸다가 재를 넘는 마차나 행인이 많아져야 비로소 넘을 수 있는 곳이라서 여러 날이 걸렸다. 이 바람에 나는 환자 아닌 환자가 되어 어머니 무릎을 베고 이불을 뒤집어 쓴 채 누워서 눈만 밖으로 내놓고 마차 뒤로 물러가는 풍경을 보고 있었다.

나는 누구에게라도 묻고 싶은 말이 많았다. 왜 일본은 우리나라를 빼앗았으며, 또 남의 나라를 빼앗아도 되는 일이란 말인가? 우리는 어쩌다가 남에게 나라를 빼앗기고 이렇게 쫓기면서 흘러 다녀야만 하는가? 우리가 밭 갈고 씨 뿌리며 부지런히 일해서 거두고 감사하며 살 수 있는 그런 고장은 없단 말인가? 왜, 우리가 2년 동안이나 땀 흘려 개간한 땅을 고스란히 놓아두고 쫓겨나야만 하는가? 사람 하나 죽었다고? 그 한 사람의 죽음이 이렇게 많은, 마차 50~60대나 되는 사람들의 운명을 좌우할 수 있단 말인가?

왜? 왜? 왜? 소리쳐 물어본들 저 무겁게 드리운 하늘이 대답을 해 줄 것인가? 2년 전 그 겨울, 우리가 이사 오던 그때, 그 나무하던 숲이며, 고목 위에 새파란 겨우살이도 아직 그 모양 그대로인데…. 그런데 그때 느끼던 그 생기와 즐거움은 어디로 가버렸단 말인가? 그때 보았던 그 명랑한 까치들 대신 지금은 까마귀 떼가 우리들의 쓰라린 행렬을 배웅하는 듯 무겁게 드리운 하늘 밑을 날고 있었다. 우리들의 행렬, 20세기에 새로 생겨난 집시 아닌 집시의 행렬 위를 빙빙 돌면서 까욱까욱 목멘 소리로 울어댔다.

주(註): 그 당시에 나는 어렸기 때문에 그 일의 발단, 경과, 상황을 자세히 몰랐다. 그러나 뒤에 자라서 어른이 된 지금, 우리의 독립운동사를 비로소 알게 되었다. 바로 그때는 우리 독립운동사에서 중요한 시기였다. 충하진(冲河鎭)에는 중요기구인 생육사(生育社)라는 조직이 있어서 교포들에게 생활의 터전도 마련해주는 동시에 이들로부터 어느 정도의 세금을 거두어 독립운동에 필요한 자금을 마련코자 하였다. 그것을 안 공산주의자들이 이것을 방해하고자 이 사변을 일으킨 것이었다. 그래서 민족진영의 2년 동안의 고생도 보람이 없이 수포로 돌아가고 말았다. 그해에 나는 내 아버지가 지게를 지고 삽을 들고 다른 농부들과 함께 노역에 나서는 것을 처음 보았다. 어머니는 그 모습을 보고 몹시 민망하게 느끼어 오빠더러 대신 나서라고 하였지만 아버지는 그럴 수 없다고 하였다.

해방 후에 도서관학교를 다닐 때 동창생들이 "중국에서 돌아온 사람은 거의 다 독립운동가라는데 친구의 아버지는 누구요?" 하고 물어올 때 나는 서슴없이 "농사꾼이요"라고 했다. 바로 충허에서 아버지가 지게 지고 삽 들고 노역에 나서는 것을 보았기 때문이었다. 지금 이 글을 쓰는 동안에는 내 아버지가 시인이기도 했다는 생각이 든다. 붓으로 시를 쓴 것이 아니라 영과 육신이 하나가 되어 그것을 붓 삼아 역사에 시를 썼던 것이다.

지금 중국 중고등학교에서 쓰는 참고용 지도를 펼쳐보면 주하현(珠河縣)은 충하진의 북쪽으로 내 손가락 반 마디도 못 되는 거리에 놓여 있다. 그렇게 얼마 되지 않는 듯한 거리지만 우리들 새로운 '집시부대'는 여러 날 걸려서야 겨우 주하현에 닿았다.

낮에만 길을 가고 밤이면 객잔(客棧)에 들어 잠을 잤다. 객잔은 보통 식사 제공은 하지 않고 잠만 잘 수 있는 곳인데 특별히 방이랄 것도 없이 그저 건물 안 일정한 공간에 일자로 큰 캉(炕)을 만들어 낯익은 사람이든 낯선 사람이든 남자든 여자든 가리지 않고 옷과 신발도 그대로 착용한 채 느런히 드러누워서 잠을 자는 곳이다. 때로는 아주 긴 캉이 마주 보이게 놓여 있어도 가리개 하나 없었다. 그러니까 수십 명, 아니 수백 명이라도 수용하여 잠을 재울 수는 있으되 가장 원시적이고 겨우 비바람이나 피할 수 있는 휴식처라고 할 수 있었다. 선객(先客)이 많을 때는 우리 일행은 두세 집의 객잔에 나뉘어 투숙하기도 하였다.

나는 길을 떠나면 중국 사람이 만든 음식을 전혀 먹을 수가 없어서 노상 굶다시피 하는데다가 잠자리마저 이 모양이니 여러 날 동안의 이사 길이 큰 고역이 아닐 수 없었다. 마치 중환자처럼 어머니 무릎을 베고, 달리는 마차 위에서 휙휙 지나가는 숲이며 들이며 하늘을 보고 나름대로 생각에 골몰했다. 새로 가는 고장은 또 어떤 곳일까?

이렇게 며칠을 가다가 어느 날 새벽 동도 트기 전에 인솔자가 일행들을 독촉해 일으켰다. "오늘은 큰 재를 하나 넘어야 하는데 그 산속에는 도적 소굴이 있어 때때로 행인들을 습격하여 물건을 빼앗을 뿐만 아니라 젊은 부녀자들도 강탈하며 인명도 앗아가는 일이 있으니, 어린아이와 부녀자들은 물론이요, 남자들도 특히 보행에 약한 사람은 모두 마차에 올라타고 가야 한다. 만약 어쩌다가 낙오자가 생기더라도 책임은 그 본인에게 있고 우리 전체의 행동을 늦출 수 없으니 그리 알고 모두 경각심을 높여 주의해주기 바란다"고 하였다. 어떤 노부인은 그 말을 듣고 부지런히 아궁이를 찾아 숯검뎅이를 들고 와서는 며느리 딸 할 것 없이 시커멓게 바른 후 자기도 바르면서 "아이고, 어쩌나"를 연발했다.

과연 산은 크고 재는 높아 겨울인데도 나뭇가지들이 뒤엉켜 하늘이 보이지 않을 정도로 컴컴했다. 그야말로 금방이라도 어두운 그늘에서 도둑떼가 몰려나와 총질이라도 해댈 것 같았다. 부녀자와 어린이들은 이불을 푹 뒤집어 쓴 채 숨도 제대로 쉬지 못하였다. 오직 들리느니 마부들의 날카롭고 매운 채찍 소리, 말발굽 소리, 차바퀴 소리뿐이었다. 이러기를 몇 시간 지나, 아마 고개를 넘은 모양이었다. 마차의 진동도 약해지고 채찍 소리도 훨씬 부드러워지자 말들의 가쁜 숨소리가 비로소 들려왔다. 드디어 도적 때문에 재난이 웅크리고 있다던 그 험준한 고개를 무사히 넘은 것이다. 그때 내가 줄곧 생각한 것은 충허에서 보았던 마적떼와 나뭇가지에 매달려 있던 도둑(?)들의 목 잘린 머리였다.

그 후에도 며칠을 더 가서 우리 일행은 주하현에 닿았다. 그러나 모두 한곳 한 마을로 가지 않고 뿔뿔이 흩어져서 제가끔 살 길을 찾아갔다. 우리는 산이라곤 보이지 않는 벌판 가운데에 오도마니 서 있는 초라한 집을 얻어 들었다. 중국인 인가들은 상당히 멀리 떨어져 있었다. 주위는 그저 망망하니 벌이고 밭이었다. 우리가 충허에서 가져 올 수 있었던 것은 씨나락과 잡곡, 채소 씨앗뿐이었다. 먹을 만한 양식은 없었기에 우선 먹을 것 구하는 게 큰 문제였다. 다행히 충허에서 늦게 떠났기 때문에 이곳에 온지 얼마 안 되어 곧 해동이 되었고 해동이 되니 들에는 파릇파릇 새싹이 돋아났다. 바구니를 끼고 호미를 들고 나서 보니, 이게 웬 호사인가? 그 비옥

한 충허에서도 볼 수 없었던 달래, 냉이, 꽃다지가 파릇파릇 발긋발긋 지천으로 돋아나 있었다. 게다가 호미 끝에 묻어나온 냉이 뿌리는 맑은 물에 씻기라도 한 듯 허옇고 살이 올라 있었다. 얼마나 고마운 양식인가? 날로 먹고 끓여 먹고, 갖가지 조리 방법으로 싫증 안 나게 해먹다 보니 어느덧 농사철이 되었다.

어디에서든 농사는 매한가지로 밭 갈고 씨 뿌리고 가꾸고 거두는 일의 반복이었지만, 이곳 토지는 충허에 비해 박토(薄土)라고 할 수밖에 없었다. 게다가 우리가 빌어 지을 수 있는 땅은 논뿐이고 밭은 없었다. 집터에 딸린 한 20평쯤 되는 텃밭은 한 건물에 살게 된 전라도가 고향이라는 홀아비 부자네와 반씩 공평하게 나누어서 상추, 시금치 같은 채소나 겨우 가꾸어 먹을 수밖에 없었다. 그러니까 논을 좀 많이 빌어 언니까지도 논일에 나섰다. 그뿐 아니라 홀아비 부자네가 한 건물, 그것도 바로 마주 보이는 캉에 살고 부엌도 같이 쓰기 때문에 다 자란 처녀인 언니로서는 혼자 집에 남아있기가 불편하여 차라리 식구들과 함께 일을 하는 것이 낫다고 해서 우리 네 식구가 모두 논농사에 매달렸다. 그러다보니 점심밥은 주로 내가 맡아 짓게 되었다.

그런데 이로 말미암아 그 홀아비 영감으로부터 어처구니없게도 도둑 누명을 쓰게 되는 일이 벌어졌다. 어느 날 저녁 그 영감이 내 어머니에게 하는 말이, 자기가 밭에 심어놓은 호박을 며칠 전에 분명히 개수를 세어놓았는데 두 개가 없어졌고, 또 어제는 배춧잎을 제껴다 먹으면서 잎을 세어놓았는데 오늘 아침에 보니 배춧잎이 적어졌다는 것이다. 그러니 그것은 분명 복영이가 몰래 훔친 것인즉 딸이 도둑질하지 못하게 어머니가 때려서 가르쳐야 한다고 억지를 썼다. 이 말을 듣고 어머니는 너무 기가 막혔지만 처음에는 그저 좋은 말로, "호박이 열렸다고 해도 모두 다 자라는 것이 아니고 스러져 떨어지기도 한다는 것은 농사를 우리보다 더 많이

113

지어보신 영감님이 더 잘 아실 터이고, 또 배춧잎을 말하더라도 어제 오늘 우리 식구가 배춧잎 반찬을 먹지 않았으니 복영이가 제껴갔다고 어찌 말할 수 있습니까. 자라나는 어린아이에게 함부로 도둑 누명 씌우지 마십시오" 하였다. 그 영감은 더 노발대발하면서 직접 나를 보고 이 도둑년아 하고 욕을 하는 것이었다. 이 바람에 오빠도 화가 나서 목침을 집어던졌는데 공교롭게 영감의 머리를 때렸다. 영감은 문밖으로 뛰어나가 고래고래 고함을 질러대며 동네방네 떠들었지만 인가와 원체 멀리 떨어진 곳이라 모여드는 사람도 없었다. 이에 그 아들은 어쩔 줄을 모르고 아버지를 붙잡아 끌어들이면서 우리에게 자기 아버지가 노망이 들어 그런 모양이니 부디 용서해달라고 애처롭게 빌었다. 이에 오빠도 뉘우치고 고의는 아니라도 던진 물건에 노인을 맞게 한 것은 잘못이니 용서하라고 빌어 일이 더 크게 확대되지는 않았다. 하지만 그들 부자와 한 건물에서 살아야만 하는 나머지 몇 달은 우리 식구에게 참으로 웃지도 울지도 못하는 답답함을 느끼게 하였다.

원래 그 영감은 처음부터 무척 의심이 많은 사람인 것 같았다. 시골에서는 보기 드물게 뒤주 하나를 가지고 있었는데 자기네 방 쪽 부엌에 놓아두고 하루에도 몇 번씩 자물쇠를 잠갔다 열었다 하였다. 그럴 때마다 '딸깍 찰깍' 하는 그 소리는 우리 식구들의 신경을 자극하기에 충분했다. 뒤주 안에 있는 것이라야 호좁쌀 몇 되, 그리고 넝마 같은 옷 몇 가지밖에 없을 터인데 무슨 그리 대단한 귀중품이 있다고 허구한 날 싫증도 안 나는지 그렇게 했다. 그리고 걸음걸이도 참 이상해서 도무지 발소리가 안 나게 드나들며 갑자기 나타나곤 했다. 그래도 우리는 그저 세상에는 그런 사람도 있나 보다 하고 가볍게 웃어넘기곤 했다. 그런데 나중에는 우리 언니는 자기네 며느리가 될 수밖에 없다는 소문까지 퍼뜨려 이웃 사람들을 어이없이 놀라게 했다. 하지만 다행히 누구도 그 영감의 말을 믿지 않았다.

이때 아버지는 작은어머니와 동생 정계를 우리 집에서 약 40리쯤 떨어진 곳에 살게 하고 그곳에 머물러 계셨다. 1919년 아버지는 압록강을 건너면서 변성명까지 하시고 한 몸 한 마음 나라에 바치기로 결심하신 후 겪으신 풍파와 고초는 참으로 기가 막히고 죽을 고비도 많았다. 그래서 항상 신변을 조심하였다. 이유인즉 일본군과 부딪혀 싸우다가 죽는 것은 군인으로서 또한 독립운동에 몸 바친 사람으로서 당연하고도 떳떳한 일이겠으나, 병으로 죽는다거나 혹은 일본의 주구나, 사상이 다르다고 하여 질시하는 사람의 손에 죽는다는 것은 억울하고도 무의미한 일이라 생각하였기 때문에 잠자리에서도 조심하고 잠귀가 무척 밝으셨다. 베개 머리에는 항시 권총을 놓아두고 만일을 대비하며 헛되게 죽는 것을 막으려고 했었는데 어느 날 밤 공산당원이 앞문으로 들이닥쳐 총질하는 것을 피하여 뒷문으로 빠져 옥수수 밭에 숨어서 겨우 위기를 모면하신 적이 있었다. 그런데 그 사람은 그렇게 일을 저지르려다가 실패를 하자 곧 도망쳤는데 우리가 일하고 있는 들녘을 지나면서 우리와 마주쳤다. 우리는 어젯밤에 아버지가 어떤 일을 겪으셨는지조차 감감 모르고 있었기에 그를 보고 쉬었다가 가라, 담배라도 태우고 가라, 들밥이라도 먹고 가라고 권했다. 그래도 그는 갈 길이 바쁘다며 휘적휘적 걸음을 재촉해서 지나갔다. 나중에 알고보니 그가 바로 아버지의 저격범이었다. 1931년 9·18사변이 일어나기 몇 달 전에 벌어진 일이었다.

이래저래 주하현에서의 생활은 불안하고 답답하고 초조했다. 어서 이곳을 떴으면 하는 것이 우리 식구들의 희망이었다. 추수를 마치자 불원간 일본 세력이 주하현에 들어올 것이라는 소문이 들려왔다. 기차역까지 일본인이 들어와 있다는 등 떠도는 소문이 예사가 아니었다. 그래서 하루속히 이곳을 떠나야 한다고 했다. 우리는 어찌할 바를 모르고 안절부절 허둥대다가 서둘러 주하현을 떠났다.

동짓날 추위는 매서웠다. 하루에 갈 길이 꽤 멀다고 하여 새벽같이 떠나는데 하늘에 총총한 별들도 얼어서 투명해진 듯 유난히 싸늘한 빛으로 떨고 있었다. 바람도 칼날같이 살을 에었다. 큰 길로도 못 가고 인적이 전혀 없는 산길을 잡아 하루 종일 걸어서 날이 저문 뒤에 겨우 산골 주막에 들어섰다. 주인은 매우 친절하여 끓인 물도 갖다 주고 화롯불도 갖다 주며 곧 저녁 준비를 하겠으니 우선 몸을 녹이라 했다. 그런데 이게 웬일인가? 화롯가에 앉았던 언니가 토시를 벗으면서 얼굴을 찡그리고 아픈 소리를 냈다. 이어 어머니가 들여다보시더니 "아이구, 이걸 어쩌나" 하고 놀라 어쩔 줄 몰라 하시는 것이었다. 언니의 양쪽 팔이 마치 끓는 물에 덴 것처럼 보기에도 끔찍하게 부풀어 올라 있었다. 마침 주인 여자가 저녁식사는 어떻게 하는 것이 좋겠냐고 물어보러 왔다가 그것을 보고 처음에는 놀라더니 이내 걱정 말고 빨리 화로에서 물러나라고 했다. 그러고는 달려 나가 창고에서 콩을 꺼내다가 물을 붓고 맷돌에 북북 갈아 얼음이 서걱서걱하는 것을 큰 대야에 담아가지고 들어와서 두 팔을 거기에 담그라는 것이었다. 그리고 몇 번이나 그 물을 바꿔가며 밤늦게까지 담그게 해주었다. 그랬더니 흉하게 부풀었던 것이 거짓말같이 싹 가라앉고 아리고 아프던 것도 괜찮게 되었다.

이튿날 아침 출발할 때 여관비 외에 사례로 돈을 내놓으니 주인은 막무가내로 받지를 않았다. 병난 사람, 아픈 사람을 힘닿는 데까지 도와주고 고쳐주는 것은 당연하고도 당연한 일인데 사례는 무슨 사례냐고 했다. 같은 나라 같은 겨레끼리도 미워하고 죽이려 드는 세상에 남의 나라 사람에게 베푸는 이런 따뜻한 마음씨가 참으로 고마웠고 오래 잊히지 않았다. 우리나라 풍속에 동짓날은 팥죽을 쑤어먹는데 나는 해마다 동짓날에도 팥죽을 쑤지 않는다. 1931년의 그 매서웠던 동짓날의 기억 때문에.

길림성 오상현(五常縣) 따스허(大石河)에는 독립운동선상에서 아버지와 연고가 깊은 오광선 선생 댁뿐 아니라 신숙 선생 및 다른 여러 독립운동가들의 가족이 많이 살고 있었다. 오광선 선생 가족들과는 이미 황띠깡즈에서 한 지붕 밑에서 함께 살던 구면이라 며칠 동안은 그 댁에 신세를 지다가 집을 구해 옮겨 나왔다. 따스허에서 고개를 하나 넘어 약 20리 거리로 샤오스허(小石河)란 곳이 있는데 거기에도 독립운동가들이 몇 집 살고 있었다. 그중에 심만호(沈萬湖) 선생은 아버지의 동지일뿐더러 뒤에 바로 내 언니의 시숙부(媤叔父)가 되신 분인데 그때 그곳에서 백가장(百家長)으로 계셨다. 중국말도 잘하시고 매우 활동적이며 남의 어려운 일에 발 벗고 나서서 돕는 분으로 인망이 높으셨다.

우리가 주하현에서 살 때는 신문도 없고 라디오도 없고 또 찾아오는 사람도 찾아갈 곳도 없어서 두더지처럼 땅 파고 흙냄새만 맡으며 살 수밖에 없었다. 그러다보니 세상이 어떻게 돌아가는지 전연 모르고 살다가 추수가 끝나고 곡식을 맡아 싣고 하얼빈에 나갔던 사람이 돌아왔을 때야 일본인이 곧 주하현으로 들어올 것이라고 하여 서둘러 동짓날 강추위를 무릅쓰고 겨우 떠나게 되었던 것이다. 그러다가 이곳 따스허에 와서야 놀랍게도 그해 1931년에 세상은 깜짝 놀랄 만큼 변해 있음을 알았다.

1931년 7월 1일 길림성 만보산(萬寶山) 삼성보(三城堡)에서 수로개착(水路開鑿) 문제로 한·중 농민들 사이에 충돌이 생겼다. 이튿날 장춘(長春)일본영사관은 이를 핑계 삼아 '제국신민의 보호'라는 가증스런 구실을 내걸고 경찰을 출동시켰다. 아울러 이를 기화로 한·중 두 나라 국민의 사이를 이간할 목적으로 사실을 날조 과장하여 국내 신문에 발표함으로써 한국인

만보산사건의 여파로 1931년 7월 3일 조선인에 의해 피해입은 평양시 중국인 상점가(왼쪽). '왜노의 사주로 조선인이 우리동포를 참살한다'는 내용의 중국에서 제작된 반일 포스터(오른쪽)ⓒ민족문제연구소

의 감정을 자극해 무고한 중국인을 살상하고 그들 재물도 빼앗게 하였다.

이로 인하여 중국인의 한국인에 대한 감정도 자연 나빠지게 되어 많은 중국인들이 한국인을 일본의 앞잡이로 보게 되었다. 이것이 전주곡이 되어 일본은 중국의 동삼성(東三省), 즉 그들이 만주라고 하는 보고(寶庫)를─물자가 풍부하고 땅이 넓어─ 빼앗으려고 갖은 음모와 술수를 쓰다가 마침내 그해 9월 18일에 군사력을 동원하여 심양(瀋陽)을 공격했다.

이보다 앞서 1928년 6월 4일 새벽 5시 30분, 일본은 동삼성의 통치자 장작림(張作霖)을 황고둔(皇姑屯) 부근 삼동교(三洞橋)에서 폭살했다. 일본 관동군 고급참모 고모토 다이사쿠(河本大作)란 자가 미리 삼동교에 30마대나 되는 폭약을 묻어놓고 부하를 시켜 중국인으로 변장하고 기다리고 있다가 기차가 그곳에 이르자 스위치를 눌러 폭파시켰던 것이다. 그가 이렇게 무참하게 폭사당하자 그의 아들 장학량(張學良)은 아버지의 뒤를 이어받아 절치부심해서 아버지의 원수를 갚고 동삼성의 모든 부로(夫老)·형제·자매를 도탄에서 건지려고, 정치·경제·군사·문화 모든 면에서 발전을 도모하려고 하였다. 그러다가 1930년 국민정부 장개석(蔣介石) 삼군총수(三軍總帥)로부터 부사령으로 임명되어 북경에 주재하게 되었다.

일본은 바로 이때를 틈탔던 것이다. 9월 2일부터 이틀간 북대영(北大營)

부근 망화둔(望花屯), 관제묘(關帝廟), 노과보(老瓜堡) 등지에서 야외훈련을 하고, 9월 4일부터 이틀 동안은 동북병공창(東北兵工廠)과 심양성을 공격하는 연습을 하더니, 계속해서 심양성 공격 후의 시가전 연습을 하였다. 그러다가 17일에 이르러 일본군 2명이 북대영 안에 뛰어들어 전선을 끊기까지 했다.

그들이 이렇게 예행연습을 한 후 9월 18일 밤 일본군 가와모토 스에모리(河本末守) 중위가 한 무리의 부하를 인솔하고 철도를 순시한다는 이름 아래 유조호(柳條湖) 일대에 잠입하여 대량의 폭약을 묻고 철도를 폭파시켰다. 그러고는 중국군이 숨어서 폭파한 것이라고 날조하여 중국 측에 뒤집어 씌웠다. 이어 특무기관과 일본군사령부에 보고하니 일본군은 곧 심양을 공격했던 것이다. 이리하여 일본은 한국에서 자행했던 것처럼 중국 영토 동삼성에서도 주인 행세를 하기 시작했다.

우리는 비로소 전후 사실을 자세히 듣고 놀라는 한편, 앞으로 어찌할까를 궁리했지만 당장 묘책은 없었다. 그보다도 전화의 와중에서 우선 목전의 급한 일부터 하나하나 해결해 나가야겠다고 생각하고 서둘러 언니를 시집보내려고 하였다. 청혼이 벌써 세 집에서 들어왔지만 얼른 결정할 수가 없어 어머니는 곧 아버지께 편지를 띄웠다. 얼마 안 되어 회답이 왔다. "청혼한 세 집이 모두 독립운동가의 집안이니 집안으로 보아서는 어느 집도 거절하기 어려운 형편이지만 내가 신랑감을 직접 보지 못했으니 누구와 하라고 못하겠소. 그렇다고 지금 일본의 만주침략으로 공무에 한창 바쁜 몸이 곧 달려갈 수도 없는 처지이니 부인의 선처를 빌 뿐이오. 다만 한 가지 주의할 것은 선영(내 언니) 본인의 의사를 물어 참작하는 것을 잊지 마시오." 대강 이런 내용이었다. 그래서 언니의 의사도 물어보고 한참 고심하던 어머니는 샤오스허 심만호 선생의 조카를 사위로 정했다.

이리하여 양가의 혼인을 부랴부랴 서둘렀는데 내 형부 될 심광식(沈光

植)[31]씨가 숙부의 명을 받아 혼수를 준비한다고 하얼빈으로 갔다. 이미 결혼해 하얼빈에서 살던 언니의 친구 안옥승(安玉承) 여사의 안내로 필요한 물건들을 갖추갖추 사서 기차를 타고 돌아왔다. 그러나 어찌 뜻하였으랴? 다른 신랑 될 두 사람과 함께 싱글벙글 웃으며 기차에서 내리자마자 말 탄 도적떼들이 달려들어 세 신랑의 혼수 물건을 몽땅 빼앗아 가버렸다.

세 신랑 중 한 사람은 지금 분명히 기억나지 않지만 다른 한 사람은 바로 신숙 선생의 사위가 될 사람이었다. 세 신랑은 그만 풀이 죽어 어찌할 바를 몰랐다. 이에 어른들이 모여 이왕 정해진 결혼날짜이니 혼수를 잃어 섭섭하지만 예정대로 진행하느냐, 아니면 1년 연기했다가 내년 추수를 한 후 새로 날을 잡아 하느냐, 하고 의논이 분분했다. 그러다가 이 전란 중에 1년을 더 기다리는 것도 좋지 않을 듯하니 예정대로 성례를 하자고 의견이 모아졌다. 그리고 일체 성례 비용은 심만호 선생이 부담하기로 자청하고 장소도 샤오스허 심 선생 댁으로 정했다. 집이 넓어서 신방 셋을 꾸밀 수 있고 먼 길에 온 손님들도 그 밤을 지낼 만하기 때문이었다.

이리하여 의논이 분분하던 결혼식이 거행되었는데, 지금은 날짜조차 기억하지 못하지만 그때 그 세 신부들의 모습만은 잊히지 않는다. 새 옷도 한 벌 못 얻어 입고 입던 옷 깨끗이 빨아서 다듬고 다림질하여 정성껏 그들의 어머니들이 한 땀 한 땀 다시 지은 치마저고리를 입고 20리 고갯길을 타박타박 걸어 오르던 세 처녀, 독립운동가의 딸들. 지금의 호화결혼식에서 꽃다발 안고 몇 십만 원, 몇 백만 원짜리 웨딩드레스를 입고 웨딩마치에 취한 아가씨들은 어찌 상상이나 할 수 있겠는가?

---

31) 심광식(1911~1960) : 정의부 1중대 1소대 대원. 낙양군관학교 졸업. 민족혁명당 군사부원. 임시의정원 의원. 1945년 한국광복군 총사령부 서무과장.

그때 신숙 선생의 따님은 내 언니보다 한 살이 위였는데 집 대문을 나설 때부터 할머니를 부여잡고 울어대더니 겨우 달래서 길을 나서 고개를 넘으면서도 계속 우는 것이었다. 그때 내가 13세로 그들과 함께 걸어가는데 내가 보기에도 딱했다. 그런데 내 언니는 시종 침착한 태도로 걸으면서 오히려 우는 친구를 달래는 것이었다. "울지 말아요. 운다고 벌어진 일이 변경될 것도 아니겠고 이렇게 우리를 시집보내는 부모님과 형제들의 마음인들 오죽하겠어요? 그러니 부모님 마음 조금이라도 편하시게 울지 말고 갑시다."

나는 지금 이 글을 쓰면서도 그때 그 정경(情景)에 눈물을 금치 못한다. 세상에 이런 새색시 행차가 또 어디 있겠는가? 여자로서 일생에 한 번밖에 없는, 축복받아야 할 혼례를 치르려고 가는 신부들의 행차치고는 너무도 딱하고 가여웠다.

겨울 짧은 해가 넘어가고 날도 이미 저물었다. 꼭 참석해야 될 사람과 샤오스허, 따스허에 사는 하객(賀客)들도 많이 모였다. 혼례청으로 마련된 곳에는 야트막한 네모 식탁이 놓이고 그 위에 정갈하게 냉수 한 그릇을 떠놓았다. 양쪽으로 굵은 쌍 촛불이 너울너울 춤을 추고 있었다. 이 밤 시간에 세 쌍의 신랑 신부의 결혼식이 거행되는 것이었다. 말하자면 일종의 합동결혼이랄까? 아니, 그것도 아니다. 세 쌍의 신랑 신부가 한 날 한 장소 비슷한 시간에 같은 주례 앞에서 차례차례 따로 거행했으니 합동결혼도 아니다. 이 집의 주인이 먼저 해야 한다고들 말해서 언니와 형부가 제일 먼저 부부가 되는 서약을 하고, 그 다음은 신숙 선생의 따님이 했다. 이렇게 해서 각기 신방이라고 지정된 방으로 안내되고 손님들은 모두 떠들썩하게 주연을 벌였다.

이튿날 언니의 시숙모님은 문안 올리는 언니의 손을 어루만지시며 "옛말에 참빗, 민빗 허리춤에 끼고 시집을 가서도 아들 딸 낳고 잘 살면 된다 하였으니 부디 이 다음에 잘 살아주게" 하시면서 당신 손에 끼고 있던 금반지를 빼어 언니 손가락에 끼워주셨다. 그런데 언니는 독립운동가의 딸로서 독립운동가에게 그렇게 시집을 가서 아들 5형제를 낳아 중일전쟁 중 이리 쫓기고 저리 쫓기는 생활 속에서, 둘째는 만성 호열자(콜레라)로 호남성(湖南省) 장사(長沙)에서 잃고, 셋째는 백일해로 광서성(廣西省) 유주(柳州)에서 잃었다. 전후 6개월 동안에 당한 일이었고, 피난생활에 약 한번 제대로 써보지 못한 것이 가슴에 맺혀 끝내 신병(身病)을 얻어 8년 동안을 앓다가 세상을 떠났다. 한 번도 잘살아 보지 못했다. 특히 남경(南京)에 있을 때(1935~37년) 중일전쟁이 발발하기까지 그 생활의 참담함은 이루 말할 수 없었다. 비록 형부 심광식이 그때 정당에도 참여하고 특히 선전 간행물을 혼자 책임져 펴내고 있었지만 그건 무보수의 봉사였으니 가족의 생계는 말이 아니었다.

언니가 결혼한 뒤 심만호 선생은 가족들을 데리고 떠나셨다. 그분에게는 따님이 한 분 있었는데 그때 이미 결혼한 뒤였다. 남편은 여준 선생의 독자인 여운달이라는 분인데 그 당시에는 드물게 북경의 연경대학을 나온 지식인이었다. 그리고 영식(英植)이라는 아들이 하나 있었는데 나보다 어린 나이로 7, 8세 밖에 안 되었다. 그래서 형부가 그의 숙부께서 하시던 농토를 떠맡고 우리도 따로 농지를 빌어 샤오스허로 옮겨갔다. 건물이 상당히 컸기 때문에 우리와 언니네 내외 말고도 함경도 사람으로 늙은 부부가 젊은 아들을 데리고 사는 집과, 또 젊은 부부 한 세대가 함께 살게 되었는데 이 젊은 부부는 앓는 날이 성한 날보다 더 많았다. 남편은 위가 안 좋아 소화가 안 된다고 하고 아내는 가끔씩 손발이 뒤틀리는 병을 앓고 있었다. 그래서였는지 몇 달 후에 어디론가 훌쩍 떠나버렸다.

이렇듯 샤오스허에서의 생활은 그런대로 평화롭게 시작되었다. 언니 부부는 어쨌든 신혼부부로서의 정이 무르녹고 함경도 집도 세 식구가 모두 부지런하고 화목하며 오빠, 어머니, 나 이렇게 우리 집 세 식구도 전과 다름없이 남의 신세 지지 않고 땀 흘려 일하면서 언니네와 따로 살림을 꾸려나갔다.

봄이 되니 이곳이야말로 세외도원(世外桃源)이 아닌가 생각되리만큼 앞산 뒷산에 살구꽃, 배꽃, 아가위꽃들이 만발하여 갓 피어나는 신록과 함께 문자 그대로 꽃동산이다. 그리고 앞산 뒷산 사이에 길게 뻗친 들판 가운데를 흐르는 맑은 시냇물이며 시내 양쪽으로 사람의 손길을 기다리며 싱싱한 흙냄새를 풍기는 논과 밭이며…, 닭 우는 소리, 개 짖는 소리조차 평화롭게 느껴지고 모든 것이 아름다웠다. 이러한 곳에서 어찌 전쟁 같은 것을 생각할 수 있겠는가?

그러나 어느 날 드디어 이곳에도, 지금 한창 도처에서 전쟁이 벌어지고 있다는 것을 우리들에게 일깨우기라도 하려는 것처럼, 홍창회(紅槍會) 부대들이 들이닥쳤다. 끝에 붉은 헝겊을 매어단 긴 창대를 꼬나들고 쏜살같이 말을 달리는 그들 가운데는 여자도 적지 않았다. 하나같이 모두 머리를 질끈질끈 동이고 옷도 날렵하게 검은색을 입고 나는 새처럼 행동이 민첩했다. 들은 바에 의하면 이들은 일본군이 동삼성을 쳐들어오자 외적(外敵)이 내 고향을 유린하고 부모형제를 도륙하는 것을 참을 수 없어 자발적으로 봉기한 농민들로서 비슷한 형편의 다른 의용부대와 달리 한 가지 특별한 믿음을 가지고 있었다. 즉 그들이 전쟁에 임하여 주문을 외우면 일본군의 총알도 그들의 몸을 상하게 하지 못한다는 그런 미신 같은 믿음이 있었다. 그래서 그들이 일단 일본군과 조우하면 물불을 가리지 않고 돌진하여 때로는 승리도 하지만 어떤 때는 떼로 죽기도 한다는 것이다. 하여간 그때 나는 그들 중에 특히 여자들에게 마음이 끌렸다. 말을 타고 창을 들고 비탈진 산길을 나는 새같이 달리는 것을 보면서, 나도 저런 재주가 있다면 얼마나 좋을까, 나도 나라 찾는 일에 한 몫 할 수 있을 것 아니겠는가 하고 자문(自問)해 보았지만 내가 그런 재주를 배울 기회는 없었다.

홍창회 사람들이 한 사흘 있다가 싸우러 간다고 떠나간 뒤, 이것을 시작으로 동네에는 갖가지 소문이 자주자주 들려왔다. 몇 리 밖 어느 곳에서 지금 한창 전쟁이 벌어지고 있다느니, 일본군이 오늘 내일 이곳으로 들이닥칠 것이라느니, 아니면 중국 측 패잔(敗殘) 군사들이 곧 올 것이라느니, 또 어디서는 중국인 부녀자들이 일본군에게 유린을 당하여 떼로 죽었다느니, 또 어디서는 한국인 부녀자들이 중국 측 패잔병에게 유린을 당했다느니, 별의별 끔찍한 소문이 다 퍼져들었다. 이런 가운데서도 한 울타리 안에 살고 있는 중국인 식구들은 우리를 친절히 대하고 위험이 닥칠 때마다 우리가 피신할 수 있도록 도와주었다. 집 뒤가 바로 밭이고 또 산이어서 급할 때는 뒷문으로 빠져나가 옥수수밭을 기어 이내 산속으로 숨을 수가 있었다.

그리하여 이때부터는 우리들 모두가 밤에 옷도 입고 신발도 신은 채로 보따리 하나씩을 미리 싸서 그것을 베개 삼아 잠을 자곤 했다. 그러던 어느 날 밤 우리가 막 첫잠이 들었는데, 옆집 중국인 한 사람이 급한 목소리로 깨우는 것이었다. 놀라 깨어보니 앞문에 벌써 총 멘 사람의 그림자가 쏟아져 들어오고 있었다. 우리는 날쌔게 뒷문으로 빠져나가 옥수수밭을 지나 산 밑 개암나무 숲에 숨었다. 만주는 추운 곳이라 해마다 떨어지는 낙엽이 다 썩지를 못하고 묵은 낙엽 위에 새 낙엽이 쌓이고 또 쌓이고 하여 한 여름에도 산에는 낙엽이 두껍게 쌓여 있어서 밤에 그걸 밟으면 꽤 먼 거리에서도 와삭와삭하는 소리를 들을 수 있었다. 이때는 여러 날 비도 오지 않고 바싹 말라 있었으니 우리 아홉 사람-추당(秋堂) 김창환(金昌煥)[32] 선

---

32) 김창환(1872~1937) : 호 추당. 대한제국 육군 장교. 경술국치 후 만주로 망명하여 신흥무관학교 교관으로 복무. 1920년 대한의용군 중대장. 밀산에서 결성된 대한독립군 중대장. 1922년 서로군정서 의용군 총지휘관. 통의부 총사령. 만주사변 후 한국독립군 부사령. 1933년 중국 본토로 이동하여 신한독립당, 민족혁명당, 조선혁명당 조직에 참여. 1937년 병사.

생님도 우리 집에 유(留)하고 계셨다—이 그 낙엽을 밟고 산으로 기어오르면, "나 여기 있소, 잡아가시오" 하는 것과 마찬가지였다. 그래서 개암나무 그늘에—그날은 마침 달밤이었다— 숨어 있는데 기가 막히는 것은 함경도 할아버지가 개를 안고 나온 일이었다. 그리고 할아버지는 가는귀가 먹어서 웬만한 소리는 듣지를 못하니 걱정이 안 될 수 없었다. 혹시라도 개가 짖지나 않을까, 할아버지가 인기척을 못 듣고 소리를 내지나 않을까 하고 걱정했다. 하지만 어쩔 수 없었다. 할아버지는 개를 안고 쓰다듬고 아들은 그의 아버지를 안고 어루만지며 있는 가운데 아니나 다를까 총 멘 병정 셋이 개암나무를 툭툭 건드리며 산위로 통하는 소로(小路)를 더듬어 오고 있었다. 우리는 숨을 죽인 채 그늘 속 땅에 납작 엎드려 생사를 하늘에 맡기는 도리밖에 없었다. 그들은 우리를 찾으려고 옥수수밭과 개암나무 숲을 두 번 세 번 거푸거푸 감돌며 지나갔다. 그러나 달이 있었기에 우리는 그들을 볼 수 있었지만 그들은 그늘 속에 엎드린 우리를 발견하지 못했다. 그 중에 하나가 아차 하면 내 발을 밟을 뻔한 가까운 거리를 지나갔지만 끝내 그들은 우리를 찾지 못하고 단념해버린 듯했다. 얼마나 다행스런 일인가. 개도 사람의 마음과 형편을 아는 듯 기척도 내지 않았으니.

떠있던 달도 지고 밤이 깊어지자 우리들은 산길을 더듬어 천천히 발걸음을 조심하여 옮겼다. 산꼭대기까지 올라갔을 때는 희부옇게 동이 터오고 있었다. 나무숲 사이로 내려다보니 군인들이 적지 않게 왔다 갔다 하고 있었다. 우리들은 하릴없이 그저 우두커니 앉아서 그들이 빨리 떠나가 주기만을 바랐다. 그런데 산속에 웬 모기와 깔때기들이 그리 많은지 대낮인데도 극성스럽게 떼를 지어 덤벼들었다. 우리는 철썩철썩 스스로 제 뺨을 때려가며 모기잡기에 정신이 없었다. 배도 고프고 목도 마르고 모기도 극성스럽게 덤벼드는데, 추당 선생님은 덩굴 같은 것을 몇 개 잘라 오시더니 수건으로 얼굴을 싸고 덩굴로 목 부분을 동여매고 바지도 끌어내려 발도 싸매고 손도 소매를 내려 묶으시더니 벌렁 누워서 "이런 때 잠이나들 실컷 자두라고" 하시고는 이내 코를 고시는 것이었다. 처음에는 우습다는 생각도 들었지만 다시 생각해보니 그분은 우리보다 더 많은 고생을 해보셨기 때문에 이런 것쯤 대수롭지 않게 생각하시는 것이라고 고쳐 생각하고는 방해하지 않기 위해 말도 나직이 하고 또 흩어져 머루넝쿨을 찾아 목마름을 달래기도 했다.

사흘 째 되던 날 중국인이 옥수수밥 한 통과 장아찌를 가지고 올라와서 그간의 이야기를 들려주고, 몰래 올라왔기 때문에 빨리 돌아가야 한다며 서둘러 내려갔다. 우리들은 배부르게 나눠먹고 반쯤 남은 것은 내일 먹자고 했다. 그러나 이튿날 보니 착착 쉬어버려서 먹을 수가 없었다. 아아! 아까워라! 버리려고 하니 위험을 무릅쓰고 갖다 준 중국인에게 미안한 생각이 들었다. 그래서 오빠, 형부, 나 세 사람이 어머니의 말씀을 듣고 밥이 담긴 통을 들고 고개 뒤쪽으로 내려가서 물을 찾았다. 한참 만에 맑은 샘물을 만났다. 한 통 가득히 물을 채워 고루고루 한참 젓다가 물을 따라버리고 다시 채워 씻기를 여러 번 하니 심하던 쉰내가 가시고 밥알이 또릿또릿해졌다. 그걸 들고 다시 기어 올라와 고루 나누어 먹었다. 그런데 쉰밥을 먹은 우리들이건만 하나도 탈난 사람은 없었다. 그 뒤부터는 촐촐히 굶는 것이었는데 쉬이 다시 올라오겠다던 중국인은 무슨 사정이 있는지 다시 오지 않았다. 보름 동안을 머루덩굴 새순과 골짜기 샘물만으로 지내도 우리는 참을 만하다고 견뎠고 몸져 눕는 사람도 없었다. 정말 사람은 '빵'으로만 사는 것이 아닌 듯했다.

매일 우리는 산 아래를 굽어보면서 이제나저제나 하고 기다렸다. 그래도 부대 군인들은 떠나지 않았다. 한창 김을 매야 하는데 이렇게 보름 동안이나 손을 쉬고 있으니 잡초가 얼마나 자랐을까? 들에는 일하는 사람이 전혀 보이지 않는다. 다들 어디로 갔을까?

이렇게 답답한 가운데 보름이 되던 날 오후에 먹장구름이 떠돌기 시작하더니 날이 어두울 무렵부터 장대비가 쏟아져 내렸다. 천둥 번개가 계속되는데 산 전체가 무너져 내리는 것 같았다. 우리들은 비를 피할 만한 곳을 찾아보았으나 허사였다. 물에 빠진 생쥐 모양으로 고스란히 비를 두드려 맞고 나니 한 여름 더위는 어디로 갔는지 몸이 덜덜 떨려왔다. 떨면서 한 밤을 새웠다. 새벽이 되니 더 추웠다. 이렇게 지내다가는 모두 큰일나겠다 싶어 대책을 의논했다. 하늘을 쳐다보니 날씨는 좀처럼 맑아질 것 같지 않았다. 그래도 낮에는 꼼짝할 수 없으니 오늘 밤을 기다려 앞산 고개 너머의 따스허로 가보자고 했다.

그날 낮에 몇 차례 비가 오더니 밤에도 내렸다. 앞이 캄캄하여 잘 보이지도 않아 일렬로 늘어서서 앞뒤로 서로서로 손을 잡고 산을 내려왔다. 손을 단단히 잡고 넘어지지 말아야 하며 혹시 넘어지더라도 절대로 소리를 내서는 안 된다고 단단히 약속을 하였으나, 겨우 어둠에 눈이 익어 앞을 더듬을 만하면 파아란 번개가 길게 번쩍이고 이어 우루루루 꽝 하고 천지가 깨어져 나가는 소리를 내고 나면 갑자기 또 앞이 캄캄히 보이지 않아 잘못 더듬다가 앞사람이 넘어지면 뒷사람도 따라 넘어졌다. 그래도 우리는 비가 오는 것이 천만다행이라고 생각했다. 비가 오니까 웬만한 소리는 빗소리에 감추어져서 개들도 짖지 않았다. 조심조심 우리 집 뒤의 옥수수밭까지 무사히 벗어나고 앞개울에 다다랐다. 이것만 건너면 마음 놓고 뛸 수도 있었다. 그런데 어제 오늘 비로 인해 개울물이 갑자기 불어서 평소에는 바짓가랑이만 걷어 올리면 넉넉히 건널 수 있던 개울이 멋모르고 뛰어드니 한 길이 넘었다. 남자들이 헤엄쳐서 여자를 일일이 거들어서 건너게 했다. 그리고는 걸음아 나 살려라 하고 앞산을 향해 뛰었다.

앞산 위에 올라가 좀 기다리노라니 동이 훤히 터왔다. 우선 오빠와 형부가 따스허로 넘어가는 길이 어떤가 하고 살펴보러 갔다 오더니 그곳은 별

일 없다고 해서 우리는 곧 따스허를 향해 걸었다. 우선 오광선 씨 댁에 머물면서 신세를 지게 되었는데 큰 농사를 하는 집이라 일손이 항상 바빴기 때문에 우리가 일손을 도우면서 있으니 조금은 덜 미안한 것 같았다.

그런 가운데 이곳도 곧 조용하지는 못하게 되었다. 가끔씩 퇴병(退兵: 패전한 군인)들이 들이닥쳤는데 그래도 우리 한교(韓僑)가 샤오스허보다는 많은 터이라 부녀자들은 모두 오광선 씨 댁 구석방에 모여서 젊은 축은 맨 안쪽에 그 다음 중년층은 중간에, 그리고 맨 앞문 가까이에는 할머니들이 병풍을 치듯 막아 앉았다. 밖에서는 물론 또 남자들이 막아 지켜주고 있었다. 그때마다 어머니는 땋아 내린 내 머리에서 붉은 댕기를 쑥 뽑아버리고 당신이 꽂으시던 비녀로 쪽을 쪄주시는 것이었다. 겨우 13세인 나를. 창피스럽다고 생각했지만 나보다도 체구가 작고 더 어린 여자 아이도 나처럼 벼락 쪽을 찌고 방구석에 앉아 있으니 그래야 되나보다 하고 따를 수밖에 없었다. 그래도 따스허에서 오광선 씨가 인심을 얻어 살고 있었고 또 중국인으로 의협심이 있는 조연창이라는 사람과 의형제를 맺고 있어서 우리 교포들의 안전에 적극 협조해주었다.

며칠이 지나자 샤오스허에 있던 부대가 떠났다는 소식을 듣고 곧 집으로 돌아갔다. 돌아와 보니 집은 엉망으로 부서지고 서울을 떠날 때 가지고 온 친척, 친지들의 사진은 모두 사람 얼굴의 이마에서 발끝에 이르기까지 죽죽 칼로 직선을 그어 놓아 성한 것이 하나도 없었다. 아마 실제로 우리들을 보았다면 꼭 그런 모양으로 죽였을 것이라고 말을 남기고 간 것 같아 등골이 오싹했다. 바로 만보산사건에서 일본인이 취한 음흉한 간계가 이렇게까지 중국인과 한국인 사이의 증오심을 불러일으킨 것이었다.

논을 돌아보니 피가 자랄 대로 자라 벼 반 피 반인 것 같아서 어떻게 손 쓸 수가 없었다. 그래도 먼저 김을 매두었던 논배미는 좀 나아서 그것만 다시 매주기로 하고 김을 매고 있을 때 본래도 말수가 적던 오빠는 가끔씩 먼

곳을 바라보며 생각에 잠기는 듯하더니 어느 날 오후 김을 매다 말고 "따스허에 잠깐 다녀와야겠습니다" 하고 김매던 차림새 그대로 앞산 고개를 넘어갔다. 그런데 잠깐 다녀오겠다던 오빠는 밤이 늦도록 돌아오지 않았다. 아마 어둡고 너무 늦어서 그리 되었겠거니 하고 기다렸으나 이튿날도 또 그 다음날도 돌아오지 않았다. 그제야 어머니는 나를 앞세우고 따스허 오 선생 댁을 찾아갔다. 그 댁 식구들의 말이 사흘 전에 와서 자기는 독립군이 되어 일본과 싸우기 위해 아버지가 계신 곳으로 찾아가니 어머니가 찾아오시거든 차마 직접 말씀 드리지 못하고 떠난 것은 혹시라도 어머니가 눈물을 흘리시면 모처럼 내린 결심이 허물어질까봐 그런 것이니 부디 용서해 주십사고 전해 달라더란다. 어머니는 그 말을 전해 들으시고 그저 잠잠히 계시더니 한참 만에, "간 곳을 알았으니 이제 됐다. 돌아가자" 하고 일어나셨다. 샤오스허로 넘어오는 길에서도 집에 돌아와서도 어머니는 한숨도 쉬지 않고 울지도 않으셨다. 그저 조용히 오빠 소식을 언니와 형부에게 알려주고 평소처럼 행동하셨다.

그러나 이튿날 아침 우리 모녀가 식탁에 마주 앉아 식사를 시작할 때 어머니는 첫술에 목이 메고 눈물을 글썽이셨다. 그래도 아침 식사를 억지로 조금 드시고 논으로 나가 김을 맸다. 점심때가 되어 보통 들밥으로 언니네와 함께 먹는데 어머니가 먼저 수저 드시기를 기다렸으나 어머니는 들 생각을 잊으신 듯 했다. 우리 삼남매는 아주 어려서부터 어머니가 먼저 수저를 들지 않으시면 절대로 먹지 않는 그런 예법으로 자랐다. 어디서 음식을 보내와도 어머니께 먼저 보여드리고 혹시 밖에 나가계시면 그대로 잘 두었다가 돌아오신 다음에 보여드리고 먼저 잡수셔야만 우리도 먹었다. 그래서 기다렸지만 어머니는 먼산만 바라보고 계셨다. 언니가 수저를 들어 어머니 손에 쥐어드리니 그제야 깜짝 놀라시며 "배고픈데 공연히 기다리게 했구나. 어서 먹자" 하고 한 수저를 떠서 입에 넣으시더니 또 목이 메셨다. 목에 딱 걸려 넘어가지를 않는다고 하셨다. 그러면 우리도 수저를 놓고 먹지 않았다. 생각해보면 남편도 독립군이 되어 나라에 몸 바친 뒤 오늘이 어떨지 내일이 어떨지 모르는 살얼음을 딛고 걷는 생활로 이때까지 집을 떠나 있었는데 생과부모양 힘들고 어렵게 기른 아들마저 독립군이 되어 일본군과 싸우겠다고 떠났으니 마치 죽음을 자청해서 전쟁터로 간 것이 아닌가! 그러니 그 속이 오죽하였으랴?

이렇게 하루하루를 지내는 동안 어머니는 절대로 울지는 않으셨다. 항상 하시는 말씀이, "장부(丈夫)가 큰 뜻을 품고 큰일을 하기 위해 동분서주 고생이 심한 터에 여자가 집에서 눈물이나 찔끔찔끔 짜고 있으면 밖에 있는 사람의 몸이 편하겠느냐? 일인들 잘 되겠느냐?" 하셨다. 내가 어려서부터 그때까지 어머니가 우시는 것을 별로 보지 못했다. 꼭 한 번 오빠가 빈주먹으로 하얼빈으로 공부하러 간다고 가출했을 때 한 달이 되도록 아무렇지도 않은 양 하시더니 어느 날 마침 병환이 나서 오른 팔을 못 쓰고 앓아누우셨는데 언니와 내가 부엌에 있는 줄 모르시고 구곡간장이 다 녹아내리는 듯 이불 속에서 몰래 우시는 것을 본 적이 있다. 그런데 이번에 오빠가 떠난 것은 그때보다도 더 어머니의 가슴을 아프게 한 것 같았다. 그런데도 울지는 않으셨다. 속으로 꾹꾹 눌러 참으시는 듯했다.

그러는 가운데 초가을에 접어들 무렵 어머니는 그만 병석에 덜컥 눕게 되셨다. 온몸이 불덩이같이 열이 나서 정신을 잃고 헛소리를 하셨다. 주로 오빠의 이야기요, 더러는 아버지의 이야기였다. "오래비 왔다, 문 열어 줘라," "네 오래비 주려고 배 따다 쌀독에 묻어두었으니 잘 살펴보아라," "오래비 편지 왔는데 왜 내겐 보여주지 않는 거냐," "아버지와 네 오래비 내일 온다고 했는데 빨리 새 옷 한 벌씩 지어놓아야겠다. 어서 일으켜다오" 이렇게 헛소리만 하시더니 추석을 한 열흘 앞둔 어느 날 역시 헛소리로 "오늘 밤 외할머니께서 날 데리러 가마 가지고 오신다고 했다. 내 새 버선 새 신도 내

놓고 새로 지어놓은 옷도 내놓아라. 깨끗하게 입고 가야지. 외할머니가 오시면 즉시 떠나야 하니 미리미리 준비해 놓아야 한다" 하고 재촉하시다가 그대로 자리에 쓰러져서 혼수상태에 빠지곤 하셨다. 장질부사(장티푸스)였다. 전쟁의 참화 속에서 이런 전염병까지 돌았다. 뒷방 함경도 집 아들도 평소 몸이 건장했지만 장질부사 앞에서는 별 수 없는지 앓기 시작하더니 옷이란 옷은 다 벗어버리고 알몸으로 밖으로 뛰어나가려고 하는 바람에 그의 늙은 어머니와 아버지는 그를 붙잡기에 바빴고, "차라리 내가 앓게 하지 않고," "차라리 내가 대신 앓으마" 하고 어쩔 줄 몰라 했다. 그러나 이 시골에, 더구나 전화가 복병처럼 숨어서 우리를 겁나게 하고 있는 이런 시기에 의사 비슷한 사람도 없었고 병원은 더구나 생각조차 못할 그런 것이었다. 그저 속수무책 하늘의 처분만 기다리는 수밖에 없었다.

동네 사람들이 문병을 왔다가 어머니가 헛소리하시는 모습을 보고 하는 말이, "아이고, 어쩌나, 앓는 양반이 어딜 간다고 새 옷 새 신 찾으신담! 아무래도 저승사자를 기다리시는 모양이오" 하는 것이었다. 언니와 나는 이 말에 놀라 그 밤이 어찌 그리 무서웠던지 모른다. 정말 귀신이 있고 또 귀신이 어머니를 데리러 오는 것만 같아 바람소리에도 바스락소리에도 깜짝깜짝 놀라고 등골이 서늘해졌다. 언니와 나는 어머니의 새 옷 새 신은커녕 입으시던 헌 옷까지 어머니의 것은 몽땅 보따리에 꼭꼭 싸서 천정 위에 감추었다. 지금 생각하면 참 어리석은 짓이었지만 그 당시에는 꼭 그래야만 소위 저승차사라는 귀신으로부터 어머니를 지킬 수 있다고 생각하여 그리하였다. 방이다 부엌이다 할 것 없이 구석구석까지 평소보다 몇 배의 등불을 환히 밝혀 놓고 어머니 옆에서 언니와 내가 오들오들 떨면서 그 밤을 지켰다. 어머니는 여전히 열에 떠서 벌떡벌떡 일어나 앉아 시간 다 돼 가는데 옷 어떻게 되었느냐고 어서 내놓으라 하셨다. 나는 참다못해 펄펄 끓는 어머니 품에 얼굴을 묻고 울면서, "엄마, 정 가시려면 나도 데리고 가줘. 엄마만 가면 나 혼자 어떻게 살란 말이야. … 안돼, 죽으면 안돼" 하고 흐느꼈다. 그러면 그 말은 어떻게 알아들으시는지, "그래, 그건 안 되지. 혼자 가면 안 되지, 걱정 마. 내가 데리고 갈게" 하시고는 마치 정신이 맑은 듯 이야기하다가 다시 픽 쓰러지고 혼수상태에 빠지시는 것이었다. 추야장 긴긴 밤이라더니 그 밤은 왜 그리도 길던지, 하마 이제나저제나 하고 조바심하며 날 새기를 기다렸지만 아직도 창밖은 캄캄했다.

그러던 중 언니가 갑자기 내 등을 탁 때리며 "복영아" 하고 큰 소리로 부르는 것이었다. 나는 영문을 몰라 언니를 쳐다봤다. "왜 그래?" "복영아, 이젠 괜찮다. 첫 닭이 운다. 저 소리 들리지? 닭이 울면 왔던 귀신도 제 곳으로 돌아가야 한다더라" 하는 것이었다. 귀를 기울여 들으니 정말 여기저기서 닭들이 새벽을 부르며 목청을 돋우었다.

첫닭이 울어서 어머니를 괴롭히던 귀신이 돌아간 것인지, 아니면 저승차사가 늦게 도착했다가 시간에 쫓겨 그냥 돌아간 것인지? 어찌 되었든 그 밤을 고비로 어머니는 혼곤히 잠이 드셨고 숨소리가 차츰 고르게 되고 열이 내리기 시작했다. 날이 밝아 동네 사람들이 궁금해서 찾아왔을 때는 정신이 돌아와 묻는 말에 대답도 할 수 있었다. 동네 사람들은 이제 병은 한 고비 넘었으니 살아나셨다고 하며 다만 앞으로 절대로 음식 조심을 해야 된다고 여러 가지 병구완에 대하여 알려주고 돌아갔다. 그리하여 처음에는 좁쌀미음을 드리다가 나중에는 좁쌀죽으로, 이렇게 조심조심 음식을 드시게 하였다.

어머니는 잡수시고 싶은 것이 많으셨다. 나는 바구니와 장대를 들고 산으로 들로 과일을 따러 다녔다. 봄에 앞·뒷산에 꽃이 지천으로 피었듯이 가을에는 풍성한 열매가 다닥다닥 주렁주렁 열렸다. 가얌(개암) 열매도 있고, 이가위(山査), 배, 머루, 다래 등 좋은 것만 골라서 얼마든지 딸 수 있었다. 다른 과일은 따서 그대로 먹을 수 있지만 배만은 좀 더 손이 가야 한다. 참쑥을 베어다가 밑에 두껍게 깔아 배를 그 위에 벌여 놓고, 다시 쑥으로 덮고 또 배를 놓고 쑥을 덮고 하여 며칠을 놓아두면 배가 제대로 향기를 내며 맛이 든다. 이걸 그대로 먹어도 좋지만 일부러 얼려두었다가 추운 겨울에 냉수에 담가 얼음을 빼고 먹으면 달고 시원한 게 맛이 있다. 어머니가 병환 중에 헛소리로 배 이야기를 많이 하셔서 갈무리를 잘 해두었다가 드리고, 또 혹시 겨울에 오빠가 집에 올지도 모른다고 생각하면서 많이 따려고 산으로 들로 며칠을 쏘다녔다. 그러다가 바로 추석 전 날 이번에는 내가 열이 나서 쓰러졌다. 팔다리를 버둥거리며 헛소리를 해댔다.

이렇게 되니 언니가 고생을 하게 됐다. 12월에 해산할 무거운 몸으로 어머니 병후 조리에 애쓰랴, 내 병 간호하랴, 참으로 말이 아니었다. 이제 환자가 둘씩이나 있으니 피난조차 갈 수 없었다. 싸우러 나가는 군대나 패해서 돌아오는 퇴병이나, 중국군이 아니라 일본군이 온다 해도, 아니 이곳이 바로 불붙는 싸움터가 된다고 해도 움직여 피할 도리가 없었다. 불행 중 다행이랄까 형부는 마을의 몇몇 젊은이들과 자위대를 조직하여 교포들의 안전을 돌보기 시작했다.

첫눈이 내릴 무렵에야 나는 겨우 정신이 들었는데 귀는 절벽으로 들리지 않고 머리는 수세미뭉치가 되어 빗도 들어가지 않고 이만 들끓었다. 할 수 없이 언니가 한줌씩 쥐고 가위로 바짝 잘라버렸다. 그런데 살도 없는 듯한 머리에 웬 종기는 그렇게 무더기로 울퉁불퉁 많이 생겼는지, 또 거기서 웬 고름이 그렇게 쏟아지는지! 감자떡을 붙이고 고름을 짜고 하는 일을 전부 언니가 해냈다. 그때 나는 혼자 일어나 앉지도 못하고 돌아눕지도 못하는 형편이었다. 뼈만 남은 몸이 되고 오금이 붙어버린 것이다. 마침 그때 하얼빈에서 어떤 손님이 와서 내 앞에서 어머니와 이야기를 했는데 내가 듣지는 못하지만 눈치로 말의 내용은 짐작할 수 있었다. 즉 그의 누이동생이 지금 복영이만한 나이였을 때 장질부사를 앓았는데 그걸로 인해 앉은뱅이가 되어버렸다, 그러니 복영이는 그렇게 되지 않도록 주의해야 한다, 대들보에 동아줄을 달아놓고 일어서는 연습부터 하고 걸음마도 시켜주어야 한다는 것이었다. 신체장애인이 눈치가 빠른 것을 알만 했다.

　어느 날 퇴병이 들어와서 누워 있는 나를 총대로 쿡쿡 찌르며 일어나라고 했다. 그러나 일어날 수가 없었다. 형부가 아무리 환자라고 알려줘도 믿으려 하지 않았다. 하는 수 없이 머리에 썼던 수건을 벗고 이불을 걷고 나서 "봐라 얘가 환자가 아니고 뭐냐?" 하였더니 그제야 나를 버리고 언니를 괴롭히는 것이었다. 아무리 임신부라고 말해도 곧이듣지를 않으려 했다. 총대로 배를 쿡쿡 찌르며 괴롭혔다. 그걸 보고 나는 큰 소리로 엉엉 울음보를 터뜨렸다. "나 때문에, 나 하나 때문에…" 하면서. 몇 시간 뒤에 퇴병들은 곱게 물러갔다. 언니와 어머니는 놀라서 얼굴이 하얗게 질려버렸다. 나는 계속 울면서, "나 하나 때문에 식구가 피신도 못하며 고생하고 앞으로 어떤 봉변을 당할지 모르니, 어차피 나는 살아도 병신을 면치 못할 것인데 그만 반짝 안아다가 산 속에 내버려 달라"고 했다. 나는 차라리 죽는 편이 나으니 제발 그렇게 해달라고 했다. 내가 아무리 울며불며 애원해도 언니와 어머니는 나를 다독거리며 "넌 절대로 병신이 되지 않고 병도 곧 완쾌될 것이니 그런 말 하면 못 쓴다"고 진정시켜 주었다.

　내가 하루에 먹는 음식이라고는 좁쌀죽 세 끼에다, 사이사이 간식으로 화롯불에 묻어 구워낸 밤톨만한 감자 세 개인데 그 이상은 더 주지 않았다. 혼자 움직일 수도 없으니 훔쳐 먹을 도리도 없었다. 이런 가운데 어느 날 밖에서 들어오는 사람이 머리와 옷 위의 흰 눈을 털어내는 것을 보고 눈이 오고 있다는 것을 알았다. 나는 금방이라도 뛰어나가고 싶어 못 견딜 지경이었다. 그러나 그건 불가능한 일이었다. 그래서 방에 누워서라도 눈 내리는 것을 보고 싶어 창문을 좀 열어달라고 했지만 그것도 안 된다고 했다. 이에 나는 앉은뱅이가 되어 내 맘대로 행동을 하지 못하고 한 평생 불구로 살게 된다면 얼마나 비참하겠는가 생각하고, 그럼 창문 열고 내다보는 대신 오늘 곧 대들보에 동아줄을 매어달라고 떼를 썼다. 안 매주면 나는 아무 것도 먹지 않고 굶어죽어 버릴 것이라고 했다.

그리하여 동아줄이 곧 매어졌다. 나는 동아줄을 손에 잡고 속으로 "하느님 나를 병신 되게 하지 말아주세요. 이 동아줄로 인해 내가 다시 걸어 다닐 수 있게 해주세요" 하고 빌었다. 난생 처음으로 나도 모르게 빌어본 것이다. 이튿날 나는 어머니와 언니에게 떼를 써서 동아줄을 잡고 일어서보려고 했지만 몸이 채 반도 일어나지 못해 그만 나무토막처럼 나동그라지고 말았다. 어머니와 언니는 깜짝 놀라서 괜찮으냐고 물었지만 나는 이를 악문 채 대답도 안했다. 그 밤부터 다시 신열이 오르고 헛소리를 했다. 이렇게 또 일주일을 앓다가 정신이 들었다. 정신이 들고부터 또 일어나보겠다고 떼를 썼지만 안 된다고 도와주려 하지 않았다. 그러나 나는 혼자서라도 매달려야 했다. 그래서 방에 아무도 없을 때 혼자 용을 쓰며 줄을 잡고 일어나려고 했지만 쉽지 않았다. 나중에 팔 힘이 다하고 더는 용을 쓸 수 없게 되자 그나마 요 위에 조금 떠 있던 윗몸이 털썩 요 위로 떨어지는 것이었다. 그러고는 또 열이 났다. 그렇지만 나는 절대로 그만 둘 수 없었다.

열이 올랐다 내렸다 하는 것이 반복되자 주위 사람들과 식구들은 내가 나으리라고 생각하지 않았던 모양이다. 내가 열에 시달린다는 소식이 따스허의 중국인 조연창의 귀에 들어갔다. 그는 곧 우리 집으로 달려와 내 모습을 보고는 역시 살아나지 못할 것 같다고 하며 어린애니까 죽으면 곧 묻어야 하지 않겠냐면서 관 하나를 만들어놓았다. 그러니까 내가 숨을 거두는 것만 기다리는 셈이 되었다. 그러나 나는 이런 사실을 전혀 모른 채 몰래몰래 동아줄에 매달렸다. 이러다가 죽어도 상관없다는 생각이었다.

겨울이 깊어지자 우리는 따스허로 옮겨갔다. 중국인 조연창 씨와 교포들이 따스허로 오기를 권했다. 바로 오광선 씨 댁이 살고 있는 울타리 안의 집을 빌렸다. 큰 방 하나만 있어서 휘장으로 가운데를 막고, 내가 환자이기 때문에 어머니와 아랫목을 차지하고 윗목은 언니 부부가 썼다. 이곳에 오니 샤오스허보다 덜 무서웠다. 여전히 대들보에 동아줄을 매고 나는 일어서기 연습을 계속했다. 그리고 어느 날 드디어 혼자 매달려 일어설 수가 있었다. 나는 냅다 "엄마, 엄마" 하고 외쳤다. 부엌에 있던 언니와 어머니가 놀라 뛰어 들어와 내 모습을 보고는, "복영아, 네가 드디어 일어섰구나. 그렇지만 오늘은 쉬어라. 또 열 오를라" 하면서 거들어 자리에 눕게 했다.

따스허에는 일찍이 신의(神醫)라 일컬어지던 한의사가 있었는데 어느 해아홉 살 난 자기 아들의 병을 고치지 못하고 끝내 잃고 말았다. 그래서 그는 그때부터 행의(行醫)를 하지 않고 문을 닫아버렸다. 어떤 사람이 와서부탁해도 "자기 아들조차 구하지 못한 사람이 어찌 남의 병을 고칠 수 있겠는가" 하며 거절했다. 어머니는 이 말을 들으시고 약은 써주지 않아도 좋으니 그저 살겠나 죽겠나 진맥만 한 번 해 달라고 사람을 넣어 부탁했다. 그가 와서 한참 눈을 감고 맥을 짚고 나서 눈도 들여다보고 손바닥과 손톱까지 살펴보더니 "따님은 절대로 죽지 않습니다. 3, 4월에 해동하면 일어날 수 있을 겁니다. 그렇지만 꼭 잊지 말고 발바닥까지 땀이 나도록 해보십시오"라고 말했다.

이 말에 어머니는 오히려 희망이 없으니까 그저 위로삼아 하는 말이 아닌가 하고 반대로 생각했다가, 잊지 말고 땀을 내주라는 말을 생각하고는곧 오광선 씨의 부친 오인수(吳寅秀) 노인을 찾아뵙고 사냥 나가시거든 복영이 약으로 쓰게 장끼 한 마리만 잡아다 주십사고 부탁했다. 원래 오 노인은 의병 출신이고 명포수여서 엽총을 들고 나갔다 하면 절대로 빈손으로 돌아오는 법이 없었다. 그는 마침 섣달이어서 사냥을 나가려던 참이라고 쾌히 응낙하고 저녁 때 장끼 한 마리를 보내오셨다. 어머니는 그것을 장만하여 푹 삶아 국물만 한 대접 가지고 들어와 먹으라고 하셨다. 나는 원래 누린 것, 비린 것을 못 먹는 터였는데 약이 된다니 눈 딱 감고 벌컥벌컥 들이마셨다. 그리고 이불 두 채를 덮어주는 대로 뒤집어쓰고 땀이 나기를 기다렸다. 그러나 땀은 얼른 나오지 않았다. 어머니는 이불 밑으로 손을 넣어 내 머리며 등이며 가슴이며 발바닥을 만져가며 땀나기를 기다리셨다. 나중에 내가 너무 답답하여 이불을 벗겨달라고 했지만, 어머니는 "조금만 참아라, 조금만 참아라" 하는 듯이 나를 다독거리셨다.

얼마를 지났을까, 어머니는 드디어 "이제 됐다, 발에 땀이 났다" 하시고는 눈과 코만 빠끔히 내놓을 수 있도록 해 주셨다. 요와 이불이 푹 젖도록 땀이 났다. 그런지 며칠 안 되어 언니가 해산을 했다. 음력 섣달 초이레에 첫 아들을 낳은 것이다. 산파역(産婆役)도 어머니가 하셨다. 그리고 우리 모녀와 아래 윗목을 바꾸었다. 아랫목에 눕게 되었지만 산모가 먹을 것은 우거짓국뿐이었다. 우리나라의 그 흔한 미역은 구경도 할 수 없었다. 그래도 산모는 별 탈 없이 곧 몸을 추스르고 일어났다.

어떻게 된 셈인지 윗목에는 동아줄을 맬 수가 없었다. 그래서 나는 일어나기 연습을 할 수가 없었다. 겨우 배밀이로 기는 것을 시도해 보았다. 휘장을 들치고 아랫목에 누워 잠들어 있는 아기의 얼굴도 볼 겸 해서였다. 힘은 들었지만 한참 만에 아기 옆까지 갈 수 있었다. 손가락 끝으로 가만히 코와 볼도 눌러보고 건드리기도 하면서 새로 태어난 아기가 어쩌면 이렇게 예쁘고 신기할까 하고 생각하는 가운데 나 자신의 병고(病苦)도 잊었다. 사실 땀을 흘리고 나서는 몸이 훨씬 가벼워진 것 같았다. 그래서 창틀이나 상자나 무엇이든 붙잡을 것만 있으면 일어서는 연습을 그치지 않았고 기는 것도 계속했다.

그러던 어느 날이었다. 액목현에서 뵈었던 남자현 여사가 손에 신문 한 장을 들고 통곡을 하며 우리 집에 들어서는 것이었다. "사모님, 이를 어쩌면 좋습니까? 이런 원통하고 분한 일이 또 어디 있겠어요? 백산 선생이 글쎄

마적의 손에 돌아가셨답니다" 하는 것이었다. 처음에는 하도 놀라 어이없어 하던 어머니도 울음을 터뜨리고 언니도 따라 울었다. 오씨 댁 식구들도 달려와 함께 울었다. 이때 나는 신문을 빼앗다시피 하여 기사를 읽고 나서 나도 모르게 크게 소리를 질렀다. "울지들 마셔요. 이건 거짓말이예요. 울 아버지 절대로 그렇게 돌아가실 분 아니어요." 그러자 어머니는 울음을 뚝 그치시고 놀라운 눈으로 나를 바라보시더니, "저 애 말이 옳아요. 저 애는 아버지 정도 모르고 자란 애여요. 그런데 저 애 입에서 저런 말이 나오다니 놀랍지 않으세요? 저 애 말마따나 뭘 잘못했다고 비명에 돌아가시겠어요. 거짓말일 거여요. 믿을 수가 없어요. 또 그걸 믿어서도 안 되겠어요" 하셨다. 남자현 여사도 울음을 그치고 자기가 적극 나서서 알아보겠노라고 하

지청천의 사망설이 헛소문이라고 보도한 1933년 4월 17일자 『동아일보』 기사. 지청천이 현재 동녕 부근에서 왕덕림의 중국군 군대와 연합하여 한중연합군을 조직해 적극 활동 중이라고 적혀 있다.

고 곧 하얼빈으로 떠나갔다. 그리고 다시는 만나지 못했는데, 그는 동지들과 모의하고 주만주국(駐滿洲國) 일본대사 무토 노부요시(武藤信義)를 격살하려고 무기와 폭탄을 운반하다가 하얼빈 교외 정양가(正陽街)에서 일경에게 체포되어 갖은 악형에도 굴하지 않고 "독립은 정신으로 이루어지느니라" 라는 말을 남기고 순국하셨다고 다음해에 소식을 전해 들었다.

해동이 되자 나는 어머니와 언니의 부축을 받아가며 따뜻한 양지만을 골라 '걸음마'를 시작했다. 회복은 빨라서 한 달도 채 못 되어 혼자서도 걸을 수 있게 되었다.

그러던 중에 아버지가 무사하시다는 소식을 전해 듣고 비로소 "그러면 그렇지" 하고 안도의 숨을 내쉬었다. 사실인즉, 벌써 1년 전부터 아버지의 '귀화운동(歸化運動)'을 해 온 일본의 주구(走狗)가 하나 있었는데 그는 독립운동가 모씨의 매제가 되는 사람으로 하얼빈에서 크게 연관(烟館: 아편을 팔고 피우는 곳)을 열어 돈 버는 일에만 열심이던 자로서, 일본관헌에게 자기가 나서면 이청천뿐 아니라 자기의 처남까지도 능히 함께 귀화시키겠노라고 호언장담을 했다 한다. 때마침 일본측에서 이청천을 잡아 오는 사람에게는 상금 50만 원을 주겠노라고 현상금을 걸었던 터라 그 상금이 탐나서 처남의 집에 쉽게 드나들 수 있는 것을 기화로 그런 반역행위를 겁도 없이 하려 들었다. 그러나 그의 처남도 내 아버지도 태산같이 무겁게 끄덕도 않을 뿐 아니라 오히려 이 사실을 알아낸 독립운동가 몇몇이 쥐도 새도 모르게 그를 제거해 버리려고 벼르고 있었다. 그도 이 눈치를 재빠르게 알아차리고는 그만 36계 줄행랑을 놓아 하얼빈으로 돌아갔으나 일본측에 답변할 말이 없어지자 이런 맹랑한 소문을 퍼뜨린 것 같았다.[33]

---

33) 만주사변이 일어나자 항일전쟁의 시기가 왔다고 판단한 북만주의 한국독립당은 관할 각 군구(軍區)에 동원령을 내려 한국독립군을 편제했다. 한국독립군은 항일중국군과 한중연합군을 결성하고 쌍성전투, 아성

이로써 식구들은 비로소 마음을 놓고, 해동이 되자 부랴부랴 서둘러 언니네 세 식구와 함께 다시 주하현으로 이사했다. 이때 나는 머리를 깎은 상태라 노상 수건을 쓰고 다녀야 했지만 다행히도 청각을 회복하여 듣는 데는 아무 지장이 없었고 기운도 하루가 다르게 부쩍부쩍 늘어갔다. 그렇다고 해도 제대로 농군 한몫을 해 낼 수는 없어서 겨우 논 1쌍(晌)지기를 얻어 농사를 시작했다. 언니네는 형부가 따로 농사지었다. 그런데 어머니와 내가 지을 땅이 하필이면 나무숲으로 삼면이 빙 둘러싸였고 집에서 거리도 꽤 떨어진 곳이었다. 더욱이 그해 따라 가뭄이 심해서 물을 얻어대기가 힘이 들었다. 밤늦게 겨우 이웃의 양해를 얻어 우리 논으로 물을 돌려 대놓고 새벽에 나가 보면 우리 논에는 물이 바짝 말라 있고 다른 집 논에만 물이 가득 차 있는 것이었다. 이러한 경우를 몇 번이나 겪자 어머니는 드디어 화가 나셨고, 이웃 논에서 농사짓는 사람들과 물싸움이 벌어졌다. 그도 그럴 것이, 아무리 참으려 해도 볍씨 뿌린 지 일주일 열흘이면 벼이파리가 물 위에 나풀나풀 나오기 마련인데 우리 논의 볍씨는 모조리 참

전투 등에서 일만군(日滿軍)에게 큰 타격을 주었다. 일제는 조선총독부 특무기관과 관동군사령부를 통해 한국독립군 사령관 지청천의 '귀순'(변절) 공작을 벌였다. 하지만 계속 이동하며 전투를 벌이는 한국독립군에게 주구들의 공작은 아예 불가능했고 공작일선에 있던 오철주(吳哲周)는 '공작금 4,000여 달러'를 가지고 도망쳤다. 당시 '공작비용을 착복한 조선인이 다수였다는 풍문'이 있었는데 이로써 많은 공작금을 들여 여러 갈래로 공작을 벌였음을 알 수 있다. 이 회고록에 나오는 주구도 그 가운데 1인이었다 하겠다. 한국독립군은 두 차례의 쌍성전투 후 동만주로 군사적 이동을 단행했는데 그 이동과정에서 지청천의 사망설이 국내에 보도되었다. 공작비용을 받은 주구들이 지청천의 행적을 모른다거나 사망했을 것이라고 일제 특무기관에 거짓으로 말하기도 했지만, 사망설이 보도된 이면에는 북만주의 동포사회에서 항일운동의 기반을 약화시키려는 일제 당국의 의도도 있었다. 신문에 보도되었지만 그 정보의 출처는 바로 일제 당국이었고, 사망설 보도를 통해 동포사회는 한 동안 충격을 받았다. 회고록에 나오듯이 남자현 여사가 보도를 보고 놀라 지은이의 집으로 달려온 것이라든지, 또 한국독립군 참모장 조경한이 뒤에 동포마을에 갔을 때 동포들이 "동아일보 7월 기사에 이청천 장군이 영솔한 한국독립군이 백두산하에서 전멸당했다고 쓰인 것을 보고 놀라고 슬퍼하였다"(7월은 2월의 오전(誤傳)으로 보인다) 말했다는 데서 그 충격을 알 수 있다. 실제 기사에 독립군 전멸 내용은 없음에도 당시 동포들은 지청천의 사망설을 독립군 전멸로 받아들였다. 『동아일보』 1933년 4월 17일자 기사에 사망설이 정정되고 당시 한국독립군이 구국군과 연합하여 지구전을 준비중이라는 기사가 나왔지만 사망설 기사는 한동안 동포사회에 독립군이 와해되었다는 내용으로 유포되었던 것이다.

새 떼의 먹이가 되어 빈 논이 되고 말았으니, 아무리 선하고 약한 부녀자라고 하더라도 동네 농군들의 몰인정한 횡포에 더 참을 수가 없었던 것이다. 온 동네 사람이 다 모여 싸움 구경을 했다. 동네 책임자도 나와서 우리 논을 살펴보고, 또 인접해 있는 논도 일일이 돌아본 뒤 이내 사정을 환히 알아채고는 이웃 논 임자들에게 책임지고 우리 논에 재차 볍씨를 뿌려주고 그 볍씨가 순조롭게 잘 자라날 수 있게 하라고 엄하게 다짐을 했다. 그래서 볍씨는 우리가 스스로 준비할 터이니 뿌리는 일에서부터 잘 자랄 때까지 물을 나눠 대는 일만은 철저히 지켜달라고 요구했다. 그런 일로 우리 모녀의 농사는 다른 집보다 10여 일 늦어지고 말았다. 그래서 우리 모녀는 그해 농사를 그르치지 않으려고 차례가 돌아오는 밤이면 물꼬를 지키고 앉아 밤을 새우다시피 했다.

우리 논은 개간한 지 1년 밖에 안 되는데 그 전에는 피를 심었던 곳이라 했다. 원래 만주 사람들은 피를 심기는 하는데 사람이 아니라 우마(牛馬) 같은 짐승을 먹이기 위한 것이다. 그래서 척박한 땅에 거름도 주지 않고 심어 거두었다. 그러니까 우리 논은 좋은 논이 못되는 셈이었다. 벼를 잡아먹는다는 독사풀도 엄청나게 많았지만 피는 독사풀보다도 많아 논에 벼 반, 피 반을 섞어서 뿌려놓은 것 같았다. 초벌 김매기도 끝나기 전에 앞서 매어 놓은 논에 어느 틈에 독사풀과 피가 자라 올라 다시 손을 대야만 했다. 세 벌 김매기 때는 볏잎이 날카롭게 자라서 눈을 꼭꼭 찌르는 바람에 그 힘들고 고달픔은 이루 말할 수 없었다. 세 벌 김을 거푸 매는 동안 내 열 손가락의 손톱은 닳다 못해 나중에 다 빠져버리고 노상 피가 줄줄 흘렀다. 그렇지만 "아버지와 오빠는 독립군으로 지금 어디쯤에선가 일본군과 생명을 걸고 싸울 터인데, 그 아프고 고단함이 오죽하랴? 그래도 식구들은 비바람 피할 수 있는 지붕 밑에서 밥 먹고 잠잘 수 있으니 얼마나 편안한가" 하는 생각 하나로 모녀가 서로 위로하며 괴로움을 잊었다. 무더운 한여름에 내 손가락에서 줄줄 흘러내리는 피를 보고 어머니는 하도 애처로워 내 등을 밀며, "얘야, 남은 것은 아예 내 버려두자. 다 돌보려다가는 이해 농사 다 망치겠다. 그러니 저 냇물에 가서 몸 좀 담그고 세수라도 하면서 쉬었다 오너라" 하시는 때도 있었다.

이렇게 피와 땀으로 가꾼 벼가 드디어 이삭이 패고 고개를 숙이면서 누렇게 황금빛으로 변했을 때, "이게 정말 내 손으로 가꾼 것인가" 할 만큼 놀랍고 귀하게 여겨졌다. 어머니와 나는 손을 낫에도 베이고 서리 맞은 볏잎에도 베이면서 벼를 거두어 한 단 한 단 묶어서 스무 단을 한 줄씩 마주 세워 놓으니 더욱 대견스럽게 느껴졌다. 이어서 볏단을 동네 공동 타작마당으로 옮겼다. 어머니는 머리에 이고, 나는 이웃집 사내아이의 지게를 빌려서 져 나르는데, 지겟다리가 논두렁에 걸려 몇 번씩이나 나동그라지는 바람에 어머니는 내 깨진 무르팍에서 흐르는 피를 안타까워하시고, 나는 볏단이 떨어지면서 이삭이 많이 결단나지 않았나 걱정하면서 오히려 아픈 것은 잊어버리곤 했다.

동네에 탈곡기 두 대가 들어왔다. 돌아가며 서로서로 도와 품앗이로 타작을 시작했다. 우리 모녀도 예외 없이 다른 집 타작을 먼저 도와주고 나중에 그들의 도움을 받아 벼를 털어 양창을 하고 말로 되어 알곡으로 한 섬씩 마대에 담으니 놀랍게도 15마대나 되었다. 초벌 김도 그리 못 매준 논배미에서도 벼와 피가 섞인 것이 꽤 되었다. 싸이즈(얼게미)로 피를 쳐서 내리니 벼로 한 섬 되고 피로 한 섬이 넘었다. 이것만은 남겨서 명년 양식을 삼기로 하고 또 상곡(上穀)으로 명년 농사지을 종자를 남긴 것 외에 남는 것을 몽땅 다른 사람에게 부탁하여 하얼빈으로 싣고 나가 팔아오게 하였다. 그건 그해 봄에 땅을 빌릴 때 돈으로 도조를 주기로 정했기 때문이다. 그러나 어찌 알았으랴? 그해는 우리만 수학이 좋은 것이 아니라 도처에 풍년이 들어 곡가가 폭락하는 바람에 우리 모녀가 한 해 고생한 보람인 그 알곡들이 고스란히 도조 값으로 다 들어가고 말았다.

어머니가 나에게 약속하셨던 새 치마저고리도 간 데가 없어지고 내가 그렇게 원했던 책(읽을거리)도 구경조차 못하게 되었다. 그렇게 억울하고 허무할 수가 없었다. 한 해 동안 우리 모녀가 비가 오나 바람이 부나 하루도 쉬지 않고 땀 흘리고 피까지 흘려가며 가꾼 곡식인데, 그 가꾼 사람, 일한 사람에게 돌아오는 것이 겨우 벼 한 섬, 피 한 섬이라니! 그게 도대체 무슨 까닭이란 말인가? 남의 땅을 빌렸기 때문에? 풍년이 되어 곡가가 떨어졌기 때문에? 만약 우리 땅에 농사를 지었다면 떨어진 곡가에 굳이 팔아야 할 이유도 없었을 것이 아닌가? 왜 우리는 농사를 지으면서도 우리 땅을 가질 수 없는 것인가?

어머니는 그해 일 년 내내 회색 무명치마 하나로 견디셨다. 들일에 흙이 묻고 땀에 젖으면 밤에 빨아 널었다가 날이 밝으면 말랐거나 젖었거나 그걸 그대로 입고 다시 들로 나가 일을 하셨는데 이제 치마 한 감 새로 마련해 드릴 수조차 없단 말인가? 어머니와 내가 일 년 내내 꾀 피우고 게으름 부린 적 한 번도 없었는데, 그리고 서투른 농사지만 익숙한 농부 못지않게, 아니 오히려 더 부지런히 일해서 얻은 소출로 남들이 놀랍다고들 말했는데, 그런데 어찌하여, 언제 한 번이라도 불평하지 않으시고 불고가사(不顧家事) 오직 독립운동에만 몰두한 남편에 대한 원망 한 번 안 하시고 '힘들다' '괴롭다' 하는 그런 말 한 번 비치지도 않으시는 내 불쌍한 어머니께, 그래 치마 한 감도 못 떠 드린단 말인가? 나는 정말 원통하고 분하고 또 서러웠다. 우리는 언제까지 이렇게 살아야만 하는가? 언제까지? 이런 생활에서 벗어날 수 있는 방법은 없단 말인가? 그렇지는 않을 것이라고 나는 믿었다. 그러나 이런 혼란스런 생각이 들끓는 속에서 의문을 물어볼 곳도 없고 알아낼 재주나 힘도 없었다.

그러니까 모든 귀결은 '배워서 알아야만 하겠다'는 생각이었다. 그렇게 '

해답 아닌 해답'에 머무를 수밖에 없었다. '수지반중찬(誰知盤中餐) 입입개신고(粒粒皆辛苦)'란 옛사람의 글귀를[34] 훨씬 뒤에 중학생이 되어 읽었을 때, 나는 문득 1933년 주하현에서 내 열 손가락에서 흐르던 피를 생각하고 오히려 그 표현이 부족하다고 느낀 적이 있었다.

그런데 마침 그때 아버지와 오빠에게서 연락이 왔다. 중국 본토인 관내(關內: 산해관 이남)로 들어가셔서 중국군관학교를 빌어 우리나라의 군사인재를 양성하기로 되었으니 속히 모든 것을 정리하고 북경으로 들어오되 비밀이 누설되지 않도록 조심하고 군사교육을 받고자 하는 뜻있는 젊은이들을 많이 모아 데리고 들어오도록 하라는 것이었다. 그때 나는 불빛에 쪼여서 흰 종이의 표면에 쓴 내용과는 전혀 다른 내용이 나타나는 것을 처음으로 보았다. 이에 어머니는 형부와 – 언니와 형부는 우리 바로 옆집에 살았다 – 먼저 의논하고 비밀히 전부터 독립운동에 참여했던 몇몇 분을 찾아 이야기한 결과, 맹철호(孟喆鎬) 씨의 아들을 비롯하여 구모(具某), 이모(李某) 등 젊은이 세 사람과 나의 형부(심광식)를 합해 아들 넷을 둔 복 많은 어머니로 행세하며 서둘러 길을 떠났다. 떠날 때는 남의 이목이 두려워서 따로따로 다른 역에서 기차를 타기로 하고 중도에서 확인만 하고 하얼빈역에 내려서 행동을 같이하기로 하였다. 우리가 동네에서 출발할 때는 그저 경험 없이 농사를 지으려니 너무 힘이 들어 장춘에 살고 있는 형부의 친척을 찾아가 그들에게 의지하여 장사라도 거들며 살려고 떠난다고만 말했다. 그리고 남은 것은 모두 처분하여 돈을 만들고 피와 쭉정이 벼를 찧어 그것으로 엿을 고고, 나물과 야채 말린 것 등을 모아 한 마대에 담고 쌀 몇 말(형부네와 합쳐)을 가지고 길을 떠났다.

---

34) 당나라 시인 이신(李紳)의 「민농(憫農)」이란 시의 한 구절로 풀이는 이렇다. "그 뉘가 알리, 상 위의 밥 알알이 고생 배어있음을."

한 건물에 살고 있는 계모(桂某) 씨는 우리가 모든 것을 처분하는 것을 보고 약간 눈치를 채는 듯했다. 그도 전에는 독립운동에 참여했던 분인데 그동안 좌절과 실망이 있었기도 하지만 집에 노모가 계셔서 이래저래 울울(鬱鬱)한 심정으로 집에 머물러 있었다. 그러다 보니 술을 자주 마시게 되고, 또 술을 마셨다 하면 주정이 심해서 종종 실수까지 하는 때가 있었다. 그 바람에 둘이나 되는 장성한 아들이 장가를 들지 못한다는 소문이 퍼졌다. 딸 둔 집에서는 시아버지의 술주정을 꺼려서 신랑감은 탐나지만 딸을 줄 수 없다고 거절한다는 것이었다. 이에 아들들, 특히 둘째아들은 항상 아버지에 대하여 못마땅하게 여겼는데, 하루는 그날도 아버지가 술을 마시고 자기 어머니 앞에서 엉엉 목 놓아 울다가 옷을 훌렁훌렁 벗어버리고 엽총을 들고 밖으로 뛰어나가는 것을 본 둘째아들이 그만 완력으로 엽총을 빼앗아 아버지 가슴에 들이대는 소동이 벌어졌다. 그 바람에 계씨는 마셨던 술이 일시에 깼는지 한참을 멀건이 앉아 있더니 옷을 주섬주섬 주워 입고 지팡이 하나만 든 채 말 한 마디 없이 집을 나가버렸다. 그 길로 꽤 멀리 떨어져 있는 친구네 집을 찾아가 잠시 의탁할 것을 부탁했다. 그리고 며칠 후에는 먼 곳으로 떠나겠노라고 했다. 친구는 이상하게 생각하고 그 까닭을 물었지만 일체 대답하지 않자 계씨 몰래 그의 집을 찾아와 연유를 물었다. 그리하여 곧 사유를 알게 되자 동네 사람들에게 알리고 어떻게 하면 좋겠느냐고 의논을 청했다. 동네 사람들은 입을 모아 "아무리 아비가 술주정이 심하다 하기로서니 어찌 자식이 그 아비의 가슴에 총을 들이대고 쏴죽이겠다고 할 수 있느냐? 이건 우리네 윤리 도덕에 절대로 용서받을 수 없는 짓이니 우선 그 자식이 먼저 아버지를 찾아가서 무릎 꿇고 빌어야 한다. 그렇지 않으면 볼기를 때려 일벌백계로 삼고 이 동네에서 쫓아내야만 한다"고 했다. 이것도 아들이 비록 나이 30에 가까웠으나 아직 장가 전이므로 어린 나이로 고려해서 특별히 너그럽게 보아주는 것이니 즉각 일러주는 대로 하라고 했다. 이에 아들은 하는 수 없이 매를 만들어 짊어지고 아버지를 찾아가 무릎을 꿇고 잘못을 빌었다. 그러나 아버지는 쉽게 응하지 않으며, 아버지로서의 자격을 이미 상실하였으니 용서할 자격도 용서할 이유도 없다며 절대로 집으로는 돌아가지 않겠다고 하였다. 이에 동네의 연로한 노인들이 자식이 잘못을 비는 마당에 아버지 된 사람이 훈계 몇 마디하고 용서할 것이지 뭘 잘했다고 버티느냐, 노모를 생각해서라도 속히 집으로 돌아가야 한다고 나무랐다. 그리하여 아들과 함께 집으로 돌아와 그 뒤로는 술을 삼가고 마시지 않았다. 그러나 그의 울울한 마음은 전보다도 더 짙어진 것 같았다. 그래서 우리가 떠난다는 말을 듣고 또 우리가 모든 것을 정리하고 홀가분히 떠나는 것을 이상히 여겨 자꾸 떠보는 말로 물어보고 또 아들들의 장래도 걱정하는 말을 많이 하였지만 어머니와 형부는 몇 번이나 주저하던 끝에 종내 사실을 사실대로 알리지 못하고 떠나고 말았다.

우리는 하얼빈에 도착하여 이미 지정된 여관을 찾아가 이틀 밤을 골방에서 숨어 지내고 여관 주인이 주선해 주는 대로 한밤중에 장춘행 기차를 탔다. 이때도 우리는 될 수 있는 대로 흩어져 앉아 만일에 대비했다. 그러나 이때까지는 우리 모두 한국 사람으로 행세했고 또 복장이나 휴대품을 봐도 조금도 의심을 살 만한 것이 없는 '농사꾼'들이었으니 별다른 일 없이 장춘에 도착했다. 장춘 역에 내리니 만주 산골로만 돌아다니던 내 눈은 그야말로 휘둥그레질 지경이었다. 첫째 낮이 무색할 만큼 휘황한 전등 불빛에 놀라고 그리고 그 많은 왜녀(倭女)·왜인(倭人)들이 나무 게다짝을 딸깍딸깍 끌며 거리낌도 없이 활보하는 모습을 보고 놀라지 않을 수 없었다.

그도 그럴 것이, 이때는 이미 일본의 괴뢰가 된 부의(傅儀: 청조의 마지막 황제)가 일본이 시키는 대로 동삼성을 독립된 땅이라고 하여 만주국을 만들어 황제가 되고, 다시 일본이 시키는 대로 장춘을 만주국의 수도로 삼아 신경(新京)이라 했으니 그럴 수가 있었다. 그런데 원래 요녕성 심양(봉천)은 청조의 발상지라 하여 특별히 성경(盛京)이라 일컫기도 했거니와 청조 건국을 기념하기 위해 상당한 규모의 별궁(別宮)이 있었는데도 일본은 굳이 심양을 수도로 허락해 주지 않고 장춘으로 밀어붙였다. 장춘은 그때까지는 그저 농산물의 집산지로서 볼품없는 도시였다. 그러나 이제 만주국의 수도랍시고 되고 보니 일본의 콧김이나 손길이 드세어지고 멋대로 활개치게 되었다. 그러니 딸깍발이 걸음이 요란스럽지 않을 수가 있겠는가. 게다가 여자들은 하나같이 하오리를 입고 추운 겨울인데도 목둘레 허연 살을 그대로 들어내 놓고, 아니 마치 가루독에서 나온 사람모양 얼굴에서 가슴까지 하얗게 분을 뒤집어쓰고 궁둥이를 좌우로 흔들어대며 걸어가는 모습은 참으로 기괴할 정도였다. 어머니는 내가 놀라 멍해 있는 것을 보고 얼른 내 손을 잡아끌며 "빨리 가자. 빨리. 지체해서는 안 돼" 하고 속삭이셨다. 그제야 나는 퍼뜩 정신이 들어 저만치 가고 있는 형부와 일행을 따라 대기하고 있던 마차에 얼른 올라탔다.

　장춘에서도 사흘 동안을 여관에 숨어서 지냈다. 형부와 나, 어머니, 언니, 그리고 조카 이렇게 다섯 사람은 이튿날 낮에 잠깐 시간을 내어 형부의 숙모님을 찾아뵙고 가지고 온 말린 남새와 쌀, 엿, 떡들을 전부 내어드렸다. 이제 그것은 더는 필요가 없었다. 그 숙모님은 어린 아들과 딸을 데리고 살아가기가 이만 저만 어려운 형편이 아니었다. 첫째 연료(땔감)가 없어 걱정이었다. 만주의 그 많은 목재와 풍부한 연탄은 다 어디 가고 어린 아이들이 길에서 쇠똥, 말똥을 주워다가 말려서 땔감을 삼는다고 하였다.

　그러고 보니 지금도 잊히지 않는 일이 한 가지 있다. 장춘 역에 내리니 한밤중 12시가 넘은 시각이라 지리도 익숙하지 않고 해서 역 가까운 곳 아무 여관이나 찾아들 수밖에 없었다. 그리고 저녁도 먹지 못했으니 무슨 요깃거리가 없느냐고 했더니 여관에서는 음식을 다루지 않고 바로 옆집이 음식

점인데 지금은 늦은 시각이라 더운 음식은 없고 냉면밖에 없다고 하여 그럼 냉면이라도 시켜달라고 했다.

방에 앉으니 그야말로 삼척냉골이었다. 방이 왜 이리 차냐고 했더니 이제 군불을 지폈으니 곧 더워질 것이라고 하여 날라 온 냉면을 냉골 방에 앉아 덜덜 떨면서 먹고 나니 우리 일행 8명 모두가 모두 학질 환자처럼 떨고 있었다. 이제 곧 방이 더워지겠거니 했지만 방은 좀체로 더워지지 않았다. 자는 여관사람 깨우기도 뭣해서 밖으로 나가보니 아궁이에서는 땔감이 아니라 두 개의 촛불만이 바람에 흔들리며 타고 있었다. 원, 세상에 이런 일도 있을까보냐고 까무러칠 지경이었다. 그때 우리 일행이 행적을 감추면서 다니는 처지만 아니었더라도 그 여관의 소행을 그냥 두지는 않았을 것이다. 그러나 어찌하랴? 알고도 모르는 체 속아주는 수밖에.

날이 새자 곧 우리가 숨을 수 있는 지정된 여관으로 옮겨 갔다. 거기서도 물론 투숙객 명부에 이름도 적지 않은 채 숨어서 지냈다. 만주국 경찰과 일본인 형사가 함께 와서 일일이 조사를 했는데 그들이 오면 여관사람이 먼저 달려와서 꼼짝 말고 소리도 내지 말라고 주의를 주었다. 그런데 제일 곤란했던 일은 겨우 한 살 밖에 안 된 조카가 혹시라도 울지 않을까 하는 것이었는데 어쩐 일인지 매번 울지 않고 곱게 넘어갔다.

다시 한밤중에 여관을 떠나 산해관(山海關)을 향해 기차를 탔다. 그때도 여관사람이 많은 도움을 주었다. 하도 긴장을 했던 탓인지 지나는 역이 무슨 역인지, 어디쯤 가고 있는지조차 모르면서 그저 기차가 가는 데까지 끌려갈 뿐이었다. 밥 먹는 것도 잠자는 것도 모두 잊어버린 것 같았다. 그렇게 해서 도착한 곳이 산해관이었다. 내 기억으로 그저 조그만 시골 역이었다. 거기서 또 다시 기차를 갈아타고 북경으로 가야 했다.

전처럼 우리 독립운동가들이 이용하는 여관에 들었는데, 이번에는 중국 여관이었다. 그런데 우리 식구들은 만주 생활 10년 가까운 세월 동안에 중국말을 배우지 못했다. 아니, '못했다'가 아니라 '아니했다'고 말해야 옳을 것이다. 특히 나는 언니가 가르쳐주겠다는 왜(倭)말은 한사코 배우지 않겠다고 했고, 이웃아이들이 간단한 중국어라도 배워서 지껄이는 것조차 싫어해서 중국어도 배우지 아니했다. 어머니와 언니도 그러했다. 그러니 중국인이 경영하는 여관에 들어 처음으로 어려움을 당했다. 다행이랄까, 그때 구모 청년은 중국어를 제법 잘해서 우리 일행의 대변자가 되었고 그 중국인들도 우리의 행적을 대강 짐작을 하는 듯 잘 협조해 주었다.

우리는 그들에게 몇 시간 안으로 중국옷을 구해달라고 부탁하여 중국옷으로 갈아입고 모두 중국인 행세를 하기로 하였다. 그들이 보기에 얼마나 어처구니없는 행색이었을까? 그런데도 여관사람은 일일이 참을성 있게 도와주었다. 그리고 내 어머니에게, "아주머니, 이렇게 잘난 아들 딸, 그리고 어여쁜 며느리, 귀여운 손자를 두었으니 이 세상에서 제일 복 많은 아주머니입니다. 부디 평안히 북경까지 가시고 오래오래 복 누리십시오" 하고 말했다. 차표도 그들이 준비해서 차 시간에 맞추어 기차까지 태워주었다.

그런데 이게 웬일인가, 차가 출발하자 이내 일본인 형사를 대동한 만주국 사람들이 5, 6명씩이나 함께 다니며 차표도 검사하고 신분도 조사하는 것이었다. 만약 여기서 행색이 탄로나는 날에는 모든 것이 끝장이었다. 이때만은 우리 일행 8명이 모두 한 자리에 모여앉아 유복한 가정의 식구들 행세를 했다. 다른 식구들은 잠들어 있는 체 하고 나와 어머니가 대답을 했다. 북경에는 뭣 하러 가느냐고 하기에 북경에 백부가 살고 계시는데 환갑이 되어 이 기회에 우리 식구들 모두 한 번 다녀가라고 해서 가는 길인데 이분은 큰 오빠, 이분은 새 언니 하는 식으로 대답을 했더니 백부가 북경 어디쯤에 살고 있느냐고 또 물었다. 그래서 곧 북경 동교민항(東郊民巷) 일본조계(日本租界)에 산다고 하니까 다시 조계지 어느 거리냐고 물어서 미리부터 입을 맞춰두었던 거리 이름을 대었더니 그럼 잘 다녀오라고 하며 지나갔다. 그러고 나서도 한참을 달렸는데 그동안 혹시라도 그들이 다시 오지 않나 하고 조마조마했다.

그러던 중 어느 지점에 이르자 갑자기 차가 멈추는 것이 아닌가. 영문을 몰라 두리번거리니 옆 사람이 말하기를 이곳이 바로 그 유명한 천하제일관 (天下第一關) 산해관이라고 했다. 이곳만 통과하면 저쪽은 중화민국 땅이란다. 그러니까 여기가 바로 괴뢰정부 만주국과 중국 본토의 경계선인 것이다. 우리 일행은 감히 바깥을 내다볼 엄두도 못 내고 숨을 죽이면서 그저 어떤 결과가 나타나기만을 기다렸다. 이렇게 불안하고 초조한 가운데 기차 승무원, 기관사, 형사들이 한꺼번에 차에서 내려가고 곧 이어 다른 색깔의 제복을 입은 한 무리의 사람들이 성큼성큼 차 위로 올라왔다. 그리고 기一인 기적 소리에 이어 칙칙폭폭 발차를 하여 다시 달리는 것이었다. 조용하던 차 안은 갑자기 활기를 띠었다. 꽈즈얼(瓜子兒: 해바라기씨, 수박씨) 까는 소리, 이야기 소리, 그리고 정거장에서 먹을 것 팔고 사는 소리가 들렸다. 우리 일행도 이젠 어느 정도 안심이 되었다. 새로 한 번 더 조사를 받았지만 이젠 잡혀도 겁날 것 없다는 배짱도 생겼다. 우리들 가짜 일가족 8명은 비로소 그 떠들썩한 소란 속에서 잠을 청할 수 있었다.

9. 중국의 고도(古都) 북평에서

북평(北平)은 중국의 오랜 문화도시로 일찍이 요(遼)·금(金)·원(元)·명(明)·청(淸) 등 역대의 수부(首府: 수도)였던 곳이다. 명나라 때부터 이곳을 북경이라 일컬어왔는데 청이 망하고 중화민국이 건립되어서도 초년(初年)에는 여전히 수도로 하고 같은 이름으로 불러오다가 중화민국 16년(1927년)에 수도를 남경으로 옮기면서부터 이름을 고쳐 북평이라 했다. 1949년 중화인민공화국이 된 뒤에는 다시 그곳을 수도로 삼고 북경으로 고쳐 불렀다. 이곳은 중국, 특히 화북에서 정치, 경제, 문화, 교통의 중심이 되는 고장이요, 또 역사적으로도 기복변천(起伏變遷)이 많은 유서 깊은 고장이다.

1933년 한겨울 내가 그곳에 갔을 때는 북평이라고 불리던 때였는데 성동(城東) 쪽에는 일본조계 말고도 불란서, 독일 등의 조계지가 있었다. 특히 일본 조계지는 우리 집 식구에게는 혐오스러운 곳이어서 기차에서 내릴 때도 많이 조심해야 했고 그 뒤에도 그쪽으로는 좀처럼 발길을 옮기지 않았다.

북평에 도착하자 젊은이들과 형부는 곧 낙양으로 떠나갔고 어머니와 나, 언니, 그리고 조카 이렇게 네 식구는 그대로 북평에 남아 있게 되었다. 서성(西城) 서직문(西直門) 안 우티요후퉁(五條胡同)의 어떤 과부 집에 일자 건물 한 채를 빌려 마당 하나를 사이에 두고 주인 집과 남북으로 마주하여 살게 되었다. 목돈이 없으니 야쭈유(押租: 보증금)가 적은 월세로 들었지만 뚜렷한 생활 대책은 마련되지 못했다. 이곳은 도시이니 농사도 지을 수 없는 형편이었다. 그러나 그때 나는 생활에 대한 걱정은 하지 않았다. 겉으로 보기에 어머니나 언니도 그리 걱정하는 것 같지 않았다.

어쩌다 거리에 나가보면 소학교 학생부터 대학생에 이르기까지 그 씩씩하고 열의 있는 모습을 보면 저절로 부러운 생각이 들었다. 특히 북경대학이나 청화대학(淸華大學) 학생들이 겨드랑이 밑에 책을 끼고 당당하고 멋있게 걸어가는 모습을 보면서 나는 오랫동안의 배움에 대한 목마름을 더욱 심하게 느꼈다. "그래, 지금은 농사도 안 짓는데 공부를 못할 리가 없지. 공부를 해야지. 그런데 이곳에는 우리 한국인 학교가 없으니 어떡하나?

중국 학교라도 가야지. 중국말을 모르는데 어떻게 하나? 이제부터 배워야지.” 이렇게 생각한 나는 어머니를 조르기 시작했다.

　그때 북평에는 독립운동가로서 회당(晦堂) 손일민(孫逸民)[35] 선생 내외분과 청사(晴簑) 조성환(曹成煥)[36] 선생 내외분이 우리 집과 가까운 곳에 살고 계셨다. 두 분 다 자녀는 없으시고 북평에 꽤 오래 사셨다고 하며, 특히 청사 선생님은 중국 관화(官話: 표준어)를 잘하시고 그 부인은 중국인이었다. 우리가 집을 얻는 일이며 젊은이들이 낙양으로 가는 일이며 모든 것에 힘을 아끼지 않고 도와주셨다. 그래서 어머니가 나의 학업에 대해 의논을 드리자, 쾌히 내게 중국어를 가르쳐 주겠다고 허락하셨다.

　교재는 중국 소학교 교과서를 이용했다. 이때 내 나이 이미 15세가 되었으니 중학교에 다닐 나이었다. 하지만 공부를 계속하지도 못했고 이때까지는 한국학교에만 다녔으니 이제 중국인으로 행세하며 중국학교에 가기에는 실력이 너무 부쳤다. 그래서 고급소학교 1학년, 즉 소학교 5학년을 목표로 3·4학년 책으로 배웠다. 그때 중국의 소학교는 초급소학 4년과 고급소학 2년을 합쳐 6년 과정이었는데, 초급소학 4년을 마치고 고급소학에 가려면 반드시 입학시험을 치러야만 했다. 그러니 나도 그 시험을 치러야만 고급소학의 학생 될 자격을 얻어 공부할 수 있게 되는 것이다. 그런데 신학기 입학을 위해 시험을 쳐야 하는 시기는 약 반년, 6개월 밖에 남지 않았는데—중국은 신학기가 9월이고 시험은 7·8월에 있다— 나는 중국말을 한 마디도 할 줄 모르니 어쩌면 좋단 말인가? 게다가 나는 부득이 국적까지 중국인

---

35) 손일민(1884~1940) : 호 회당. 서로군정서 독판 이상룡의 참모로 활동. 1925년 신민부 조직에 참여. 1935년 민족혁명당 조직에 참여. 1937년 임시의정원 의원. 1940년 병사.

36) 조성환(1875~1948) : 호 청사. 비밀결사 신민회에 참여. 임시정부 군무차장. 1925년 신민부 외교부위원장. 유일독립당운동을 전개. 1934년 임시정부 국무위원. 1939년 임시정부 군사특파단장. 1940년 한국독립당 창설에 참여하고 중앙집행위원으로 선임됨. 임시의정원 군무교통위원. 해방 후 대한독립촉성회위원장.

으로 행세해야 되니 더욱 딱한 노릇이다. 공부를 할 수 있느냐 없느냐? 그야말로 운명의 갈림길이 아닐 수 없었다. "배우자! 지성이면 감천이라는데 열심히 해보자!" 이렇게 결심을 하고 정말 열심히 배웠다. 처음에는 '사성(四聲)'을 구분하지 못해 주인집 딸이 배꼽을 쥐고 웃도록 했지만−어머니를 마(媽)라고 음평(陰平) 발음하는데 나는 상성(上聲)으로 발음하니 그만 말(馬)이란 뜻이 되어버렸기 때문에− 그의 도움까지 받아가며 나는 빠른 속도로 배워나갔다. 조 선생님께서도 어찌나 엄하게 가르치셨던지 만약 오늘 배운 것을 내일 완전히 이해하고 외워 응용하지 못하면 절대로 새 것을 가르쳐주지 않으시니 나는 배우고자 하는 욕심에 밤을 새워가면서 익히고 또 익혀서 기어코 새 것을 배울 수 있도록 노력하였다.

드디어 8월이 되고 입학시험 날짜가 다가왔다. 주인집 딸이 다니는 공립학교에 보명(報名: 원서 제출)을 했다. 주인집 딸은 이번 학기에 6학년생이 된다고 했고 나를 학교까지 안내해서 시험장에 들어가도록 도와주었다. 그러나 그 다음부터는 모든 것을 나 스스로 알아서 해결해야 했다. 산수는 조금도 어려운 것이 없고 국어도 어느 정도 해낸 것 같은데 상식 과목에서 중국의 국부 손중산 선생의 출생지, 출생연월일, 사망연월일을 묻는 문제는 내가 예상하지도 못했다. 나는 엄연히 한국 사람인데 중국의 국부에 대해 모르는 게 당연하지, 하는 억지 생각마저 들었다. 마지막으로 치른 작문은 200자 원고지 두 장 정도의 글짓기였는데 도대체 무슨 말을 어떻게 썼는지 기억하지 못하리만큼 정신없이 모필(毛筆)로 옮겨 쓰고 집으로 돌아왔다.

방(榜: 합격자 명단)이 붙는 날에 언니와 주인집 딸이 가서 보았으나 눈 씻고 보아도 내 이름은 없었다. 보기 좋게 낙방을 한 것이다. 그 창피함, 분함을 어찌 다 말로 할 수 있으랴? 나는 엉엉 울 수밖에 없었다. 어머니는 그 어려운 중국말을 고작 6개월 배워가지고 글짓기까지 하는 시험에 응해본 것만도 매우 장한 일이니 너무 실망하지 말라고 거듭 위로해 주셨지만 나는 한 마디도 귀에 들어오지 않았다.

사흘 뒤에 어머니는 나를 데리고 북경사범대학 교수로 있는 윤모(尹某) 여사의 집을 방문했다. 윤 여사는 원래 구한말 명문 출신으로 일본 유학까지 했지만 나라가 망하게 되자 중국 북경으로 망명하여 사범대학 교수가 된 분이다. 어머니는 이분에게 내가 겪은 전후 사정을 주욱 이야기하고 어떻게든 날 좀 도와서 배움의 길을 터 주십사 하고 간곡히 부탁을 했다. 윤 여사는 그 말을 듣고 부드럽게 웃으며 진작 찾아올 것이지 뭘 하러 시험을 치르려 했냐면서 조금도 걱정하지 말라고 했다. 그리고 곧 내친 김에 모(某) 학교 교장을 만나보러 가자고 했다. 그 학교는 교회 학교였는데 한 40세쯤 되어 보이는 여(女)교장이 윤 교수로부터 전후 이야기를 다 듣고 나더러 가까이 오라고 하여 손을 잡고 토닥거려주면서, 훌륭한 아버지에 훌륭한 딸이라며 무시험으로 받아줄 터이니 걱정하지 말고 개학날 나오라고 하였다. 돌아 나올 때 윤 여사는 등록금이 18원이라고 알려주었다. 이 말을 듣자 나는 어머니에게는 아무 말도 안했지만, 18원 돈이 어디서 난담, 그리고 무시험으로 들어간 이 부끄러움을 평생 안고 살아야 하다니 하며 속으로 끙끙 앓았다.

그런 가운데 2차 시험이 시작되었다. 우리 집에서 가까운 곳에 비교적 이름 있는 사립중학교가 있었는데 거기에 부속 소학교까지 있었다. 이 학교는 풍옥상(馮玉祥)이 세운 학교로, 집이 가난하지만 공부 잘하는 학생에게는 학비를 면제해 줄 뿐 아니라 학용품과 교복까지 일체를 공급하여 '일꾼'을 양성하는 학교라 했다. 그래서 나는 다시 이 학교에 원서를 냈다. 어머니와 언니는 극력 말렸다. 내 승벽(勝癖)을 잘 아는지라 내가 다시금 받아야 할 충격과 좌절감을 막기 위해서였다. 시험 날은 비가 억수같이 퍼부었다. 천둥번개까지 심하게 쳤다. 끝까지 말리는 어머니와 언니를 뿌리치고 기어이

시험장에 들어가 앉았다. 앉기가 바쁘게 시험지가 돌려졌다. 나는 앞의 시험 때보다 많이 침착했다. 있는 힘을 다해 차분히 한 과목 한 과목 치르고 마지막이 작문시험이었다. 흰 종이 한 장과 작문지(作文紙: 원고지)가 돌려지고 드디어 저 앞쪽으로 크게 써 붙인 글 제목이 보였다. "爲什麼求學(공부는 왜 하는가)?" 글 제목을 보자 내 마음 속에는 하고 싶은 말이 그득 고여 올랐다. 나는 생각을 다듬어,

> 사람들은 항상 사람 스스로를 만물의 영장이라고 한다. 만물의 영장이라 함은 그 가진 지혜와 능력이 다른 동물에 비하여 뛰어나다는 뜻인데 그 지혜와 능력이란 것은 본디부터 하늘이 내려준 것도 있지만 그것만 가지고는 모든 사물을 바르게 알고 옳게 다스릴 수 없는 것이다. 그러므로 우리는 그 타고난 지혜와 능력을 갈고 닦아 천지간(天地間)에 눈에 보이지 않는 이치까지도 꿰뚫어 바르게 알아야 한다. 그렇기 때문에 사람은 반드시 배우고 알아야 하며 갈고 닦아야 한다. 이리하여 개인으로는 모든 이치를 깨달아 아는 사람이 되고 나아가서는 사회와 국가를 위하여 큰일을 할 수 있는 재목이 되어야 한다.

대강 이러한 내용으로 그동안 배운 실력을 모두 기울여 초고를 쓰고 붓으로 정성껏 작문지에 옮겨 썼다. 그리고 시험 감독관 앞에 갖다 바치고 막 시험장 문을 나서려는데, '아차, 이걸 어쩌나, 가장 중요한 내 이름 적는 것을 잊어버리다니.' 눈앞이 캄캄할 지경이었다. 하지만 다시 부딪쳐 보는 수밖에. 뒤로 돌아서서 시험 감독관 앞에 다가가서 사유를 말하고 이제라도 이름을 적어 넣을 수 있겠느냐고 물었다. 선생은 제출된 작문 서너 편을 훑어보더니 과연 이름이 적혀 있지 않은 것을 발견하고는 종이 한 장을 주며 자기가 부르는 대로 붓으로 받아쓰라고 했다. 나는 일일이 다 받아썼다. 한

참 만에 선생은 필적을 대조해 보더니 이름을 적어 넣으라고 했다.

합격자 발표가 있는 날이었다. 새벽에 잠에서 깨어나니 선명하게 꿈 생각이 났다. 어느 물가에 섰노라니 그림에서 보던 용이 물위로 솟아오르더니 계속 몸을 꿈틀대며 하늘로 오르는 것이었다. 나는 더 잠을 자지 못하고 뒤척였다. 그러자 어머니도 깨셔서 왜 자지 않고 그러느냐고 하셨다. 그래서 꿈 이야기를 했더니 한참 만에 어머니는 지성이면 감천이라더니 네 정성에 하늘이 감동하셨나 보다고 말씀하셨다. 그러나 방(榜)을 보러 가겠다는 나를 굳이 붙들어 앉히시고 언니더러 주인집 딸과 함께 가보고 오라고 하셨다.

그런데 언니는 갈 때는 걸어서 가더니 올 때는 인력거를 타고 돌아와서 대문을 들어서자마자 "복영아, 복영아" 하고 연거푸 부르는 것이었다. 어머니와 내가 놀라서 뛰어나가니 언니가 나를 부둥켜안고 울었다. 혹시 길에서 수상쩍은 사람이라도 만나서 놀란 것이 아닌가 생각하고 "왜 그래? 언니, 왜 그래?" 하고 물으니 주인집 딸이 대신 대답을 했다. "妳考取啦(너 합격했다)." 나는 믿어지지 않았다. 정말 믿어지지 않았다. 꼭 합격하겠다는 생각보다 한번 부딪쳐 보고 싶은 심정으로 시험 본 것인데 합격을 했단다. 학교로 달려가 직접 확인했다. 분명히 열두 번째로 '이복영'이란 이름 석 자가 씌어 있었다.

그날 저녁에 되어서야 나는 비로소 기어코 해냈다는 기쁨 비슷한 것을 느꼈다. 그러나 어머니는 오히려 걱정을 하셨다. 들어갈 학교가 하나도 없어서 걱정이던 것이 이제 둘이나 생겼으니 어떻게 해야 할지를 몰라서였다. 나는 시험으로 합격한 학교에 가고 싶었다. 첫째 통학거리가 가깝고, 둘째 학비가 적게 들고, 셋째 배우는 분위기가 좋다니 나같이 가난한 사람은 함께 섞이고 어울리기가 좋을 것만 같아서였다. 하는 수 없이 어머니는 다시 나를 데리고 윤 여사를 방문해 사정을 이야기하고 어떻게 했으면 좋겠냐고 했더니 교회학교는 자기가 잘 말할 터이며 그 교장 선생도 오히려 장하다고 칭찬할 것이라고 했다.

이리하여 나는 구지(求知. 중국어로 치유즈)소학교 5학년에 입학했는데 알고 보니 나만 나이가 많은 것이 아니라 나보다 더 많은 학생이 있었다. 지금도 이름을 기억한다. 진문희(秦文禧)는 어떤 인력거꾼의 아들이었는데 나이가 18세, 집은 찢어지게 가난해도 공부는 누구보다도 잘해서 학비도 안 내고 모든 것을 학교에서 제공해주고 있었다. 학과 공부만 잘하는 것이 아니라 글도 잘 짓고 글씨도 잘 쓰고 그림도 잘 그려서, 매주 실시하는 경시(競試)에서 그는 1등을 도맡아하다시피 했다. 이것을 옆에서 보는 나는 참으로 탄복을 안 할 수가 없었다.

내가 모르는 것이 있어 그 학생에게 물어 보면 언제나 친절하게 가르쳐 주곤 했으나 얼마 뒤 다른 여자 아이들이 뒤에서 수군댄다는 소리를 듣고는 차차 묻는 것을 피하게 되었다. 하지만 그때쯤 나도 어느 정도 공부하는 방법을 터득하고 자리가 잡혀 잘 해낼 수가 있었다.

내가 처음에 겁먹은 과목은 일주일 건너 한 번씩 돌아오는 작문(글짓기) 시간이었다. 어떻게 해서 내 작문이 입학시험에 통과될 수 있었는지 모르지만 나는 귀신에게라도 홀린 것 같이 첫 번째 작문시간이 두려웠다. 어쩌다 내 작문이 잘못되어 내가 중국인이 아니라는 것이 탄로나면 어떻게 하나? 또 작문이 영 형편없어 60점도 못 얻으면 어쩌나? 정말 나는 벌벌 떨릴 지경이었다. 이렇게 첫 번 글짓기를 하고 다음 글짓기 시간이 돌아오기까지 2주 동안 불안하고 초조했다.

드디어 그날이 되어 두 번째 글짓기를 위한 작문부(作文簿)가 내 손에 들어왔을 때 나는 다른 아이들처럼 얼른 펼쳐보지를 못하다가 조금씩 천천히 열어보고 붉은 글씨로 '을하(乙下)'란 평점을 보고나서야 비로소 후유 하고 숨을 내쉬었다. 이렇게 시작한 글짓기가 더러는 '갑상(甲上)'까지 받게 되자 그때에야 비로소 자신감을 가지게 되었다.

이 학교의 교육 방법은 좀 특수했다. 학생들이 배우고 있는 모든 것에 대하여 선의의 경쟁을 붙여 서로서로 노력하게끔 이끌 뿐 아니라, 월, 수, 금 3일은 오전에만 학과 공부를 하고 오후에는 중학교 소학교 구별 없이 각자 능력별로 조를 짜서, 남학생은 주로 목공, 여학생은 손수건 만들기부터 완구, 의류, 뜨개질, 자수 등까지, 수공예(手工藝) 선생님의 지도 아래 많은 것을 배우면서 만들어냈다.

모든 재료는 학교에서 제공하고 만들어낸 물건은 학교가 별도로 운영하는 상점에서 시중가격보다 싼값으로 그 물건이 필요한 사람들에게 파는 것이었다. 그런데 제품 하나하나에 만든 학생의 이름을 반드시 붙여서 개인이면 개인, 공동이면 아무아무의 공동작품이라는 것을 밝혀 누구 제품이 잘 팔리고 환영받는지 일일이 적어두었다가 통계를 내어 상도 푸짐하게 주고 남는 이윤은 학교 운영에 보태는 것이었다.

나도 한 번 상을 탄 적이 있는데 그때 돈으로는 실로 거금이라 할 수 있는 5원을 받았다. 그때 내가 만든 것은 완구도 있었지만 그보다 베갯잇, 침대보, 휘장 등을 더 많이 만들었다. 주로 서양 자수 솜씨에 곁들여 바느질 솜씨가 필요한 것들이었다.

이런 물건들은 특히 서양 사람의 주문이 많이 들어오기 때문에 한창 바쁠 때는 일거리를 집에까지 가지고 와서 밤을 새워서라도 기한 내에 완성해야만 했다. 일찍이 어머니께서 애써 가르쳐주신 바느질 기초가 이때 많은 도움이 되었다. 바느질이나 자수나 나의 꼼꼼한 땀수가 좀 더 주문을 많이 받게 한 모양이었다.

이 밖에도 이 학교에는 당시로서는 참으로 보기 드물게 학교도서관이 있었다. 도서관에 들어서려면 문 양쪽으로, 큼직한 글씨로 나무에 새긴 액자를 한 눈에 보게 된다. 오른쪽에는 "감상도산 방능고독서(敢上刀山 方

能苦讀書)", 왼쪽에는 "감하유과 방능진혁명(敢下油鍋 方能眞革命)"[37] 이란 글귀가 새파란 글씨로 눈에 확 띈다. 이 글귀의 영향 때문인지 도서관에 들어오는 학생들은 누구나 잡담 한 마디 없이 책읽기에 전념했다. 나는 선생님을 도와 대출을 맡아보기도 했는데 이것이 훗날 나로 하여금 도서관 사서가 되게 한 첫 번째 계기였다.

북평에서 잊을 수 없는 기억이 또 하나 있다. 우리가 부득이 신분을 숨기고 국적을 바꿔 살아야만 했던 어둡고 참담한 생활로 인해 야기된 씁쓸한 이야기 가운데 한 토막이다. 무더운 여름 일요일 같은 날은 주인집 딸과 함께 서직문(西直門) 밖 빙고(氷庫: 얼음창고)를 찾아가서 책을 읽기도 하고 또 성 위에 올라가 놀기도 했지만, 가끔은 어린 조카 현석이를 유모차에 태워가지고 어머니와 함께 묘회(廟會) 구경을 나서곤 했다. (북평시에는 유명한 큰 절이 많았는데 며칠에 한 번씩 돌아가며 절터에 장이 서는 것을 묘회라 한다.) 묘회를 여는 날에 장사하는 사람들은 별의별 물건들을 다 벌여 놓는데 더러는 '싸구려'라고 외치며 손님을 끌기도 한다. 장이 서는 날은 물건 값이 일반 시중에서 사는 것보다 훨씬 싸기 때문에 그리고 이 날은 여러 가지 놀이꾼들이 벌이는 구경거리가 많기 때문에 남녀노소 온갖 사람들이 시끌벅적 많이 모여든다.

그날도 나는 어머니를 모시고 이곳저곳 두루 구경시켜 드리고 대수롭잖은 물건 몇 가지를 사서 유모차 뒤에 얹어 놓고 점심때가 훨씬 기운 시간에 절문을 나서서 천천히 집을 향해 걸어오고 있었다. 그때 웬 젊은 사람하나가 자전거 타기 연습을 하는지 우리들 옆을 스치며 몇 번이나 앞뒤로 왔다 갔다 했다. 우리는 별로 이상하게 느끼지도 않고 계속 걸어가다가 골

---

37) 용감하게 칼로 된 산을 오를 마음이 있어야 능히 힘든 독서를 할 수 있고, 용감하게 기름 솥에 빠질 마음이 있어야 능히 진짜 혁명을 할 수 있다.

목길로 접어들었다. 그때 갑자기 아까 그 젊은이가 성큼 자전거에서 내리더니 우리의 길을 막아서서 "충허(沖河)에서 살던 이복영 씨 아닙니까? 정말 오래간만입니다" 하는 것이 아닌가. 우리 모녀는 그야말로 기절초풍을 할 만큼 놀랄 수밖에 없었다. 타국 땅에서 자주 들어볼 수 없는 우리 동포의 우리말, 얼마나 반가운 말인가? 한데도 우리는 선뜻 반가워할 수가 없었다. 그래서 미처 말을 꺼내지도 못하는데 그는 이어서, "나, 달서야, 이달서. 이제 생각나지?" 하는 것이 아닌가. '아. 그렇구나. 내가 소년단 단장이었을 때 날마다 첫 새벽에 제일 먼저 깨우러가던 앞마을에 살던 달서였구나. 그런데 그때 촌아이가 지금은 말쑥한 신사가 되어 북평 거리에서 자전거를 타고 소요하다니.' 나는 빠른 생각을 하며 그의 큰형이 충허에서 일본 주구로 남의 입에 오르내리던 일을 문득 떠올렸다. '이거 안 되겠구나. 잡아떼는 수밖에.' 속으로 이렇게 마음먹고 가만히 어머니의 옆구리를 질러 아무 말도 하시지 말라는 주의를 해놓고 그냥 못 알아들은 체 유모차를 밀고 앞으로 걸었다.

그래도 그가 계속 따라오면서 한국말을 하길래 나는 중국말로 무슨 말인지 못 알아듣겠다고 말했다. 그도 할 수 없는지 다시 유창한 중국말로 그전에 만주 길림성 충허에서 함께 공부한 적이 있지 않느냐고 하였다. 그제야 나는 "우리는 원래 절강(浙江) 사람으로 오래 북경에서 살았고 동북(東北)에는 한 번도 가 본 적이 없다. 아마 사람을 잘못 본 모양이다"고 대답해주었다. 그랬더니 그도 하는 수 없는지 미안하다고 하면서 자전거를 돌려 세웠다.

그래도 자꾸 뒤돌아보는 눈치여서 우리 모녀는 일부로 먼 길을 돌아 이 골목 저 골목을 누비다가 겨우 집으로 돌아왔다. 언니는 물론이고 주인집 부인, 그의 두 아들─큰아들은 대학생, 둘째아들은 중학생─과 딸에게도 사정을 이야기하고 혹시라도 낯선 사람이 우리를 찾거든 그런 사람 없다고 해달라고 부탁을 했다. 원래 우리가 처음 이 집에 들어 올 때 중국말을 전혀 몰라서 그들에게만은 우리가 한국 사람이며 독립운동을 하는 사람의 가족이라는 것을 밝혀 두었기 때문에, 그들은 우리를 잘 돌보아 주던 터였다.

그런데, 아니나 다를까, 그 뒤부터 등굣길에서나 하굣길에 그를 종종 만나게 되고 또 동안시장(東安市場)에 가기 위해 전차를 탔다가도 만나니 점점 내가 뒤를 밟히고 있구나 하는 생각에 무섬증이 일었다. 그래서 집으로 돌아올 때는 일부러 이 골목 저 골목을 돌고 집 대문 앞에 와서는 주위를 살피는 버릇이 생겼다. 따지고 보면 그가 나와 함께 공부할 때 비록 나이가 나보다는 두세 살 위였지만 아무래도 어린아이였으니 그가 직접 친일을 한 것은 아니었다. 그런데 그의 형이 그런 사람이었기에, 그리고 그가 내 눈 앞에 나타났을 때 너무나 말쑥한 차림새여서 틀림없이 일본조계지 안에 살고 있을 것이라는 판단 아래 그렇게 대할 수밖에 없었던 것이다. 만일 그때 그가 정말 단순하게 동창생을 타지에서 만난 반가움으로 그랬다면 참으로 미안한 일이었지만, 우리 독립운동가들이나 그 가족들은 당시 모두 살얼음을 딛고 사는 듯 조심에 조심을 다하는 시절이었으니 어찌하랴?

이런 가운데서도 세월은 흘러 어느덧 내가 6학년 졸업반에 오르기에 앞서 여름방학을 맞았다. 그때 나는 학교공부를 열심히 할 뿐만 아니라 교과서 외의 책도 될 수 있는 대로 많이 읽으려고 애썼다. 그러나 책을 사서 볼 만한 여유는 없어서 빌려봐야 하는데 빌려볼 곳도 만만치가 않았다. 주로 주인집 딸이 사보는 어린이잡지 같은 것을 보았지만 그리 만족한 상태는 아니었다. 그래서 나는 1년 후에 중학교에 갈 준비로 영어공부를 시작했는데 참 재미있었다. 배우는 것마다 모두 즐거웠다.

그런데 어느 날 느닷없이 오광선 선생이 와서 아버지의 뜻을 전하는 것이라면서, 이 여름 안으로 우리 식구가 모두 남경으로 옮겨가야 한다는 것이었다. 이제 북평도 일본의 세력권 내에 들어가서 우리들의 생활이 일각일각 위협을 받게 되었으니 속히 떠나야 한다고 했다. 이 말을 듣고 나는 갑자기 벼락이라도 맞은 듯 멍하니 있다가 결연히 그렇게 할 수 없다고 했다. 이유인즉 이곳에서는 내가 학비 없이도 공부를 할 수 있지만 남경에 가면 그런 좋은 조건이 있을 리 없으니 또 공부할 길이 막힐 것이다. 그러니 나는 절대로 갈 수 없다, 식구들은 다 가라, 나 혼자 남아서 고학을 해서라도 꼭 졸업을 하고 중학에도 갈 것이라고 버티었다. 솔직히 말해서 그때 나의 심정은 어머니와 헤어진다는 사실보다 공부를 계속 못하게 된다는 사실이 더 아쉽고 두려웠다. 싸허즈를 떠날 때 김창도 선생님이 5리를 따라오시면서까지 내 학업은 계속되어야 한다고 권하셨건만 그때는 나이가 어려서 감히 어머니를 떠나 살 수 없다고 생각되어 억울한 대로 충하진으로 따라 갔었다. 하지만 이제는 절대로 무작정 따라갈 수는 없다고 스스로 다짐, 또 다짐을 하였다.

그런데도 오광선 선생은 며칠을 두고 나를 설득하려고 애를 썼다. 이번에는 아버지께서 어떤 일이 있더라도 내 학업에 대해 책임을 진다고 하셨다고 말했다. 나는 그 말을 믿지 않았다. 내게는 그럴 만한 이유가 있었다. 내가 처음 북경에 와서 공부하겠다고 생각하고 학비 문제에 걱정이 미치자 어머니 몰래 아버지께 편지를 썼다. 공부를 하고 싶으니 좀 도와주십사 하고. 그런데 며칠 후에 받은 답장은, 지금 형편이 너의 학비를 대어줄 만하지 않으니 어머니 밑에서 침선(針線: 바느질)이나 착실히 배우고 부도(婦道)를 익혔다가 좋은 배필 만나 시집을 가도록 하라는 것이었다. 이 편지를 받고 어찌나 섧고 분하던지 나는 눈물을 줄줄 흘리면서 곧 긴 편지를 썼는데 지금 그것을 다 기억해 옮기기는 어렵지만 대강 뜻은 이러했다.

나는 세상에 나서 아버지 앞에서 단 한 번이라도 아버지 하고 불러보지도 못한 채 지금 이 나이만큼 자라는 동안, 그래도 나는 나를 걱정해주는 아버지가 계시다는 것만을 믿고 어머니의 가르침을 따라 남부끄럽게 살지 않으려고 공부를 열심히 했고 또 배우고 알고 싶어 무진 애를 써왔습니다. 이제 북평에 와서 모든 것을 살펴볼 때 아버지의 형편이 만주에서보다는 많이 나아져서 마음만 가지시면 나 하나쯤 공부시키는 것은 어렵지 않으리라고 생각되어 처음으로 아버지께 도움을 청하였는데, 아버지는 일언지하에 이를 아니 된다고 하니 이는 나를 딸로 생각지 않으시는 것이 분명합니다.

그러니 나도 이제부터는 아버지가 아니 계신 것으로 생각하고 살아갈 것이니 이제 우리는 부녀 된 인연이 끝난 셈입니다. 따지고 보면 지금 내가 내 가슴속 말을 종이에 적어서 보낼 수 있도록 글자나마 깨우친 것은 순전히 어머니의 공이요 덕일 뿐, 연필 하나, 공책 하나, 아버지께 신세진 것 없습니다. 두고 보십시오. 아버지의 도움이 없다 해도 나는 기어이 공부를 해서 모든 것을 꿰뚫어 아는 사람이 되어 아버지 앞에 당당히 나설 것입니다. 부디 안녕히!

이러한 내 편지를 받고 아버지는 오광선 선생에게 내보이면서 "그저 계집애로만 생각했었는데 가르치면 사람 구실 할 것 같소. 어떻게 해서든지 학비는 꼭 마련해 보내줘야겠소"라고 하며 목이 메어 우셨다고 한다. 이런 일이 있었으므로 그 뒤로는 절대로 학비에 대해서 아버지께 말씀드리지 않았다. 그리고 그러한 사연 때문에 나는 한사코 남경에 가지 않겠다고 버티었다.

이에 오광선 선생도 난처해져서 마지막에는, "만일 너의 아버지께서 학비를 대지 못하신다면 나라도 책임지고 공부를 할 수 있도록 도울 것이니 어머니를 모시고 남경으로 가자"고 하기에 이르렀다. 그래서 나는 거듭거듭 다짐을 받은 뒤에 결국 북평을 뜨게 되었다.

10. 남경에서

남경에 오니 한창 입학시험을 치를 때였다. 나는 6학년으로 편입하려 했는데 아버지의 부탁을 받은 장흥(張興)[38] 선생ㅡ그분은 그때 헌병사령부 대위로 있으면서 독립운동가들의 신원을 보호하고 있었다ㅡ은 "이제 나이도 소학교 다닐 만큼 어리지 않으니 동등 학력으로 중학교에 시험을 쳐보라"는 것이었다. 만약에 합격이 안 되더라도 다른 학교에 또 치를 수 있는 기회가 있으니 걱정하지 말라고 했다.

그래서 지원한 곳이 우리가 살고 있는 감로항(甘露巷)에서 가까운 육군중학(育群中學)이었다. 이 학교는 중화문(中華門) 안 중화로(中華路)에 자리 잡고 있는 교회학교로서 남녀공학이었다. 여자부는 중화로 오른쪽에, 남자부는 왼쪽에 길 하나를 사이해서 마주보고 있었다. 나는 다급한 김에 이것저것 생각할 틈도 없이 얼떨결에 시험에 응했는데 정말 꿈같이 합격이 되었다. 북평에서는 복건성(福建省) 사람이라 했는데 이때 나는 요녕성 사람이라 했다.

---

38) 장흥(1903~1983) : 황포군관학교 졸업. 1935년 민족혁명당 감찰위원. 숭국군 헌병사령부에 근무하면서 독립운동을 지원. 1940년대에는 일본군 내 한국인을 탈출시켜 광복군에 편입시키는 활동을 전개. 해방 후 초대 헌병사령관.

합격된 뒤에 집안에서 한 바탕 소란이 일어났으나 아버지의 강경한 자세에 밀려 작은어머니 황애숙 여사도 별 수 없이 한 걸음 물러서는 바람에 나의 첫 번째 등록금 18원과 교복 신발 학용품 등을 준비하는 2원을 합쳐 20원이 마련되었다. 이때 오빠는 청년단 사람들과 합숙하고[39] 있었고 언니는 형부와 함께 멀리 하관[下關. 포구(浦口) 맞은편]에서 따로 살게 되었다. 어머니와 나는 아버지와 작은어머니, 동생 정계가 살고 있는 집으로 옮겨가 한 집 살림을 살았다. 이것은 작은어머니가 한 걸음 물러서서 내 공부를 허용하는 대신에 한집에서 살자고 제안했기 때문인데, 가정의 경제권을 손아귀에 쥐고 횡포(?)를 부려보자는 속셈인 것을 곧 알게 되었다. 어머니도 이것을 곧 알았지만, 첫째는 내 공부에 지장을 줄까봐, 둘째는 아버지에게 미칠 정신적인 괴로움, 셋째는 아버지의 외부 활동에 미칠 위신상의 문제 때문에 모든 것을 꾹꾹 눌러 참으며, 한 몸 희생해 두루 모두에게 이로움을 주자고 불평 한 마디 없이 살림을 꾸려나가셨다.

그러나 나는 달랐다. 학교에 가서도 어머니가 걱정되고 집에 돌아와서도 이 눈치 저 눈치 보기에 바빴다. 나는 어머니를 조르기 시작했다. 굶어도 좋고 공부 안 해도 좋으니까 우리 모녀 따로 나가 살자고. 그러는 가운데 나의 학교 성적은 곤두박질을 하다시피 뚝뚝 떨어져 내려갔다. 선생님이 이상하다고 생각해서 교무실로 불러 이유를 물었지만 나는 대답할 말이 나오지 않고 눈물만 쏟고는 했다.

그러던 어느 날, 그날도 어머니는 나와 동생이 먹은 밥상을 치우고 방으로 들어오셔서 시름에 잠긴 모습으로 앉아 계셨다. 그때 동생의 생모가 우

---

39) 당시 지은이의 오빠 지달수(池達洙)는 낙양군관학교를 마치고 남경에 도착하여 동지들과 함께 신한독립당 '청년군사간부 특훈반'에서 활동했고, 신한독립당, 의열단, 조선혁명당 등 여러 독립운동단체가 통합해 민족혁명당이 결성되자 동지들과 함께 민족혁명당 군사부에서 활동했다.

리 방으로 건너왔다. 담배를 한 대 피워 물더니 말을 시작했다. "나는 절대로 첩이 아니다. 마누라가 죽었다는 사람에게 시집을 왔는데 어째서 내가 첩일 수 있느냐? 나를 첩이라고 생각하여 그대네 식구들이 나를 두고 거듭 저주를 했기 때문에 생떼 같은 내 아들―전 남편의 소생. 만주에도 왔다 갔음―이 왜놈의 손에 죽어버렸으니 이런 원통한 일이 어디 또 있겠는가? 내 아들 살려내라" 하고 어머니에게 대드는 것이었다.

이에 어머니는, "나는 하늘을 두고 맹세하거니와 그대를 미워한 적도 저주한 적도 없다. 지금까지 나는 내 남편한테도 불평 한 마디 해 본 적이 없다. 그저 내 팔자소관으로 돌렸다. 또 나라 잃은 백성이라 당하는 일이거니 하고 자식들 데리고 따로 살다가 그대가 먼저 함께 살아보자고 하기에 함께 사는 것뿐인데 어린 자식들 앞에서 이렇게 사흘이 멀다고 싸운다면 자식들 교육에 영향이 미치지 않겠는가? 그리고 그대도 팔자가 사나워 독립운동을 하시는 정계 아버지를 어쩌다 만나서 나와 다름없이 고생도 하고 작은집이라는 말을 듣게 되었으니 그 억울한 심정 모르는 바 아니나, 그렇다고 나도 내 자식들을 아비 없는 자식 혹은 어미 없는 자식으로 만들기는 싫으니 어쩌겠는가? 그리고 이번에 그대가 졸지에 아들을 잃고 마음 아파하는 것은 이해하고도 남는 일이지만 아이들 앞에서 저주를 했다느니 어쩌니 하는 그런 말은 함부로 하지 말라. 우리가 오늘만 살고 내일 당장 죽는 것은 아니지 않는가? 더구나 자식들의 창창한 앞날을 생각해서라도 참아야 할 것은 참아야 되지 않겠는가?" 하며 타이르듯 말을 했다.

그러나 그는 계속해서 저주로 죽었으니 내 아들을 살려내라고 떼를 쓰는 것이었다. 동생이 한사코 잡아끌어도 막무가내요, 나중에 아버지가 돌아오셔서 호통을 치셔도 막무가내였다. 이에 분한 나머지 내가 그의 앞으로 썩 나서면서, "그래요? 우리 식구가 저주해서 죽었다니 그럼 내가 목숨을 내놓겠소. 지금 당장 죽이고 싶으면 죽이시오. 왜 불쌍하고 억울한 내

어머니를 종처럼 부려먹는 것도 모자라서 이렇게 생떼를 쓰며 못살게 구는 것이요?" 하고 대들었다. 그러자 어머니는 벌떡 일어나시더니 다짜고짜 내 뺨을 때리시는 것이었다. 그리고 하시는 말씀이 "어미는 이때까지 너를 그렇게 가르치지 않았는데 어디서 배워먹은 버르장머리냐? 어찌 감히 웃어른한테 대드는 것이냐? 네 동생의 어머니요, 네 아버지의 안 사람인데 어찌 감히 아버지 앞에서 그리고 내 앞에서 그런 당돌한 말을 함부로 하느냐" 하고 꾸짖으시며 눈물을 흘리셨다. 나는 어려서부터 그때까지 어머니에게 매 맞은 기억이 없다. 그때 처음으로 어머니로부터 눈에 불이 번쩍하도록 호되게 뺨을 맞았다. 그리고 어떤 어려운 일이 있어도 좀처럼 울지 않으시던 어머니가 눈물을 흘리시는 것을 보니 내 창자가 다 미어지는 것 같았다.

그 바람에 동생의 생모도 아버지와 동생에게 끌리다시피 해서 건너가고 나는 어머니 무릎에 엎드려 지치도록 울다가 마침내 결심을 했다. 이튿날 아침부터 등교를 하지 않고 밥도 먹지 않고 물도 마시지 않았다. 어제 말한 대로 내가 굶어죽어서 작은어머니에게 결코 우리의 저주가 아니었다는 것을 보여주기로 작정했다.

하루가 지나고 이틀이 지나고 사흘이 지났다. 정신은 초롱초롱한데 몸을 움직이기가 힘들었다. 침대에 반듯이 누워 죽음의 시간을 기다렸다. 일주일이 지나고 열흘이 되었다. 그래도 죽음은 오지 않았다. 그 동안 어머니와 동생 그리고 아버지가 나에게 무엇이든 먹이려고 애를 썼지만 내 결심은 흐트러지지 않았다. 어머니도 이제는 더 이상 달래려 들지 않고 그저 침대 옆에 망연자실 앉아 계실 뿐이었다.

그때 내 생각에 우리 삼남매 중 오빠는 이미 독립운동에 바친 몸이니 사사로운 일에 그 몸을 쓸 수 없는 것이고, 언니는 이미 출가하여 남편과 자식이 있으니 그 또한 마음대로 할 수 없는 몸이라서, 오직 나만이 작은어머니의 아들의 죽음에 해당되게 죽어줄 수 있다고 판단했으므로 조금도 괴롭지가 않았다. 다만 철없는 동생 정계-나보다 6년 아래-가 침대 옆에 와서 일어나서 밥 먹으라고 손목도 끌어보고 안타깝게 불러도 보는 것이 측은하였다. 어쩌다가 저도 이런 가정에 태어나서 이런 모습을 보게 되나, 하고 생각하면 마음이 아팠다.

그러던 어느 날 저녁 늦게 아버지는 많이 취해서 들어오셨다. 그리고 옷도 갈아입지 않고 곧바로 내가 누워 있는 방으로 들어오셔서는 어머니더러 "뭘 좀 먹었소" 하고 물으셨다. 어머니가 먹이지 못했다고 대답하자 아버지는 의자를 당겨 침대 옆에 앉으시며 내 손을 꺼내 잡으시더니 나를 끌어안고 얼굴을 부비면서 목이 메어 우셨다. 눈물이 내 얼굴을 타고 내렸다. 한참 만에 어머니더러 미음을 좀 가져오라 하여 손수 내 입에 미음을 떠 넣으려 하셨지만 나는 입을 꼭 다물고 고개를 돌려 버렸다. 아버지도 내 태도의 완강함에 어쩔 수가 없으셔서 그저 나를 부둥켜안은 채 한참을 그렇게 앉아 계시더니 이렇게 말씀하셨다.

"복영아. 내 말 좀 들어봐라. 네가 끝내 이렇게 먹지 않고 죽어버리면 네 어머니도 죽고 나도 죽는다. 이 모든 일이 다 아비 잘못이다. 제발 용서해라. 아비가 저 노서아감옥에서 사형선고를 받고 그때 죽었더라면 이번 일은 없었을 것이다. 그런데 하늘이 나더러 독립운동을 계속하라는 뜻이었는지, 사형 전날 풀려났다. 그때 나는 감옥 안에서 사형을 당하기 전에 내 스스로 죽기를 작정하고 먹는 것도 포기하고 있었는데, 정신적인 고통과 육체적인 괴로움이 합쳐져서 감옥에서 풀려나왔을 때는 피골이 상접하여 겨우 들숨 날숨만 붙어 있을 정도로 쇠약해져 있었다. 그때 동지들이 나를 네 작은어머니 집에 부탁하여 건강을 회복토록 하였다. 네 작은어머니는 원래 17세에 출가하여 아들 딸 남매를 두고 일찍 과부가 되는 바람에 아이들을 외할머니에게 맡겨놓고 두만강을 넘나들며 만주로 노서아로 장사를 하러 다녔는데 그때 마침 노서아에 머물러 있었던 것이다. 너도 알고 있는 신숙 선생과 의남매를 맺어 오라버니 누이 하며 지내던 터라 나를 그 집에 부탁한 것이다. 그래서 그런지 그는 정성을 다하여 나를 돌보아주는 바람에 건강은 빠르게 회복되어 갔다. 그런데 뜻밖에도 주위에서는 이러쿵저러쿵 말이 생겨난 모양이었다. 그래서 어느 날 신숙 선생은 나더러 네 작은어머니와 부부의 인연을 맺는 것이 좋겠다고 말을 했다. 그런데 그보다 앞서 만주와 노령의 동지들 가운데는 네 어머니가 국내에서 돌아가셨다는 소문이 퍼져 있었다.

　신숙 선생도 그 말을 해가며 작은어머니를 맞아들이라고 권했다. 그래야 앞으로 기회를 보아 아들딸들을 데려다가 기르고 가르칠 수 있지 않겠느냐는 것이었다. 그 말을 듣고 나도 그 말이 옳다고 생각했다. 독립운동을 위해서 가정을 버린 사람이 새삼 무슨 가정일까 하고도 생각했지만, 앞으로 너희 삼남매를 그냥 국내에 버려둘 수는 없는 노릇이고, 언젠가는 데려 와서 내 뒤를 이어나가도록 해야겠는데, 그러자면 가정이 필요할 것 같고, 또 네 작은어머니는 생활력도 좀 있으니 삼남매를 부탁하면 잘 길러줄 것도 같아 맞아들이기로 결정을 했다. 그런데 얼마 안 되어 네 어머니가 죽지 않고 살아 있다는 소식이 다시 전해졌다. 그때 네 작은어머니는 이미 네 동생 정계를 갖게 된 때였다. 나는 네 어머니가 살아있다는 소식을 듣고 한편 고맙기도 하고 반갑기도 했지만 한편으로는 걱정도 되었다. 그때, 네 어머니도 생각날 것이다, 나는 그 어려운 가운데서도 나의 그런 마음을 전하고자 조그마한 금반지 하나를 구해서 인편으로 네 어머니한테 전한 일이 있다. 그리고 될 수 있는 대로 너희들을 데리고 만주로 들어오라고 하였다. 다른 사람들은 나더러 너의 작은어머니가 성질이 거세다고 버리라고들 하지만, 복영아, 너는 아직 나이가 어려서 잘 모르겠지만 세상에 아무리 이름난 못된 아내라도 자식에게는 자애로운 어머니란다. 너의 어머니가 너희 삼남매를 목숨같이 생각하고 사랑하듯, 너의 작은어머니도 나름대로 자기 자식을 사랑한다. 그러니 내가 네 작은어머니를 버리면 네 동생 정계가 어디로 가야 하겠니? 물론 네 어머니는 심성이 착해서 잘 거두어 주겠지만 생모만은 못한 법이다. 그리고 만약 내게서 떠나서 제 어미만을 따라간다면 아비 없는 자식이 되고 말 터인즉 그 또한 인륜에 어긋나는 일이고 사람으로는 차마 할 수 없는 일이다. 그래서 이 아비는 모두 내 잘못으로 생각하고 그대로 견디며 사는 것이다. 그러니 너나 정계에게는 아무 잘못도 없다. 괴로워도 나와 네 어머니와 네 작은어머니 세 사람의 일일 뿐, 너희들에게는 아무 허물도 없으니 너희들까지 괴로워할 필요가 없다. 그러니 부디 아비를 용서하고 미음 받아먹고 몸 추슬러서 학교에 가거라. 아비 말 무슨 말인지 알아듣겠지? 너는 속이 깊은 애니까 아비 말 알아들을 것이다."

참으로 긴 사연을 짧은 말에 담아 눈물로 나에게, 자식인 나에게 용서를 비시는 것이었다. 그때 나는 생각했다. 이 마당에 아버지인들 어떤 뾰족한 해결책이 있을까보냐? 그렇다면 나도 그 억지 같은 운명에 휘말리지 말고 떳떳하게 살아서 불쌍하고 착한 내 어머니를 편안히 모시도록 힘써야 하지 않겠느냐? 오냐, 뜻이 있는 곳에 길이 있다고 했다, 설마하니 내가 어머니 한 분 모실 수 없겠느냐? 막다른 골목에 정 안 되면 시집이라도 가는 것이다, 어머니를 모시는 조건으로. 며칠 전에 홍진(洪震)[40] 선생께서 M씨 댁 둘째아들이 쓸 만한 사람이어서 중매를 드는 것이라며 어머니께 나를

---

40) 홍진(1877~1946) : 호 만오, 만호(晩湖). 법관양성소를 졸업하고 검사로 근무하다가 경술국치를 당하자 사직. 3·1운동 직후 상해로 망명하여 임시정부 법무총장, 내무총장, 의정원 의원, 국무령을 역임. 1929년 만주에서 조직된 비밀결사 생육사의 사장(社長). 1930년 만주 한국독립당 중앙위원장. 1934년 남경에서 신한독립당 창당. 1935년 민족혁명당 조직에 참여했지만 의열단계열과의 노선 차이로 탈당. 임시의정원 의장.

그 댁 둘째며느리로 약혼을 맺는 것이 좋겠다고 하는 말을 귓결에 들었는데 그때 문득 그 생각이 떠올랐던 것이다. 그때서야 나도 눈물을 줄줄 흘리면서 미음을 받아먹었다. 그리고 아버지가 날 위해 사 오신 것이라며 숟가락으로 긁어서 먹여주시는 참외도 조금 받아먹었다. 향긋한 참외 냄새가 코에 느껴지자 느닷없이, "참외는 이렇게 향기로운데 인간 세상은 왜 이리 복잡하고 향기롭지 못한 것이 많은가?" 하는 생각이 떠올라 그만 목을 놓고 엉엉 울어버렸다. 동생이 달려오더니 나를 부둥켜안으며 "울지 마, 울지 마" 하고 저도 함께 따라 우는 것이었다.

사흘을 더 그렇게 누웠다가 다시 학교에 갔다. 그리고 방과 후에는 방을 구하러 다녔다. 마침내 진회하(秦淮河)를 끼고 있는 어떤 골목에 싸구려 방 한 칸을 얻어 아버지도 동생도 없는 사이에 나무침대 하나만 들고 나와 버렸다. 이제부터는 오직 공부다. 하루 한 끼 소금을 반찬 삼아 먹는 밥도 어렵지 않게 극복해 나갈 수 있다. 나는 마음속으로 다짐을 했다. 앞으로는 어느 누구에게도 기대지 말자, 떳떳하게 살자, 굶어 죽는 한이 있더라도 머리 숙이고 허리 굽히는 비굴한 삶은 살지 말자. 누가 나를 어린아이라고 업신여기느냐? 누가 나를 여자라고 업신여기느냐? 이제 나는 어린애도 아니오, 여자도 아니다. 여자이기 전에 나는 사람이다, 사람이어야 한다. 지금은 비록 더러운 진회하 흙탕물에다 쌀을 씻어 밥을 끓여 먹고 책상 하나 없이 빈대 끓는 침대를 책상 삼아 땅에 무릎 꿇고 앉아 공부하지만 나는 결코 사람 이하의 대접은 받지 않을 것이다. 누구도 넘볼 수 없는 당당한 사람이 될 것이다.

이리하여 그 방향을 알 수 없던 더디고 더딘 나의 어린 시절은 끝나고 생애(生涯)의 다른 장(章)을 열게 되었다.

1. 남경 실함(失陷) 금릉 비화(金陵悲話)

1937년 11월 중순, 나는 피난 학교 기숙사에서 놀라운 전보 한 장을 받았다.

"母親病危. 火速回家."[41]

나는 떨리는 가슴을 안고 시외버스 정류장으로 줄달음을 놓았지만 그날의 마지막 버스도 이미 떠난 지 오래였다. 하는 수 없이 타박타박 기숙사로 돌아와 어찌 할 바를 모르고 오락가락 서성이면서 눈물만 흘렸다.

"이 밤 안에라도 어머니가 돌아가시면 어쩌나!"

"평소에 어머니는 좀처럼 아프다고 하지 않으신다. 웬만해서는 자리에 눕지도 않으신다. 병환이 얼마나 침중하시면 오빠가 이런 전보까지 쳤을까?! 이 밤으로 어머니가 돌아가시기라도 한다면…. 아아 이걸 어쩌나. 날개라도 있으면 날아서라도 갈 수 있으련만…."

그때 나에게 어머니는 바로 이 세상 전부였다. 의지(依支)요, 사랑이요, 믿음이요, 또 용기와 희망의 원천이었다. 어머니가 계심에, 나의 내밀(內

---

41) 어머님이 병으로 위급하니 화급히 집으로 오너라.

密)한 영혼이 비로소 숨을 쉬고, 인간으로서의 성장을 게을리 할 수 없음을 깨닫고, 모든 어려움을 두려워하지 않고 굳세게 싸워 나갈 것을 다짐하면서 학업에 힘을 다할 수 있었다. 그런데 이제 그 근원적이며 소중한 존재가 나를 떠나려 하는 것이 아닌가? 어쩌면 좋단 말인가? 어쩌면 좋단 말인가? 내가 하도 안절부절 눈물만 흘리니까 기숙사 동창생들도, 사감 선생님과 교장 선생님(汪育才)도 잠을 잊으신 채 함께 걱정해 주고 무릎을 꿇고 함께 기도해주셨다.

동이 트자 새벽 첫 차로 나는 남경 시내로 돌아와 발이 땅에 닿는지 모를 정도로 달렸다. 집 대문을 들어서며 오빠를 불렀는데, 그런데 이게 웬일인가? 부엌문이 벌컥 열리며 어머니가 조용히 웃음 띤 얼굴로 걸어 나오시는 것이 아닌가? 나는 하도 놀라서 말뚝 모양 굳어서 서 버렸다. 입을 열고도 말이 나오지 않았다. 한참 만에 어머니가 먼저 말을 하셨다.

"많이 놀란 모양이구나!… 새벽차로 오느라고 고단하겠다. 어서 들어가자…" 하시며 내 손을 잡고 등을 얼싸 안아 집안으로 이끄셨다. 그러나 나는 오히려 폭발하듯 소리를 질러댔다. "오빠 어딨어요? 그런 법이 어디 있어요? 왜 날 속였어요? 왜 속였어요? 왜요? 왜?" 이어서 "나 갈래요. 돌아갈래요. 시험(월례고사)도 있고 한창 바쁜 때란 말예요"라고 말하면서 나는 몸을 획 돌려 대문을 향해 걸어 나갔다. 그제야 오빠가 방에서 나왔다. 그리고 나를 붙잡고 말렸다. "바쁜 너에게 그런 전보를 쳐서 놀라게 한 것은 정말 미안하다. 그렇지만 예사 편지로는 네가 속히 돌아 올 것 같지도 않고 또 세세한 사정을 편지를 쓸 수도 없어서 그런 것이니 이해하고 용서해라. 그리고 지금 당장 돌아가면 학교에서도 오히려 이상하게 생각하지 않겠느냐? 이왕 돌아왔으니 하루 밤 자고 자세한 이야기도 듣고 내일 아침에 가거라" 하며 나를 달래었다. 그날 오빠가 내게 들려준 이야기는 나를 다시금 놀라게 하고 고뇌하게 하였다.

"8월 13일 일본 침략군의 침입으로 일어난 송호전쟁(淞滬戰爭)은 이제 중국측에 매우 불리하게 되어 드디어 수도 남경까지 위태로워서 중국정부는 수도 남경에서 철수하려고 한다. 그러니 우리 한국 독립운동 진영의 모든 사람들도 이에 따라 철수해야만 하게 되었다. 그런데 이 오라비는 이미 독립운동에 바친 군인의 몸이니 언제라도 필요할 때에는 전쟁터로 나가야 할 것 아니냐? 그리 되면 어머니를 누가 모시고 보살펴 드려야 하느냐? 네 언니는 이미 출가하여 남의 집 식구가 된 사람이고, 어머니에게 남은 자식은 너 하나밖에 없지 않느냐? 너도 알다시피 우리 어머니는 남달리 고생도 많이 하시고 우리 삼남매를 위해 정성을 다하신 분이 아니냐? 이 험한 전쟁의 소용돌이 속에서 곁에 돌봐 드릴 자식 하나 없이 어떻게 견디고 살아가실 수 있겠느냐? 말도 잘 통하지 않는 이국(異國) 땅에서. 그러니 너에게 공부도 중요하지만 어머니 곁을 떠나지 않고 잘 모시고 위로해드리는 일도 매우 중요하다고 생각지 않느냐? 오라비로서 나의 책임을 너에게 미루어 떠맡기는 것 같아서 미안한 마음 그지없다마는, 오늘날까지 우리 삼남매를 위해 고생고생하며 살아오신 어머니를 도저히 혼자 남아 계시게 할 수는 없는 것이다. 이해해 다오." 이렇게 오빠의 말은 매우 간곡했다.

그때 나는 학교장학금으로 공부를 하고 있었다. 전교 수석에게 베풀어 주는 학비(등록금) 전액 면제의 혜택을 받고 있었다. 그리고 학교 선생님들도 나에게 적지 않게 기대하고 있어서, 나는 그 기대를 절대로 저버려서는 안 된다고 생각했다. 나에게 학업을 닦는 일과 앞날의 성취는 절대로 포기해서는 안 될 행운이요 운명이라고 생각하고 있었기 때문에 오빠의 뜻에 쉽사리 응할 수가 없었다.

음악 선생님은 내가 장차 음악을 전공할 수 있도록 피아노까지 무료로 가르쳐 주시고 교장 선생님은 장차 나를 시범대학에 보내어 학업을 마친 후 (내가 원한다면) 모교로 돌아와 후진들을 가르치게 하겠다고 했다. 또 교회 목사님(麥克倫. 미국인)−나는 1936년 부활절에 이분의 집례로 침수례를 받았다− 내외분은 내가 졸업하는 해에 마침 그분들도 중국에서의 전도 기한이 차서 고국으로 돌아가게 되므로 나를 데리고 가서 신학을 공부하게 하여 전도 사업에 힘쓰게 하겠다고 하니, 나는 그야말로 앞길이 탄탄대로로 훤히 트여서 그저 스스로 일로매진(一路邁進) 열심히 노력만 하면 무엇이든 다 이루게 되어 있었다. 내가 아무리 가난하고 힘이 없어도 주위 사람들이 나를 인정해주고 믿어주고 도와주는 이상, 또 저 높은 곳에서 굽어보며 살펴주시는 하나님이 계시니, 두려울 것도 염려할 것도 없다고 스스로 다짐했었다. 그런데 어떻게 이 학교를, 배움의 터를, 개척의 길을 포기하라는 말인가?

하루해가 저물어 밤이 되었다. 등화관제로 남경 그 큰 도시가 온통 어둠에 휩싸여 어디에서도 숨소리 하나 들릴 것 같지 않았다. 전날 밤을 꼬박 새웠는데도, 이 생각 저 생각에 잠이 오지 않았다. 밤이 깊어지자 우르릉우르릉 지축(地軸)을 울리며 트럭 행렬이 괴물처럼 잇달아서 한 방향으로 큰길을 지나갔다. 창밑으로 내려다보니 모두 덮개를 뒤집어 씌워서 차에 실은 것이 무엇인지 알 수 없었으나 그 무게만큼은 짐작이 갔다. 행렬은 밤이 다하고 새벽이 올 무렵에야 그쳤다. 아, 정말 후퇴인가 보구나. 이 유서 깊은 중국의 수도 남경을 포기하려는가 보구나. 저 오랜 세월 전에 오(吳)나라와 동진(東晉)·송(宋)·제(齊)·양(梁)·진(陳), 그리고 명나라 초기에도 도읍으로 삼았던 이곳, 이제 중화민국의 어엿한 수도이기도 한 남경을 이렇게 허무하게 포기하고 말다니! 이럴 수가, 이럴 수가! 문득 저 종산(鍾山) 위에 있는 중국의 국부 손중산의 능묘가 떠오르고 현무호(玄武湖)에 만개하였던 연꽃이 생각났다.

그해 7월 7일에 중국에 주둔해 있던 일본군은 하남성(河南省) 북경의 입구인 노구교(蘆溝橋) 부근에서 야간연습을 한 뒤에 귀대점호 중 병사 한

175

사람이 실종하였다는 구실로 완평성(宛平城) 밖 이곳저곳을 들쑤시면서 수색하고 그것도 모자라 성안에까지 들어와 수색하겠다고 억지를 썼다. 이에 중·일 양측이 설왕설래하는 중에 그 실종자는 이미 무사히 귀대하였는데도 일본은 실종 이유를 캐어야 한다고 끝내 전단(戰端)을 일으켰다. 그리고 이어 7월 28일에는 북경까지 진공, 점령하고 30일에는 천진도 점령했다. 그럼에도 일본은 그것으로 그치지 않고 군대를 남으로 돌려 침공을 계속하는 한편, 8월 13일에 중국의 최대 상공업도시인 상해를 향해 공격의 포문을 열었다.

일본은 일찍부터 대륙침략의 야욕을 품고 그 첫걸음으로 청일전쟁을 일으켜 승리함에 마관조약(馬關條約)을 맺어 조선(한국)을 지배할 수 있게 되었을 뿐 아니라 중국의 대만, 팽호(彭湖列島) 및 요동반도(遼東半島)를 빼앗아 대륙침략의 발판으로 삼았다. 1931년 9월 18일에는 또 만주(중국의 동삼성)를 침공하여 청나라 마지막 황제였던 부의를 내세워 괴뢰정부 만주국을 세우고 세계의 눈과 귀를 속이려 했다. 그러면서 허울 좋게 '아세아 공존공영'을 떠들어댔다. 그러나 눈 있는 사람, 귀 있는 사람, 마음이 살아있는 사람은 그에 속지 않았다. 도처에서 의용군이 일어나 일본군과 부단히 싸웠다.

1910년 나라를 빼앗긴 우리 한민족과, 일본 독아(毒牙)에 물려 야금야금 먹힘을 당하는 중국 국민들은 절치부심 빼앗긴 것을 되찾아서 부끄러움을 씻고자 애를 태우며 동북 곳곳에 의용군을 편제해서 항거하기 시작하였다. 중국의 조야가 발칵 뒤집혔고 항전의 열기는 고조되었다. 더는 참을 수 없다고 들고 일어났다. 그러나 당시 중국의 방어 능력은 일본의 막강한 군사력, 화력을 막아내기에는 힘이 부족했다. 예를 들어 현대전에서 지극히 필요한 비행기만 하더라도 일본은 이미 2,700여 대를 가지고 있던 데 비해 중국은 겨우 전투기 300여 대밖에 없었다. 전력이 비교도 안 될 만큼 기울어 있었던 것이다.

내 기억으로는 맨 처음 일본 비행기의 내습은 8월 중순경이었는데 그것도 야습이었던 것으로 기억된다. 그때는 중국의 요격기(邀擊機)가 날아올라 공중전을 벌이는 것을 볼 수 있었고, 일본 비행기를 격추시키는 것도 볼 수 있었다. 그러나 중국측의 피해와 희생이 더 컸다. 야간공습 때 비행기들이 빨간 불빛, 파란 불빛을 깜빡거리며 이리저리 날아다니고 지상에서 쏘아올린 파아란 서치라이트(探照灯) 불빛이 이리저리 교차되면서 일본 비행기를 추적하는 모습은 한 가지 신기하고 재미있는 놀이같이도 보였다. 그러나 그것은 엄연한 전쟁이요, 살상과 약탈을 목적으로 쳐들어온 도둑떼를 막아내려는 기막힌 싸움이었다.

11월 12일에 상해도 그만 일본군 수중에 떨어지고 말았다. 그 전에 이미 일본군은 남경을 향해 진공해오고 있었는데 상해가 저들의 손에 떨어지자 더욱 맹렬히 남경을 공격해 들어왔다. 중국은 그것을 막아내려는 열의는 매우 드높았지만 저들의 속전속결의 우세한 화력을 막아낼 힘은 부족했다. 그래서 중국정부는 장기전을 계획하고 수도를 먼 사천성 오지(奧地) 중경(重慶)으로 옮기기로 결정하고 천도(遷都)작업을 착착 진행하는 중이었다.

이에 따라 우리 대한민국임시정부 산하, 즉 광복진선(光復陣線)[42] 소속 교민들도 부득이 남경을 떠나지 않으면 안 되었다. 나는 밤새도록 엎치락

---

42) 한국광복운동단체연합회의 약칭. 한국광복운동단체연합회는 김구의 한국국민당을 중심으로 9개의 정당과 단체가 1937년 8월 1일 남경에서 동 단체 연합 선언문을 발표하고 9월에 결성되었다. 여기에 참가한 정당과 단체는 중국 관내의 3개 정당(한국국민당·조선혁명당·한국독립당)과 미주의 6개 독립운동단체(미주 대한인국민회, 하와이 대한인국민회, 하와이 대한인단합회, 하와이 대한부인구제회, 하와이 동지회, 하와이 한인애국단)이다. 한국광복운동단체연합회는 대한민국임시정부를 중심으로 독립운동을 추진하기 위해 결집한 최대 연합기관으로 향후 대한민국임시정부가 독립운동의 중추기관으로 제 위상을 강화하는 역사적인 발판이 되었다.

뒤치락 결정을 내리지 못한 채 학교로 돌아갔다. 놀라운 것은 하루 사이에 기숙사 안이 썰렁하게 비어버린 사실이었다. 대부분이 그들의 부모나 친지들이 직접 와서 부랴부랴 짐을 챙겨 떠났다는 것이다. 나는 이틀을 더 묵으면서 교장 선생님께 집에서의 이야기를 말씀드리고 끝까지 교장 선생님을 따라가겠노라고 했다. 그러나 교장 선생님은 이렇게 말했다. "너도 어제 오늘 보다시피 학생들이 거의 다 떠나갔다. 남경을 지키기 어렵다는 사실을 믿고 싶지 않지만 그건 피할 수 없는 엄연한 사실인 것 같다. 학생이 없는데 학교를 어떻게 계속할 수 있겠느냐? 학교도 곧 휴교하게 될 것 같다. 그렇게 되면 나도 부득불 피난을 가야 하는데 너에게 함께 가자는 말은 못하겠구나. 이 어지러운 전란 중에 부모형제와 헤어져 나를 따라가겠다는 것은 무리인 것 같다. 그러니 이 전쟁이 끝나는 날, 아니 남경이 수복되는 날 다시 만나기로 하자. 지금은 어머니를 따라가는 것이 어머니의 걱정을 덜어드리고 효도하는 길이니 우리 그렇게 하자. 설마 전쟁이 오래 가기야 하겠니? 어디를 가든지 우리 주님께서 돌보아주시고 함께 하여 주실 것이다."

나는 하는 수 없이 사흘 만에 짐을 챙겨 남경으로 돌아왔다. 그리고 이내 광복진선에서 중국측에 교섭하여 마련한 커다란 목선을 타고 또다시 유랑길에 올랐다.

돌이켜보면 1919년 '조선독립만세' 소리가 삼천리 방방곡곡에 울려 퍼지고 있을 무렵 이 세상에 태어난 나는 사흘 만에 겨우 아버지의 품에 한 번 안겨보고 기약 없는 생이별을 했으며 여섯 살이 되도록 아버지의 얼굴조차 몰랐다. 1924년 여름에 어머니와 오빠를 따라 만주로 가서 아버지를 만나고도 첫 대면에 아버지를 알아보지 못해 아저씨라고 부르기까지 하였다. 그런 아버지하고도 다시 함께 살 수 없어 이 고장 저 고장으로 쫓기고 옮겨 다니면서 1년 혹은 2년을 넘기지 못하고 만주의 황막한 곳곳을 전전하였다. 1930년에서 1931년을 넘는 그 한겨울에는 특히, 새로 솥을 걸쳐놓은 부뚜막에 흙이 채 마르기도 전에 무려 열세 번이나 주거(住居)를 옮겨 다녀야만 했다. 이런 것들은 나에게 하나의 풀 수 없는 수수께끼였고 그 해답을 꼭 찾아내야만 하겠다는 생각이 간절하게 되었다.

1933년 겨울 산해관을 넘어 중국 본토로 일컬어지던 관내로 들어와서는 사세 부득이 중국인 행세를 하며 어떤 때는 하루에 한 끼, 그것도 소금을 반찬으로 밥을 먹으면서도 가슴에 응어리져가는 그 수수께끼를 풀어보겠다는 소원 때문에 공부를 열심히 했고, 어렵사리 기회도 얻어냈다. 그런데 이제 또 유랑이라니! 북경에서 겨우 1년 반, 남경에서도 또 3년을 채우지 못하고 쫓겨 가야만 하다니!!

그때 나는 나이 어리고 학생이며 여자이기에 어떠한 정당이나 그 비슷한 단체에도 가입하지 않아서 피난에 대한 모든 교섭이나 진행 경과에 대해서는 세세히 아는 바가 없었다. 다만 아무 날 아무 시에 아무 곳으로 나와서 피난 교포들과 함께 승선하라는 말에 따라 어머니를 모시고 양자강(揚子江) 가로 나갔다. 그때서야 나는 비로소 남경에도 꽤 많은 교포들이 살고 있었다는 사실을 알게 되었다.

1937년 11월 17일(?)에 승선할 때 아는 얼굴은 많지 않았다. 오빠의 낙양군관학교 동창생 몇몇이 있었지만 별로 가까이 지내지도 않았고, 가깝게 지냈던 김창환 선생님은 이미 그해 2월에 남경에서 돌아가셨기에 뵐 수가 없었다.

일을 맡아하는 분들이 이미 인원수를 파악하여 세대별로 자리를 안배해 놓아서 일행은 군말 없이 지정된 자리를 잡았다. 여러 날을 가야 했기 때문에 밤에 누워서 잠을 잘 수 있도록 배 길이로 가운데 통로만 남겨두고 차례차례 앉고 누울 수 있었다. 그때 하관에 살고 있으면서 지독한 궁핍에 시달리던 언니네도 어린 아들 현석, 현만 두 형제를 데리고 바로 옆에 자리를 잡았다. 무척 반가웠다. 현석은 만주생이고 현만은 북경생이다. 겨우 다섯 살, 세 살이었다. 그때 현석은 우리 교포들과는 멀리 떨어져서 중국 아이들과 어울려 놀았기 때문에 우리말보다 남경말을 더 잘하는 편이어서 그의 외할머니인 나의 어머니는 길게 한숨을 쉬시곤 하였다.

배는 바다 못지않은 흉흉한 물살을 헤치며 거슬러 올라가야 하기 때문에 행속(行速)이 빠르지 못했다. 더구나 역풍이라도 부는 날에는 차라리 언덕에 내려 걸어가는 것이 더 편하고 빨랐다. 그런 날에는 선부들도 배에서 내려 배에 연결된 굵은 밧줄을 혹은 어깨에 메고, 혹은 허리에 둘러 감고서 서로서로 호흡을 맞춰 "휘이호, 휘이호" 하고 노래 부르며 배를 끌고 가곤 했다. 우리 젊은이들도 문득 '볼가강의 뱃노래'가 생각나서 그걸 불러 사공들의 힘을 북돋우었다.

햇빛은 밝고 하늘은 높푸르며 새들도 자유로이 날아다니고, 먼 마을에서는 밥 짓는 연기가 조용히 떠오르는 것이 무척 평화로워 보였다. 누가 이곳을 전쟁의 재난이 일고 있는 곳이라 생각할 수 있을 것인가? 그런데도 해가 지고 저녁이 되어 배를 부둣가에 대고 선원들과 우리 젊은이들이 마을에 들러 양식과 부식거리를 마련해 오면 으레 한두 가지 전쟁 소식을 가져왔다. 그러면 배에 남아 있던 사람들과 함께 술렁술렁 적잖은 이야기가 오고가며 근심 걱정에 모두 얼굴이 어두워졌다.

그러던 며칠 만인가, 하루는 강 아래쪽에서 위를 향해 불어오는 큰 바람을 만났다. 날은 흐릿하고 언덕도 잘 보이지 않는 잿빛 하늘 아래 물결이 흉흉했다. 그런데 사공들은 오히려 신명이 나서 돛을 앞뒤로 올리며 말하기를, 오늘 같은 날은 배의 요동이 심하니 노인이나 어린이, 부녀자들은 절대로 선창 밖으로 나오지 말아 달라고 당부했다. 그들의 말에 따라 일을 맡아 하는 몇몇 젊은이 외에는 아무도 밖에 나가 볼 엄두도 못 냈다. 그런데 바로 그닐, 중국인으로서 우리 독립진영에 몸담아 있으면서 일을 돕던 채모(蔡某)라는 젊은이가 그만 물에 빠져 참변을 당하고 말았다. 원래 배를 타고 갈 때는 강물을 주로 이용하는데 물을 떠올리려면 반드시 두레박을 물 흐름의 위쪽에서 아래쪽을 향해 던지는 동시에 재빠르게 건져 올려야 한다. 그런데 채군은 그런 이치를 알지 못하고, 역류를 거슬러 올라가면서도 하루에 4~500리를 수월히 달릴 수 있는 그런 빠른 물살에다 두레박을 아래에서 위를 향해 던졌던 것이다. 그래서 두레박줄을 미처 놓아 버릴 틈도 없이 그만 탁류(濁流)에 휩쓸려 들어가고 말았다. 다른 젊은이가 놀라 구해 내려고 물에 뛰어들려고 하니까 선부들이 극구 말렸다. 물에서 사는 자기네들도 이런 날씨, 이런 상황에서는 손쓸 방법이 없다고 하였다. 그러는 사이 채군은 이미 물살 속으로 종적 없이 사라져 버리고 말았다. 참으로 아깝고 안타까웠다. 배 안에 있던 사람들이 모두 우울하고 참담한 심정이었다.

구강(九江)과 한구(漢口)에서 일부 인원들은 기선(汽船)으로 갈아타고 장사로 갔다. 우리 식구들은 끝까지 목선을 타고 갔다. 장사에 도착하자, 남경은 이미 12월 13일에 함락되었고 일본군이 계속 양자강 상류 방향으로 침공해 오고 있다고 하였다. 송호전쟁이 시작된 지 꼭 네 달 만이고 노구교사변에서 다섯 달 조금 넘을 때였다. 어이없는 일이었다. 하늘은 정말 일본의 야욕을, 속전속결의 미몽(迷夢)을 그대로 보고만 있을 것인가?

2. 악록산의 불빛, 영산홍

장사에 도착하니 선발대가 먼저 와서 주거문제를 이미 해결해 놓고 있어서 각각 안배에 따라 나뉘어 들었다. 우리 집은 서원북리(西園北里)에서 언니네와 함께 한 건물에 들게 되었고, ㄱ자로 꺾인 오른쪽 골목 첫 머리 건물에는 오광선 씨의 부인이 희영, 희옥, 영걸 등 삼남매를 데리고 살게 되었다. 골목 왼쪽 끝으로 엇비슷하게 마주보이는 건물에는 엄항섭(嚴恒燮),[43] 김의한(金毅漢)[44] 선생들의 가족과, 백범 선생의 자당, 그리고 인(仁),[45] 신(信) 두 아들과, 또 상해에서부터 임시정부에 몸담아 일하시던 이동녕, 차리석(車利錫),[46] 송병조(宋秉祚)[47] 선생들이며 청년단원 안춘생(安椿生), 노태준(盧泰俊), 고시복(高時福) 등 젊은이들이 함께 들어가 살았다. 그리고 조선혁명당 계통의 식구들은 대부분 남목청(楠木廳)에서 살게 되었다. 얼마 오래지 않아 홍진 선생과 조경한(趙擎韓)[48] 선생 두 분은 우리가 살고 있는 집 2층으로 옮겨 와서 우리 집에서 조석 공궤를 받았다.

하던 학교 공부도 계속 할 수 없고 도서관 같은 곳도 미처 찾지 못했으며 책을 사서 읽을 만한 여유도 없어서, 나의 생활은 하루하루가 그지없이 답답하고 무료하였다. 3·1절을 앞두고는 프로그램을 짜고 노래연습을 시작했다. 김모(金某)라는 청년단원이 그때 그곳에서는 가장 음악적 소양이 있는 것으로 알려져 그가 우리 젊은이들에게 출연할 인원, 노래 곡목 등을 지정해 연습하게 했다. 그는 나에게 '켄터키 옛집'을 부르라고 하였지만 나는

---

43) 엄항섭 (1898~1962) : 호 일파(一波). 1929년 재중국한인청년동맹 중앙위원. 1932년 임시의정원 의원. 1940년 한국독립당 선전부장. 1944년 임시정부 선전부장.

44) 김의한(1900~1964) : 김가진(金嘉鎭)의 아들. 3·1운동 후 상해로 망명. 1928년 한인청년동맹 상해지부에서 활동. 1931년 한인애국단 조직에 참여. 1940년 한국독립당 감찰위원회 위원. 1943년 한국광복군 조직훈련과장.

45) 김인(金仁. 1917~1945) : 김구(金九)의 장남. 1936년 대한독립군 훈련소 감독관. 1945년 중국에서 병사.

46) 차리석(1881~1945) : 호 동암(東巖). 신민회에 참여. '105인사건'으로 옥고. 1921년 독립신문 편집국장. 1932년 이후 임시정부 국무위원. 해방 직후 중국에서 병사.

47) 송병조(1877~1942) : 호 신암(新巖). 상해 신한청년단에 참여. 1926년 임시의정원 의장. 한국광복진선 결성에 참여. 1940년 임시정부 국무위원. 1942년 병사.

48) 소경한(1900~1993) : 오 백강(白岡). 1930년 만주 한국독립당 선전위원장. 민주시변 후 한국독립군 참모를 거쳐 참모장. 1933년 낙양군관학교 교관. 1940년 한국독립당 중앙집행위원. 1940년 한국광복군 총사령부 주계장(主計長). 1944년 임시정부 국무위원.

'낙화암'이나 '봉선화' 같은 곡이 더 좋아 3·1절 낮 출연에는 '봉선화'를, 밤에 있을 방송에서는 '낙화암'을 연미당(延薇堂)과 함께 부르기로 하였다. 낮에 있은 기념식 후 여흥 시간에 연미당은 '장미화'를, 이국영(李國英)은 '○○○'—곡명을 잊었는데 '저 강 건너 공장에는'으로 시작하는 노래—를, 나는 '봉선화'를 불렀으나 여자들의 노래는 모두 애상적이어서 그리 환영을 받지 못했다. 하지만 이달(李達) 씨의 전라도 육자배기는 대환영을 받았다. "앵콜이요", "재청이요" 하는 소리가 크게 터져 나왔다.

3·1절을 지내고 얼마 안 되어 독립운동가 안창호(安昌浩) 선생의 서거 소식이 전해져 왔다. 곧 추도식을 거행하기로 했는데, 연미당, 김병인(金秉仁), 신순호(申順浩), 그리고 나 네 사람은 검은 상복을 갖추어 입고 다른 사람들은 일제히 상장(喪章)으로 대신했다. 모두들 숙연하고 비통에 젖었다. 이렇게 우리는 검은 상복을 한 달 동안 입었다. 우리 독립진영에서 독립운동에 몸 바쳐 일하다가 돌아가신 선열들이 셀 수 없이 많지만 상복이라도 입어드리는 대접을 받아 본 전례가 거의 없었으니 그때 안창호 선생님은 작은 위로라도 받으셨을까?

앞에 언급했던 이달이란 분이 학교에도 못 가고 놀고만 있는 어린이들을 딱하게 생각하여 그들을 모아 한글과 국사·지리 등을 가르치기로 하고 임시학교를 열었다. 이에 나더러도 나와서 한글과 산수를 맡아달라고 부탁하기에 나도 마침 하는 일 없이 무료한 나날에 진력이 나있던 터라 그렇게 하겠다고 응낙했다. 그런데 뜻밖에 며칠 지나지 않아 나에게 구혼을 해 오는 바람에 나는 몹시 당황하여 어찌 할 바를 몰랐다.

생각 끝에 "아직 나이도 어리고 앞으로 공부를 계속하려고 하기 때문에 결혼 같은 것을 생각해 본 적도 없다"고 하였다. 그런데도 그는 계속 내 아버지께도, 또 홍진 선생님을 통해서 내 어머니께도 나와의 결혼을 허락해 달라고 하는 바람에 내 오라버니에게 오해를 일으켜 크게 꾸지람을 듣게도 되었다. 사실 아버지도 그분을 꽤 인정해주는 말씀까지 하였고 그때 그곳에서 우리 젊은이들 가운데 상당히 인정을 받는 분이었다. 내가 마음만 있다면 허락했을 것이지만 나는 너무 철이 없었던지 마음이 움직이지 않았고 오히려 두렵기만 하였다. 그래서 임시학교 일도 계속할 수 없게 되었다.

다행이랄까 그때 마침 홍만호(洪晩湖: 홍진) 선생이 우리집 2층에 기거하게 되어 그에게 한시(漢詩) 짓는 법을 가르쳐주십사고 청을 드렸더니 쾌히 승낙을 하셔서 조계림과 함께 배우기 시작했다. 먼저 음운(音韻)에 대하여 설명을 하시고 한시 작법에서 소위 평평측측(平平仄仄)의 운용에 대해 소상히 가르쳐 주셨다. 그러고 나서 어느 날 마침 부슬부슬 봄비가 내리는데, '춘우(春雨)'라는 제목에 비(飛)·희(稀)·의(衣) 세 글자의 운으로 오언절구(五言絶句)를 지어 보라 하셨다. 조계림과 나는 끙끙대다가 한참만에 겨우 시라는 것을 짜 맞추어 내놓고 조마조마 평을 기다렸다.

내가 지은 것은
春雨漫漫飛 遠景更依稀 춘우만만비 원경경의희
堤邊楊柳暗 均披雲霧衣 제변양류암 균피운무의[49]
이고,
조계림이 지은 것은
燕雀共低飛 ○○○○○(잊었음) 연작공저비 ○○○○○
皆避屋簷下 恐濕羽毛衣 개피옥첨하 공습우모의[50]
였다.

---

49) 봄비 흩날리니 먼 경치 흐려지고 / 제방 옆의 버드나무 어두워 모두 구름안개 옷을 입었구나
50) 제비 참새 함께 낮게 날으니 ○○○○○ / 모두 처마 아래로 피하는구나 깃털옷이 젖을까 두려워

홍 선생님은 두 사람이 지은 것을 한참 들여다보시더니 천천히 이렇게 말씀하였다.

"두 사람이 다 처음 지어 보는 것으로는 제법 운율에 맞게 짓느라고 애쓴 것을 알겠다. 계림이의 '공(共)'자나, 복영이의 '암(暗)'자 같은 것은 시작(詩作)을 처음 해보는 사람으로서는 제법 잘 골라 썼다고 칭찬할 만하다. 그런데 시를 짓든지 일반 글을 짓든지 꼭 알아두어야 할 것이 하나 있다. 글이라는 것은 기교도 중요하지만 그 말하고자 하는 내용이 더 중요한 것이란다. 바꾸어 말하면 시나 문장은 바로 그 지은 사람의 얼굴이요 마음이며 인격이기 때문이다. 간단히 말해서 글이란 바로 지은 사람 자신을 나타내는 것이기 때문이다.⋯ 오늘 너희들이 지은 것을 보더라도 같은 제목, 같은 운자(韻字)로 지으면서도 복영이는 부슬부슬 안개처럼 내리는 봄비로 인한 자연 경치를 그리며 그 봄비로 인해 고루 혜택을 입는, 아니 고루 혜택을 주는 것을 읊었는데, 이로 미루어 사람 됨됨이를 평한다면 이런 시를 짓는 사람은 남에게 혜택을 주는 그런 사람으로 성장할 가능성이 보인다. 계림이는 자연을 보는 눈이 너무 좁은 것 아니냐? 미루어 평한다면 이런 시를 짓는 사람은 명철(明哲)하고 깨끗한 사람으로 자기 한 몸은 잘 지키겠지만 어떤 어려운 일에 부딪혔을 때 너무 소심하여 그 어려움을 딛고 일어서려는 의지력이나 박력 같은 것은 없을 것 같다. 그러니 앞으로 시작(詩作)에 대하여 계속 열심히 배울 것은 물론, 그에 못지않게 사람되는 공부, 즉 인격을 닦는 일에 힘을 기울여야 할 것이다. 알아듣겠느냐?"

홍 선생님의 그날 평어(評語)가 뒷날 내가 살아오는 동안 잊을 수 없는 교훈이 되어 함부로 붓을 놀리지 못하게 하였다.

얼마 지나지 않아 상강(湘江) 건너 악록산(岳麓山)에 영산홍(映山紅)이 만개하였다는 소문을 듣고 광복진선 교포들이 망중한(忙中閑)의 하루를 골라 소풍을 가기로 하고, 어른 아이 합쳐 한 30여 명의 인원이 길을 나섰다. 상강의 물은 맑고 푸르러 비단 폭을 풀어놓은 듯 잔잔했다. 우리들은 유유낙락(悠悠樂樂) 물결을 희롱하며 배를 저어 건너고 삼삼오오 끼리끼리 짝을 지어 담소하며 걸어서 악록산에 이르렀다. 산은 온통 불이 붙은 듯 화-안하게 모습을 드러냈다. 거기에 점점이 신록이 어울려 그 신선하고 화려한 아름다움에 놀란 우리 젊은이들은 숲속의 어린 사슴처럼 꽃숲을 헤치며 이리 뛰고 저리 달리며 환호성을 질러댔다. 이어 마음이 조금 가라앉자 꽃그늘에 주저앉아 노래를 부르기 시작했다, 그저 이것저것 생각나는 대로. 그러다가 어느 순간에 우리는 그때 한창 널리 유행하던 '유랑의 노래(流亡曲)'를 부르기 시작했다. 처음에는 그 넓은 산 한 구석에서 우리들 몇 명만이 외롭게 부르기 시작했는데 어느 사이에 이 언덕 저 골짜기에서 얼굴도 보이지 않는 많은 사람들이 따라서 함께 불러주어 대합창을 이루었다. 슬프면서도 격앙되고 호소력 짙은 대합창이 불타듯 붉은 영산홍 꽃가지들을 흔들어 대는 듯이 온 산에 넘쳐흘렀다. 그 여운이 너울너울 물결을 이루어 하늘 끝까지 넘쳐 나가는 것 같았다.

我的家在東北淞花江上

那裡有森林煤礦

還有那滿山遍野的大豆高粱

我的家在東北淞花江上

那裡有我的同胞

還有那衰老的爹娘

九·一八 九·一八

從那個悲慘的時候

九·一八 九·一八

從那個悲慘的時候

脫離了我的家鄉

抛棄那無盡的寶藏

流浪 流浪

整日價在關內, 流浪

那年 那月

才能够回到我那可愛的家鄉

那年 那月

才能够收回我那無盡的寶藏

爹娘啊! 爹娘啊!

什麽時候 才能歡聚在一堂?[51]

　　반복되는 노랫소리가 산을 울리며 하늘을 맴돌아 치솟아 오를 때 갑자기
공습경보가 울렸다. 노랫 소리도 뚝 그쳤다. 전쟁이 시작된 이래 우리는 이

---

51)　이 노래는 '유랑 삼부곡(流亡三部曲)'의 제1부로 원제가 '송화강상(淞花江上)'이다. 우리말 번역은 다
　　음과 같다.
　　내 집은 동북 송화강에 있었지
　　그곳엔 숲과 탄광이 있었네
　　산과 들 가득히 콩과 수수가 있었지
　　내 집은 동북 송화강에 있었지
　　그곳엔 내 동포가 있고
　　또 늙으신 부모님이 계시지
　　9·18 9·18
　　저 비참한 때에
　　9·18 9·18
　　저 비참한 때에
　　내 고향에서 쫓겨나 저 다함없는 보고를 포기하고
　　유랑! 유랑!
　　온종일 관내를 떠돌고 있구나!
　　어느 해 어느 달에 내 사랑하는 고향에 돌아갈까
　　어느 해 어느 달에 다함없는 보고를 되찾을 수 있을까
　　아버지 어머니! 아버지 어머니!
　　언제 한집에 모여 기뻐할 수 있을까

미 여러 번 일본 비행기의 습격을 겪어 보았기에 야외에 나와 있는 것을 오히려 다행이라고 생각하면서 그저 조용히 꽃그늘에 숨어 앉아 더러는 싸가지고 온 음식을 나누어 먹기도 하고 조용조용 이야기도 나누면서 공습이 지나가기를 기다렸다. 그러나 그게 아니었다. 이내 긴급경보가 울리고 이어서 우렁우렁 지축을 흔드는 폭격기 소리가 점점 가까이 울려오더니 비행기 편대가 햇빛을 받아 반짝반짝 빛을 발하며 머리 위로 날아왔다. 그때까지도 우리는 장사 시내나, 아니면 군사시설이 있는 곳을 폭격하려나 보다 하고 어디일까 궁금해 했는데 갑자기 적기는 기수를 낮추더니 폭탄을 퍼부었다. 귀청을 찢는 소리와 함께 매캐한 화약 냄새가 숨을 막히게 했다.

땅에 납작 엎드렸던 우리들 중에 다친 사람은 없는지 살펴보고 서로 천만다행이라고 한숨 돌리는 순간 누군가 "아" 하고 놀라는 소리를 질렀다. 바로 아까 지나왔던 호남대학(湖南大學)의 한 건물에서 시커먼 연기가 꾸역꾸역 쏟아져 나오더니 이내 불길이 치솟았다.

해제경보에 따라 우리가 부랴부랴 산을 내려오며 들으니 불난 건물은 바로 호남대학 도서관이라고 했다. 그 도서관은 장서(藏書), 특히 고서와 귀중본이 많았다. 그러니까 그 도서관은 문화적 가치가 대단한 곳이었는데 일본은 밝은 대낮에 군사시설도 아닌 문화자산을 한 순간에 폭파하고 불질러버린 것이다. 불타는 건물 아주 가까운 곳에 아까 지나올 때는 없던 40~50평은 좋이 될 것 같은 어마어마한 웅덩이가 패어 있었다. 얼마나 큰 폭탄을 얼마나 들어부었으면 사람의 몇 길이 될 만큼 깊으며 큰 구덩이를 순식간에 파놓았을까? 그때 우리 여자아이들은 미처 그런 상식이 없었기에 그저 입을 벌린 채 말을 잊을 수밖에 없었다.

구호대(중국인) 젊은이들이 담가(擔架: 들것)를 들고 바쁘게 오가는 것을 보고 우리는 돕지 못하는 것을 민망하게 느끼며 빨리 걸음을 옮겼다. 그리고 시내에 남아 있는 식구들의 안위가 걱정되어 더욱 걸음을 빨리 했다. 그때 가끔 우스갯소리도 잘 하는 조모(趙某) 선생이 왈(曰), "텃구렁이가 자리를 뜨면 3년 장마가 진다더니 우리 처지에 모처럼 행락 한 번 하잣더니 창피 오지게 당했구먼" 하였다. 그래도 참으로 불행 중 다행으로 우리 교포들은 폭격에 해를 입은 사람이 없었다.

그럭저럭 지나는 동안 1938년 5월에 접어들어 날씨가 점점 무더워지는데 임정 산하 단체(정당)들은 통합 문제를 놓고 논의하기 위해 남목청에 모였다. 그런데 이운환(李雲煥)이란 자가 어리석게도 총격 사건을 일으켰다. 현익철(玄益哲)[52] 선생은 그 자리에서 절명하고 김구 선생과 유동열(柳東說)[53] 선생은 중상을 입었다. 나의 아버지는 범인이 총을 발사하는 순간 "이놈 운환아" 하고 외쳤기 때문인지 총알이 빗나가 손에만 가볍게 부상을 당했다. 이로 말미암아 우리 교포사회는 한동안 전보다 더 편치 못하였다. 그 일이 있고 나서 얼마 안 되어 안일청(安一淸: 조경한) 선생도 우리 집 2층으로 옮겨 와서 홍만호 선생과 함께 우리 집 조석 공궤를 받으셨다.

그러던 중에 어느 날 아침 식사를 권하러 2층에 올라갔던 오빠가 놀란 얼굴로 뛰어내려 와서 안 선생님이 하룻밤 사이에 다른 사람으로 보일 만큼 병이 매우 위중하니 속히 병원으로 모셔야겠다고 서둘렀다. 인력거를 부르고 동시에 임정요인들께도 알리고 곧 백범 선생이 입원해 계시는 상아(湘雅)의원에 입원하게 했다. 진단 결과는 급성 호열자이고 생명이 매

---

52) 현익철(1886~1938) : 호 묵관(默觀). 1920년 만주에서 광한단 조직. 1924년 통의부 외무위원장. 1925년 정의부 재무위원장. 1926년 고려혁명당 중앙위원. 1929년 국민부 중앙집행위원장. 1937년 한국광복진선 결성에 참여. 1938년 장사에서 대당(大黨) 결성을 위한 회의 도중 민족운동 교란자에게 저격을 받아 순국.

53) 유동열(1878~1950) : 호 춘교(春郊). 일본육군사관학교 졸업. 대한제국 장교. 신민회 조직에 참여. 1919년 임시정부 참모총장. 1921년 고려혁명군정의회 의원. 1935년 민족혁명당 조직에 참여. 해방 후 미군정 초대 통위부장.

우 위태롭다고 했다. 곧 식염주사를 시작하고 사나흘이 지나고 나서야 겨우 위기를 넘긴 것 같았다.

그런데 안일청 선생이 입원한 다음날 나의 조카 현만(顯萬)이가 하룻밤 사이에 눈자위가 푹 꺼지고 엄마 소리도 제대로 내지 못했다. 형부(심광식)가 들쳐 업고 미친 듯이 상아의원으로 달려갔지만 현만이는 미처 의사가 손쓸 사이도 없이 어이없게 숨을 거두고 말았다. 형부는 그 길로 어린 아들의 어이없는 '죽음'을 안고 교외로 나가 어느 산기슭에 묻었다고 했다.

그때 마침 언니는 셋째조카를 낳은 지 닷새밖에 되지 않아 병원에도 따라 가지 못했고, 그저 '죽었다 하니 죽었나 보다' 여기는지 별로 내색하는 것 같지 않았다. 그러나 나는 달랐다. 그는 그때 나이 겨우 다섯 살, 만으로 따지면 네 살도 꽉 차지 않은 나이였지만 그 선하디 선한 커다란 눈매에 훤히 트인 이마 하며, 틀지고 의젓하면서도 어린 나이답지 않게 일찍 한글도 깨치고 셈도 더하기 빼기를 곧잘 했다. 무엇보다도 그 어질고 총명함이 그 또래 아이들에서는 보기 드물었다. 그래서 주위 어른들은 자주 '외조부 대를 물려받을 놈'이라고 하며 머리를 쓰다듬고 귀여워 해주었었다. 그런데 그만 그 몹쓸 병에 약 한 첩, 주사 한 대 써보지 못하고 어이없게 그 어린 싹이, 무한하던 가능성이 무참히 꺾이고 말았다.

1938년 7월 7일, 이날은 중일전쟁이 발발한 지 꼭 1년이 되는 날. 장사의 시민들과 각 기관·단체의 대표들이 한자리에 모여 항전 1주년 기념식을 거행하였다. 우리 광복진선 청년들도, 몇몇은 이미 이 진영을 떠나고 없었지만, 남은 사람은 한국을 대표하여 참석했다. 그날의 날씨는 아주 쾌청했지만 더위는 가위(可謂) 살인적이었다.

푹푹 찌는 폭양 아래 많은 사람들이 밀집 도열해서 앞뒤 좌우로 성벽을 이루어 넓은 광장을 꽉 메워 서 있으니 숨이 막힐 지경이었다. 더구니 호남성장(張治中)의 차례가 되어 기념사(훈시)를 할 때에는 "열중쉬어"를 부르지 않아─그때는 전시라서 모든 것이 군사관리(軍事管理)이므로 높은 사람이 단에 오르면 으레 군령으로 '차렷'을 외쳐 경의를 표하게 되어 있었는데, 그 인사를 받은 높은 사람은 반드시 '열중쉬어'를 불러 차렷 자세를 풀어 주어야만 했다─ 단 아래에서 불같이 내리 쬐는 폭양을 정수리와 온몸에 받으면서 차렷 자세로 1시간 가까이 손가락 하나 움직이지 못하고 비지땀을 흘리고 있는 청중들은 겨우 들숨 날숨만 쉬고 있었다. 참으로 참기 힘들다고 생각했다.

아니나 다를까! 내 옆에 나란히 서 있던 신순호가 스르르 주저앉으며 쓰러졌다. 마침 뒤에 서 있던 안춘생과 노태준이 깜짝 놀라 부축해 일으켜서 대열에서 빠져나와 부랴부랴 인력거에 태워 쏜살같이 집으로 돌아왔다. 다행히 그의 부친(申桓[54] 선생)이 의사 출신이고 노태준 씨도 의약 상식이 풍부해 외부 의사의 도움 없이도 차차 건강을 회복할 수 있었다.

우리 전체 교포에게나 나 개인에게나 또는 중국인에게나 사단도 많고 불안도 끊이지 않던 가운데 우리는 또 다시 피난 짐을 싸지 않으면 안 되었다. 중국측의 특별 배려로 이번에는 열차 한 대를 통째로 빌려서 타고 가게 되었다. 남경을 떠날 때보다 귀족적(?)이었다.

한데, 우리가 잠시나마 몸을 의탁하고 살던 그 장사를, 우리가 떠난 지 며칠 만에 그곳을 지키던 책임자가 전세(戰勢)를 잘못 판단하고 소위 초토작전(焦土作戰)이란 이름 아래 스스로 불 질렀다고 한다. 오랜 역사와 전설을 지닌 고장이 그만 화염 속에서 타버렸던 것이다.

아! 우리들의 잠시나마의 발자취도, 내 조카의 그 어리고 여린 넋도 또

---

54) 신환(1889~1963) : 본명 신건식(申健植) : 1912년 중국 절강성립(浙江省立) 의약전문학교 졸업. 상해에서 독립운동단체 동제사(同濟社)에 가입. 1921년 국내공작 도중에 피체되어 복역. 1922년 다시 망명해서 임시정부에 참여. 1943년 임시정부 재무부 차장. 1944년 한국독립당 감찰위원.

한 차례 화염(火焰)의 재난을 겪었을 것이 아닌가? 동족의 탄환에 세상을 떠나야만 했던 묵관(默觀: 현익철의 호) 선생의 영혼은 거듭되는 재난을 어떻게 바라보고 견디셨을까?

생각해보면 참으로 까마득한 63년 전의 일이건만 오히려 어제런듯 새삼 가슴이 저려온다. 나라 잃은 백성으로 남의 땅에서 전란 속을 표류하면서 구명도생(求命圖生)하던 그 세월들이.

3. 산도 굽이굽이 물도 굽이굽이-월계(粤桂) 양성(兩省)에서

월한철로(粤漢鐵路)는 원래 무한(武漢)과 광주(廣州) 사이를 오고가는 선로로 장사를 경유하기 때문에 차편을 이용하기에는 편리했다. 한구, 한양(漢陽), 무창(武昌) 세 곳을 함께 일컬어 무한(武漢)이라고 했다. 그리고 남경을 떠날 때보다는 그리 긴박한 상황도 아니었고 또 우리 교포들이 모두 같은 차량에 함께 탈 수 있어서 전용차나 마찬가지였다. 다만 불쾌한 것은 끊임없이 찾아드는 적기의 내습이었다. 그 때문에 차가 제대로 달리지도 못하고 황야나 산굽이나 때와 장소도 가리지 않고 이내 전진을 멈춰야만 했다. 그뿐 아니라 매번 차에서 내려 될 수 있는 대로 차량에서 멀리 떨어져 적당한 피신처를 찾아야했다. 나무 밑이나 풀더미, 혹은 웅덩이나 냇가에 벌렁 드러눕거나 납작 엎드려서 비행기가 우리를 발견하지 못하고 기차도 폭격하지 않고 고이 지나가주기만을 기다렸다. 다행이랄까, 우리는 폭격과 기관총 소사(掃射) 모두 면했다. 폭탄을 실은 비행기는 귀환 때의 안전 착륙을 위해서 탑재한 폭탄을 어디든지 모두 투하한 뒤에 돌아

간다는데 그런 무차별 폭격에서도 벗어날 수 있었다.

비행기가 지나가자 젊은이들은 떡본 김에 제사 지낸다고 그 기회를 이용해서 풍덩풍덩 강물 속으로 뛰어들어 목욕도 하고 더위를 식히기도 하였다. 그러다보니 이 피난길은 초조할 것도 긴장할 것도 없는 듯이 일종의 유람이라고 해도 될 것 같았다. 광주에서 목 늘여 기다려 주는 사람도 없는 바에, 거기도 남의 땅, 여기도 남의 땅, 어디 간들 우리가 편안하게 숨 쉬며 안전을 보장받을 수 있을까? 마치 불붙는 들의 개미들처럼 행여나행여나 하며 바둥거리는 것밖에 더 되겠는가?

어쨌든 우리 일행은 다친 사람 없이 광주에 도착했다. 아세아여관(東山栢園)이란 큰 건물을 빌려 피난보따리를 풀고 장사에서처럼 생활비를 나누어 받아 각각 냄비밥을 지어 먹으면서 살았다.

광주는 먹을 것이 풍부한 고장이다. 그리고 열대풍 기후여서 날마다 오후 2~3시쯤 되면 한 줄기 소나기가 쏟아진다. 그러면 오전의 찌던 더위가 씻은 듯 사라지고 먼지·티끌도 싹 쓸어가 버려서 맑고 상쾌한 공기가 참으로 매력적이었다. 젊은 여자들이 나막신(샌들)을 딸깍딸깍 딸깍딸깍 리드미컬(?)하게 깨끗이 씻긴 아스팔트길을 울리며 지나가는 모습도 참 좋아보였고, 그들의 머리 위에서 무성한 가지와 잎을 너울거리며 남아 있는 빗물방울을 후드득 훌뿌리는 플라타너스−중국에서는 프랑스오동나무(法國梧桐)라고 함− 나무들도 전쟁과는 아주 먼 나라의 풍경이었다. 게다가 농익은 가지각색 과일들의 향기라니! 우리들의 폐부 깊숙한 곳에까지 스며들어 핏줄 하나하나를 모두 즐겁게 해주는 것 같았다. 일찍이 말로만 들었던 "吃在廣州"를 실감할 수 있었다.−중국에는 생재소주(生在蘇州) 의재항주(衣在杭州) 흘재광주(吃在廣州) 사재유주(死在柳州)라는 말이 있다. 소주에는 미인이 많고 항주에서는 비단이 많이 나며, 광주에는 먹을 것, 특히 과일이 많고, 유주는 목재가 좋고 또 좋은 칠이 나서 사후(死後)에 좋은 관을 쓸 수 있다는 뜻이다- 그 유명한 항주와 소주는 가보지 못했지만 이제 광주는 공짜(?)로 오게 되었으니 먹을 복이 터진 게 아닌가? 하지만 우리 교포들의 주머니 사정은 그렇지 못했다. 나는 친구 조계림과 함께 거리를 산책했는데 과일가게 앞을 지나게 되면 일부러 천천히 걸으면서 눈으로 그 화려한 색깔들을 감상하고 코로는 그 향기를 들이마셨다. 조계림은 "이건 공짜지? 이건 돈 달라는 것 아니지?" 하며 깔깔 웃어댔다.

그렇게 며칠이 지나자 광주에도 공습은 심심찮게(?) 있어서 전쟁 중이라는 것을 잊지 않게 하였다. 아세아여관 근처에는 방공호도 없고 또 달리 대피할 만한 곳도 없어서 우리는 기껏 맨 아래층으로 내려가는 수밖에 없었다. 그래서 우리 대가족 일부가 나뉘어-주로 한국국민당 소속 인원- 불산(佛山)이란 곳으로 옮겨갔다. 남은 식구들은 대부분 조선혁명당과 한국독립당 소속이요 그 가족이었다. 내 또래 친구가 모두 여섯이었는데-민영주, 민영숙, 이국영, 신순호, 조계림, 그리고 나- 이제 남은 사람은 조계림과 나뿐이었다. 할 일이 없었다. 무료했다. 한여름 긴긴날에 책 한 권 구해볼 수도 없고 무슨 일거리가 있는 것도 아니었다. 참을 수 없게 지루했다. 나는 옥상으로 올라가 먼 하늘 끝을 바라보며 목청껏 노래 부르는 것으로 마음을 얼마쯤 풀 수 있었다. 그러노라니 때로 짓궂은 젊은이들이 몰래 층계참에 숨어 있다가 박수를 쳐대며 '앵콜, 앵콜' 하는 바람에 그것도 마음대로 할 수 없었다. 그뿐이 아니었다. 더러 소위 연애편지라는 것도 불쑥불쑥 내밀어 왔다. 그들도 어지간히 무료하고 심심한 모양이었다.

내가 틈틈이 노래를 불러 울적한 마음을 달래듯이 어른들도 심심풀이(?)는 있었다. 낮에는 장기, 바둑이 있고 밤이 되면 하나둘씩 옥상으로 올라와 바람을 쏘이면서 이야기를 나누다가 연세 지긋한 분들은 가끔 긴 한숨을 토해내듯 시조를 읊조리는가 하면 조금 젊은 축은 고향과 부모형제를 그리는 노래를 부르기도 했다. 그러노라면 아주 젊은 층은 그 당시 유행하는 항전곡(抗戰曲)을 불러제끼기도 했다. 어른들은 나더러도 노래를 부르라고 했지만 웬일인지 그때는 가슴에 맺힌 것이 너무 커서 차라리 벙어리가 되고 싶었다. 사람들이 "하던 뭣도 멍석 펴 놓으면 안 한다더니 그렇게 잘(즐겨) 부르던 노래를 정작 부르라고 하니 빼느냐"고 말하며 놀려댔지만 나는 쉽게 부를 수가 없었다. 그때 내 심정을 아는 이는 아무도 없었다. '하늘아! 별들아! 이 어두운 밤아! 여기 이 자리에 모여 앉아 가슴으로 울고 있는 이들의 한(恨)을 언제까지 굽어만 보려고 하는가?'

내 목은 겨우겨우 떨며 소리를 냈다. "울밑에 선 봉선화야 네 모양이 처량하다…" 1절을 부르고 2절은 건너 뛰어 3절을 불렀다.

북풍한설 찬바람에 네 형체가 없어져도
평화로운 꿈을 꾸는 너의 혼은 예 있으니
화창스런 봄바람에 환생키를 바라노라.

처음 광주로 올 때만 해도 설마 광주까지야 일본군이 그리 빨리 오지는 못하겠거니 했는데 웬걸, 일본군은 중국의 해안선을 완전히 봉쇄하려고 광주를 재빠르게 공격해왔다. 1938년 9월부터 공격이 시작되어 10월 초에 이르자 광주도 위태로워졌다. 우리는 또 다시 피난 보따리를 싸야만 했다. 어디로 갈 것인가? 불과 두어 달밖에 머물지 못했는데 또 쫓겨서 떠나야 하다니!!

이번에도 목선을 타게 되었다. 광서성(廣西省)으로 간다고 했다. 주강(珠江)을 거슬러 올라가는 것이었다. 광주에 남아 있던 식구들과 불산으로 나뉘어 갔던 식구들이 삼수(三水)에서 만나 한 배에 올라탔다. 그런데 이번에는 사공이 노를 저어 가는 것이 아니고 앞에서 기선이 끌고 갔다. 주강 물은 양자강보다 거세지 않은데도 기선의 동력이 약해서 속력이 빠르지 못했다. 대개 낮에만 가고 밤에는 쉬었다. 그럴 수밖에 없는 것이 대식구가 먹을 양식과 부식품을 한꺼번에 배에 많이 실을 수 없어서 그때그때 적당한 곳에 머물면서 필요한 물품을 사서 올려야 하기 때문이기도 하지만, 그보다도 수심이 깊지 않고 강폭(江幅)도 넓지 않은 곳이 많아 큰 배는 아예 다니지도 못하고 작은 배만 요리조리 물길을 찾아 올라가야 하기 때문이었다.

고요(高要)라는 곳에 이르렀다. 아직 해는 높다랗게 남아 있었지만 거기에서 하룻밤을 지내야 한다고 했다. 들으니 배가 정박한 곳에서 30리 쯤 되는 곳에 아주 기이한 경치가 있는데 구경할 만하다고 해서 어른들과 청년들이 가는데 나와 조계림도 따라 나섰다. 가다가 보니 조그만 개울이 있는데 흐르는 물위에 통나무배가 하나 떠 있었다. 겨우 한 두 사람밖에 탈 수 없는 아주 작은 것이었다. 젊은이들은 재미 삼아 너도나도 한 번씩 타고 저어보았지만 기우뚱기우뚱 물줄기를 거슬러 가는 것이 차라리 걸어가는 것보다도 힘들고 더디었다. 모두 웃고 떠들며 재미있게 가는 동안 문득 멀리 평지에 솟아 있는 작은 산 하나가 보였다. 가까이 가서 보니 산 주위에는 넓은 호수가 빙 둘러싸여 있는데 수초(水草)가 무성해서 물 깊이조차 알 수가 없었다. 산 위에는 도관(道觀: 도교 사원)이 있고 그곳에 가려면 배를 타야만 했다.

도관에는 도인(道人)이 여럿 있었는데 아주 정중하면서도 친절하게 맞아주었다. 그리고 중국 어느 도관이나 절과 마찬가지로 향차(香茶)와 과자 등속을 내와서 우리를 대접하고 아울러 점심밥까지 준비하겠다고 했다. 그러나 우리는 이미 점심을 먹었노라고 사양했더니, 말린 산나물과 향차를 적지 않게 선물하는 것이었다. 우리도 본전(本殿)에 향을 피우고 약간의 향대(香代)를 내놓았다.

차를 마시고 나서 젊은이들은 도인의 안내를 받아 동굴을 구경했다. 처음엔 서서 들어갔으나 자츰 좁고 낮아져서 겨우 한 사람씩 기어서 나갈 만하더니 별안간 환한 정상에 이르렀다. 굽어보니 정말 호수로 빙 둘러싸여 있었다. 배를 타고 산 둘레를 한 바퀴 돌고 싶었으나, 도인들이 "그러자면 시간이 많이 걸리고 또 자칫 잘못하여 배가 뒤집히기라도 하면 얽히고설킨 수초 때문에 매우 위험하다"고 말리는 바람에 결국 포기하고 말았다. '절에 가면 중의 말을 들으랬다'고 우리 고집으로 될 일이 아니었다. 배로 둘러보지는 못했지만 위에서 내려다보는 것만으로도 조화옹(造化翁)의 신공(神功)을 감탄하기에 모자람이 없었다. 그런 우리들의 마음을 어른들께 여쭈었더니, 어른들이 한숨을 쉬시며 "지금 너희들에게 우리나라 해금강의 기막힌 절경을 보여주지 못하는 것이 참으로 한스럽구나"라고 말씀하셨다.

여러 날 만에 광서성 유주에 도착했다. 우리는 애초에 피란지를 계림(桂林)으로 할 것이냐 유주로 할 것이냐를 놓고 많이 생각하다가 조금이라도 사천성과 가까운 유주로 결정을 했다. 바로 중국인들이 죽을 때에 그곳에서 죽기를 원한다는 그 유주이다.

광서성의 약칭은 계(桂)인데 '계림산수갑천하(桂林山水甲天下: 계림 산수가 천하 으뜸이다)'라는 말이 있을 만큼 산과 물이 맑고 아름다우며 빼어났다. 우리 한국처럼 돌산이 많으나 수목이 울창했다. 물은 비취빛이거나 하늘빛으로, 그야말로 손을 담그면 손에도 파란 물이 들 것 같았다.

광서성의 첫 인상은 다른 고장과 달리 여자사공이 많았다. 아기를 광주리에 세워 담아 등에 업은 채로 손님을 가득 태운 배를 시원시원 삐그덕 삐걱 저어나가는 그들의 모습은 비록 거친 살갗에 울툭불툭 불거진 뼈마디라도 참으로 건강하고 아름다워 보였다. 중국에서는 그 당시 '병서시(病西施)'라는 말이 있었는데 얼굴색이 창백하고 작은 바람에도 쓰러지고 꺾일 듯한 섬섬약질(纖纖弱質)의 여성을 나쁘다고 경시해서 부르는 표현이었다. 고등학교나 대학에 다니는 여학생들은 일부러 얼굴이나 팔에 바셀린을 발라 햇볕에 그을려서 인도여자들 못지않게 가무잡잡 윤기 나는 피부를 가지기를 원했다. 그렇게 건강미를 원하고 강조했다. 그런데 이 광서에서 보는 여성들은 일부러 태운 것도 아니면서, 배 젓는 여성이나 다른 일 하는 여성들 모두가 그렇게 건강하고 씩씩하고 아름다워 보였다. 아마도 맑은 산수의 혜택이 아닌가 싶었다.

유주에 도착하고 얼마 안 되어 우리 젊은이들은 일을 해야겠다고 서둘 렀다. 그때 일이란 일본 침략을 막아내는 것이 최우선이었다. 총 들고 일선 에 나가 싸우는 것도 중요하지만 그렇게 하지 못하는 사람은 후방에서라 도 항전의식을 고취하고 항전하는 방법을 널리 알리는 것이 매우 중요하 므로 우선 이런 일을 자발적으로 시작했다. 남녀 젊은이들이 모여 항전가 요를 연습하고 거리로 나가 중국인들을 상대로 부르고, 또 벽보와 전단을 만들어 거리거리 담벽에 붙이거나 뿌리기도 했다. 조소앙(趙素昻)[55] 선생 의 큰 자제인 조시제(趙時濟)가 그림을 잘 그려서 대형 선전그림을 우리 집 앞거리에 붙이던 광경이 지금도 눈에 선하다. 우리가 필요한 그림은 대 부분 그가 그렸다.

마침 그때 중국인으로 민요를 연구하는 요대장(廖隊長. 중국청년단 단 장)이 나타나서 우리들의 노래연습을 도와주기도 했다. 그가 우리 한국의 민요를 듣고 싶다고 해서 아리랑과 흥타령을 불러 주었더니 그는 대번에 아리랑은 너무 애상적이지만 흥타령은 참 좋은 민요인 것 같다고 했다. 마 치 뜨거운 햇볕 아래 열심히 일하던 농부들이 쉴 참에 나무그늘에 모여 앉 아 서로서로의 얼굴을 마주보며 손으로 호미나 괭이 같은 농기구의 자루 를 툭툭 쳐서 장단을 맞춰 가며 노래를 부르다가 저절로 흥이 일어 어깨를 으쓱거리며 춤을 추는 것 같다는 것이다. 우리가 곧 노랫말을 번역해 들려

---

55) 조소앙(1887 -1958) : 1909년 대한흥학회보 주필. 1919년 임시정부 국무원비서장. 1927년 한국유일독립 당촉성회 상임위원. 1935년 민족혁명당 조직에 참여했다가 노선 차이로 탈당하고 한국독립당을 재건. 한 국광복진선 조직에 참여. 임시정부 외무부장.

주었더니 한국은 참 좋은 민요를 가지고 있다고 하였다. 그리고 자기가 중국 전래의 민요를 바탕으로 지은 '타작의 노래(打禾歌)'와 항일가요 '장성요(長城謠)' 등을 우리에게 가르쳐주었다.

打禾歌
咚! 嗜嗜嗜嗜咚!
你做工的快做工哪咚咚咚咚咚
那怕太陽紅哪咚
哪怕汗珠淋哪咚咚
前線戰士肚皮空哪咚
飢餓着肚皮怎麼好做工?!
快把稻子打成米哪咚
快把白米送到前線咚
兄弟飽了向前衝
民族解放早成功![56]

長城謠
1. 萬里長城萬里長　長城外面是故鄉
   自從大難平地起　奸淫虜掠苦難當
   苦難當, 奔他方,　骨肉离散父母喪
2. 沒齒難忘仇和恨　日夜只想回故鄉

---

56) 퉁! 차차차차 퉁! / 일하자 빨리 일하자 퉁퉁퉁퉁퉁 / 태양이 붉게 타올라도 퉁 / 땀이 줄줄 흘러도 퉁퉁 / 전선의 전사는 배가 고프니 퉁 / 기아가 달라붙은 배를 어찌 할까? / 빨리 흰쌀을 전선에 보내야지 퉁 / 형제가 배불러 앞으로 짖쳐 나가니 / 민족해방이 빨리 성공하겠구나!

萬里長城萬里長　長城外面是故鄉

四万万同胞心一樣　新的長城萬里長[57]

　　이와 같이 우리들은 먼저 일을 시작했고, 광복진선청년공작대라는 이름
으로 결단식을 가진 것은 그 이듬해인 1939년 2월이었다. 그때 청년공작대
제복을 만드는 것도 우리 형편으로는 그리 쉽지 않았다고 기억한다. 그래
도 어렵사리 제복을 갖추어 입을 수 있었다. 단장은 고운기(高雲起)로 모든
대원들 중에서 연령이 제일 많은 편이어서 그리 된 것으로 안다. 정정화(鄭
靖和)[58] 여사의 기록에는 노태준(盧泰俊) 씨라 하였는데 그건 아니었다.
그 당시 우리는 어떤 단체나 조직을 만들 때 특별한 이유가 없는 한 우두머
리 자리는 연장자를 모시는 것이 관례처럼 되어 있었다. 그리고 독립운동
자격으로도 고운기는 다른 청년단원에 비해 모자람이 없는 경력이 있었다.
그가 만주독립군으로서 혈전으로 왜군과 싸웠던 경력은 그 당시 안춘생
씨를 제외하고는 어깨를 겨룰 사람이 없었다.

　　그때는 인력의 결핍을 크게 느끼던 때라서 학교에도 가지 못하고 놀고

---

57)　1. 만리장성은 만리나 뻗어 장성 밖이 고향이라
　　　　큰 난리로 평화로운 땅 흔들리니 겁탈과 노략질에 고통을 당하네
　　　　고난을 당해 타향으로 쫓겨가니 골육이 흩어지고 부모님 돌아가셨네
　　　2. 이를 갈며 원수와 원한을 잊지 못해 밤낮으로 고향에 돌아갈 생각뿐이네
　　　　만리장성은 만리나 뻗어 장성 밖이 고향이라
　　　　4억 동포가 한 마음이 되니 새로운 장성은 만리나 뻗었네.

　　　장성요는 1938년에 발표된 중국 항일가요로 청년항일선전대의 무대를 통해 널리 알려졌다. 원래 노랫말은
　　　1절과 2절 모두 8행이지만 각지 항일 선전대를 통해 구전되는 상황에서 1절과 2절 모두 6행으로 바꾸어 부
　　　르기도 했다. 지은이가 기억한 장성요는 6행의 노랫말로 된 것이다. 8행의 장성요에는 1절 3행과 4행에 "高
　　　梁肥 大豆香 遍地黄金少災殃"(수수는 튼실하고 콩은 맛있고 도처가 황금이요 재앙은 드무네), 2절 3행
　　　과 4행에 "大家拼命打回去 哪怕敵人 逞豪强"(아무리 왜적이 강하더라도 우리 모두 목숨을 걸고 물리
　　　치네)라는 노랫말이 들어 있다.

58)　정정화(1900~1991) : 독립운동자금 모집. 한국독립당 당원. 1940년 한국혁명여성동맹 간부. 1943년 대
　　　한애국부인회 훈련부장.

한국광복진선청년공작대(1939년 4월 4일, 유주) ⓒ독립기념관

있는 소년 소녀들까지 모두 참여해서 일을 도왔다. 이화영(李華英), 지정계(池正桂), 김석동(金奭東), 오희영(吳熙英) 등은 엄격히 말해서 청년의 연령에 도달하지 못했고, 그리고 더 어린 나이로 이남영(李南英), 엄기선(嚴基善), 엄기순(嚴基順), 오희옥(吳熙玉) 등은 아직 어린이에 불과했다. 하지만 그들도 청년단 상층부에서 지도하는 대로 각자의 기량대로 일들을 잘 했다.

그런데 연극을 하기로 결정하고 각색을 정하는데 문제가 생겼다. 여주인공을 맡을 사람이 없는 것이었다. 그때만 해도 우리 임정 산하 어른들은 생각이 완고한 편이어서 젊은 여성, 특히 미혼인 처녀가 남자와 어울려 연극하는 것을 바람직한 일이라고 생각하지 않았다. 그래서 여주인공은 하는 수 없이 중국 청년공작대에서 데려와서 연극을 무대에 올렸다. 특히 주구역[走拘役 : 한간역(漢奸役)]을 맡아 하던 민영구(閔泳玖)의 연기도 매우 두드러졌거니와 그 당시 관중들의 주구에 대한 혐오와 반감이 크게 작용하여 관중석으로부터 돌과 신발짝들이 우박 쏟아지듯 무대 위로 날아들어 민영구가 많이 얻어맞았는데도 오히려 기분은 나쁘지 않다고 했다. 그뿐 아니라 막간을 이용한 합창단의 노래, 엄기선과 오희옥의 노서아 사마귀춤(方順熙 여사가 지도), 김석동의 탭댄스 등이 모두 환영을 받았다. 특히 어린이들이 출연한 '반달 노래'는 극장이 떠나갈 만큼 박수갈채를 받았다. 많은 별들이 보석처럼 반짝이는 파란 하늘을 배경으로, 하이얀 깃털 옷에 파란 별을 하나씩 머리 위에 얹은 어린이들이 천사처럼 나란히 반달 모양의 은빛 배를 타고 무대 위로 올라 노를 저으며, 맑고 고운 목소리로 반달 노래를 가지런히 부르니 관중들은 모두 매료되어 탄성을 질렀다. 노래는 내가 가르쳤지만 무대 장치나 의상 등은 김효숙 씨가 수고했다.

청년공작대와 유주를 떠올리면 나는 항상 가슴 한 구석에 은은한 통증을 느낀다. 앞에서도 이야기했지만 나의 조카 현만이가 불과 다섯 살 어린 나이에 호열자로 약 한 첩 써보지도 못하고 어이없게 장사에서 그 어질디어진 눈을 감아 버렸을 때 언니는 마침 셋째 아들을 낳아 자리에 누워 있을 때라서인지 실감을 느끼지 못하고 슬퍼하는 것 같지도 않았다. 식구들은 그걸 불행 중 다행이라고 생각하고 그의 대범함을 고마워하였다. 뒤미처 광서성 유주로 피난길에 올랐을 때에도 여전히 담담한 태도였다. 그런데 갓 태어난 셋째는 목선을 타고 주강을 힘겹게 거슬러 올라가는 지루한 뱃길에서 하필이면 또 백일해에 걸렸다. 백일도 안 된 어린 것이 자지러지게 기침을 해도 약도 없고 병원에 갈 수도 없었다. 유주에 도착하니 이내 날씨가 추워져서 백일해는 그만 폐렴으로 변이(變移)되더니 어느 바람 몹시 불던 날 심한 발작 끝에 숨을 거두고 말았다. 태어난 지 불과 몇 달밖에 되지 않은 어린 생명이 제대로 의사의 치료도 받아보지 못하고 가버린 것이다. 간고한 환경의 모든 것을 더는 견딜 수 없었던 모양이었다.

언니는 여전히 대범한 것 같았다. 불과 몇 달 사이에 어린 아들 형제를 거푸 잃은 엄마로서는 참으로 신통하다 하리만큼 울지도 않고, 어쩌다가 외할머니(내 어머니)가 "타고 난 제 인생을 다 살아 보지도 못하고 험한 피난길에서 가버리다니" 하면서 우시기라도 하면, 언니는 오히려 어머니를 위로해 드리려고 애를 썼다. "그까짓 어린 것들 때문에 슬퍼하지 마셔요. 좋은 곳으로 가게 빌어나 주세요" 하면서 태연한 척 했다.

그런데 그게 아니었다. 언니는 다만 식구들을 안심시키기 위해, 또는 어머니 앞에서 죽은 자식들 위해 슬퍼하는 모습을 보여드리지 않기 위해 필사의 노력으로 참고 감추었던 것이다. 사무치는 슬픔과 아픔을. 식구들은 그 사실을 한동안 눈치 채지 못했다. 겨우 알아차리게 되었을 때에는, 아차 하고 놀라 당황했다.

어느 날 식구들이 모두 볼일로 외출했다 돌아오니 언니는 혼자 마음 놓고 울었던지 두 눈이 퉁퉁 부어 있고 헛소리도 했다. 아뿔사! 이 일을 어쩌나! 나는 와르르 가슴이 무너져 내렸다. 이것을 시작으로 언니는 모든 일에 흥미를 잃고 가끔씩 헛소리를 했다. "국내에 계신 고모님한테서 편지가 왔는데 어디다 두었느냐? 너는 방학도 아닌데 왜 학교에 가지 않고 맨날 노래만 부르러 다니느냐? 현만이가 놀러 나간 지가 꽤 오래 되었는데 왜 여태 돌아오지 않느냐? 셋째는 배고파 할 시간이 되었는데 누구에게 봐달라고 했기에 아직도 돌려보내지 않느냐?"

그때마다 어머니는 억장이 무너지듯, "이것아, 정신 차려라. 차라리 목 놓아 펑펑 울기라도 해라. 뭣 땜에 참고 참아 병을 만드느냐?…" 하시며 언니의 등줄기를 후려 때리기도 하였다. 이런 가운데 형부(심광식)는 웬일인지 조금도 심각하게 생각지도 않는 듯이 자주 집을 비우고 외박도 잦았다. 내 생각엔 진정 언니의 마음을 위로해 줄 사람은 형부밖에 없는 것 같았는데. 그리고 어머니가 사태의 심각성을 말하고 간절히 빌다시피 하여도 형부의 태도는 조금도 변하지 않고 외박은 계속되었다.

언니는 이때 얻은 마음의 병으로 8년이란 긴 세월을 불행에 시달리다가 1946년 고국에 돌아와서 몇 달 안 되어 그 한 맺힌 일생을 마감했다. 아주 조용히. 어머니의 주장으로 화장을 했다. 한 줌 재나마 고국산천에 뿌려 마지막 한 가지 원풀이라도 하여 훨훨 날아가라고.

그때 장남 심현석은 나이 겨우 여덟 살, 그리고 그 아래로 다섯 살, 두 살의 동생이 있었는데 그 둘은 언니가 병중에 낳았기 때문에 어머니의 사랑을 충분히 받지 못하고 오직 외할머니의 하늘에 사무칠 만한 측은지심으로 키워졌다.

1939년 4월, 이번에는 특별히 쫓겨서가 아니고, 장차 나라 찾는 일을 활발히 전개하기 하기 위해서, 아울러 교포들의 생활 안정을 위해서 또 다시 길을 떠났다. 바로 중국이 장기전을 계획하고 국토 깊숙이 정부를 옮겨 앉힌 사천성 중경으로 가기 위해서다.

버스 여섯 대를 빌려 분승했다. 떠나는 날 약간의 아쉬움이 없지는 않았다. 천하명승이라는 계림을 지척에 두고도 못 보고 가는 것이다. 주강을 거슬러 오르면서 보았던 산더미만큼 큰 부피의 계피(桂皮) 생산지 계평(桂平)도 아주 가까이 있었다. 그곳도 가보지 못해 섭섭했지만 유랑민의 신세로 어쩔 수 없었다. 더구나 나는 이번 길에 언니와 어머니와 어린 조카 현석을 돌보아야 하니 다른 데 정신을 나눌 여가도 없었다.

유주를 출발한 우리들은 이때까지 겪었던 어떤 피난길보다도 더 험한 길을 가야만 했다. 소위 운귀고원(雲貴高原: 운남과 귀주의 고원지대)이라는 동북부에 위치한 귀주성(貴州省)의 고산준령을, 성능도 마력도 시원찮은 버스 여섯 대에 의지해 통과해야만 했다.

첫날은 별문제가 없었다. 험한 길이라 언제나 낮에만 움직이고 밤에는 쉬어야 했다. 의산(宜山)과 하지(河池)를 지나 독산(獨山)까지 이르는 동안 나의 어머니는 이미 중환자가 되어 식음을 전폐하다시피 했고 심한 구토와 어지럼 때문에 옆에서 돌봐드려야만 했다. 어머니는 배, 기차, 비행기 등 어떤 교통수단을 타더라도 멀미를 하지 않으시는데 유독 자동차만은 힘들어 하셨다. 그 심한 가솔린 냄새를 견디지 못하시는 것 같았다.

귀주성은 8할이 산이요, 1할이 물, 나머지 1할이 농경지라는 말이 있듯이 거의가 산지(山地)요 고원이다. 그러면서도 곳곳에 분지처럼 평평한 곳이 펼쳐져 있어 거기에 마을과 도시가 형성되어 있었다. 주민의 대부분이 헐벗고 굶주림에 찌든 모습이었다. 귀주에는 돌소금(岩鹽)이 나는데 그 바윗덩이 돌소금을 어른과 아이, 남자와 여자 구별 없이 모두 등짐으로 져서 나르고 있었다. 모두들 힘겹게 한 발짝 한 발짝 옮겨 디디며 걸어가는 모습을 보면서, 비록 성능이 나쁘지만 버스를 타고 그들을 스쳐 지나가는 것이 미안하게 느껴졌다.

길은 험했다. 포장되지 않은 길에 울퉁불퉁한 곳이 많아 버스는 자주 키질하듯 들까불어서 이미 차멀미에 지친 어머니는 숫제 눈을 감고 숨도 멎으신 것 같았다. 그뿐 아니라 빤히 올려다 보이고 내려다 보이는 고갯길을 꼬불꼬불 하루 종일 걸려서 겨우 하나 넘었을 때에는 기가 막히다 못해 차라리 웃음이 나왔다. 그래도 우리는 아슬아슬하고 까마득한 고갯길을 사고 없이 넘었다는 것만으로도 고마워서 서로 마주보며 웃었다.

귀양(貴陽)에 닿아 이틀인가 쉬고 다시 출발했다. 준의(遵儀)라는 곳에 못 미쳐서 우리는 또 하나의 험로를 만났다. 바로 그 유명한 오강(烏江. 烏江渡라고도 한다)이었다. 그날은 오강을 건너야 하기 때문에 새벽부터 서둘러서 일찍 출발했는데 오강 나루터에 이르니 우리보다 더 일찍 와서 대기하고 있는 인마와 차량이 장사진을 이루어 길게 뻗어 있었다. 아무리 기다려도 앞에서 움직이는 기척이 없어 궁금증이 일어 차를 내려 앞으로 나아가 보았다.

그때까지 나는 강도 많이 건너보았고 배도 적잖이 타보았다. 다섯 살부터 시작한 유랑 생활에 2년, 3년을 채우며 살아 본 곳이 없을 만큼 이리저리 옮겨 다니는 동안 산도 많이 넘고 물도 많이 건넜다. 한데 지금 오강은 예전에 미처 보지 못했던 그런 강이었다. 아마 여섯 살 때였으리라. 여준 선생 사모님과, 나의 어머니, 그리고 동네 부인들 여럿이 절에 가는 길에 나도 따라 나섰다. 도중에 강을 만났는데 물은 깊지 않아 바닥이 빤히 보이는데도 강폭은 넓어서 약 40미터쯤 될 것 같았다. 강물 위에 좁은 나무판자 다리가 무지개 모양으로 높다랗게 놓여 있었는데 그 다리를 건너다가 무심코 다리 아래를 보는 순간 갑자기 내가 건너고 있는 다리가 둥둥 아래로 떠내려가는 것 같았다. 깜짝 놀라 꼼짝 못하고 서 있노라니 먼저 건너간 어른들 가운데 누군가가 "아래를 보지 말거라. 앞만 보고 건너라" 하고 소리를 쳐서 앞만 보고 겨우 건넌 적이 있었다. 그랬는데 지금 이 오강을 보니 그때 그 강은 아무것도 아니었다. 강폭은 그리 넓지 않은데도 나루터 왼쪽에서 약간 휘어져 흘러내려오는 물은 흐른다기보다 차라리 끓어 용솟음친다고 해야 옳을 것 같았다. 그런데도 그건 분명 흐르는 물이었다. 앞 물결과 뒷 물결이 서로 밀치고 제치며 숨 막히게 창과 칼로 싸우며 앞서나가려는 것 같았다. 강의 깊이는 짐작조차 할 수 없었다.

물위에는 커다란 뗏목배(筏船)가 하나 떠 있는데 마침 강 양쪽 석벽에 단단히 박혀 매어 있는 굵은 쇠줄을 의지하여 저쪽에서 건너오고 있었다. 그것도 직선으로 건너지 못하고 엇비슷이 하류 쪽을 향해 건너갔다가 돌아올 때는 그쪽 강기슭을 거슬러 올라와서 사선으로 건너오는 것이었다. 한 번 갔다 오는 데 시간이 많이 걸렸다. 그때 누군가가 말했다. "지형을 살펴보니 참으로 하늘의 조화로 만들어진 험지로소이다. 만약 저 대안에 몇십 명 정예 군사를 매복시켜 놓는다면 이쪽에 백만 대군이 있다 한들 손한 번 쓸 수 없을 것 같소이다." 또 다른 분이 말했다. "옛날에 초패왕 항우가 유방에게 패하여 오강에 이르러 '무면도강견강동부로(無面渡江見江東父老)'라고 하며 강 건너는 것을 포기했다더니 우리가 지금 건너는 강이 바로 그 오강이구려." 오강은 귀주성 서쪽에서 발원하여 동쪽으로 흐르다가 동북쪽으로 휘어져 사천성에서 양자강으로 합류되는 긴 강이다. 귀주성의 약칭인 검(黔)이 바로 이 강 이름에서 유래된 것이다.

아침 일찍부터 기다려 오후 늦게야 겨우 강을 건너 준의와 동재(桐梓)를 지나 사천성 경내로 들어오기까지 장장 20일이 걸렸다.

4. 안개의 도시 중경(霧都重慶)

우리 광복진선 산하의 일행은 4월 말경에 험하고 험한 운귀고원의 산을 넘고 물을 건너 드디어 목적했던 사천성에 발을 들여놓았다. 그러나 바로 중경으로 가지 못하고 중경에서 가까운, 약 40여 리 떨어진 기강(綦江)이란 곳에 짐을 풀었다. 조소앙 선생의 가족은 기강 남안에 집을 얻어 들고, 임시정부 요인들과 그들의 침식을 돌보아드리는 김의한, 엄항섭 등 가족은 임강가(臨江街)에 방이 여러 칸인 집을 얻어 임시정부 청사를 겸해서 살림도 하게 되었다. 나머지 대부분의 가족들은 태계항(台階巷)에 목조 2층집을 얻어 나눠 들었다. 말이 2층집이지 바람이 술술 새어드는 판잣집이었다. 본채는 지붕을 기와로 올렸는데 김붕준(金朋濬),[59] 신환(申桓) 선생의 가족이 들어 살고 그리고 본채 오른쪽 앞에 ㄱ자로 세워진 2층 판잣집에는 송면수(宋冕秀), 심광식, 지달수(池達洙), 최형록(崔亨錄), 이복원

---

59) 김붕준(1888~1950) : 1920년 임시의정원 의원, 임시국무원 비서장. 1921년 흥사단 원동위원부 창설. 1930년 상해 인성학교 교장. 1939년 임시의정원 의장. 1943년 임시정부 국무위원.

대한민국임시정부 요인 일동 기념사진. ⓒ독립기념관

(李復源)[60] 씨와 그들의 가족이 차례로 안배되어 살게 되었는데 아버지도
여기에 주거를 정하셨다.

나는 여기서 '심심병'이 다시 도졌다. 무슨 일이든지 해야겠는데 할 일이
없었다. 어려서부터 일찍 일어나는 습관이 기강에 와서도 이어졌다. 우리
교민들 가운데 어머니가 제일 일찍 일어나셨고 나는 이복원 선생과 언제
나 2, 3등을 다투었다. 이복원 선생은 보통 '미주 아저씨'로 통했는데 그분
의 호가 미숙(未熟)인 것을 빌미로, 또는 미국(美洲)에서 오랫동안 군사
교육을 받으면서 살았기 때문에 모두들 그렇게 불렀다. 성품이 매우 소탈
하고 노소를 가리지 않고 편하게 대하여 모두들 스스럼없이 편히 따랐다.

그런 분이 매일 아침 나와 2, 3등을 다투어 일어나서 뒷동산에 올라 조

---

60) 이복원(1881~1950) : 1920년대에 캘리포니아 민간군사학교 졸업. 1935년 민족혁명당 창설에 참여했다
가 노선 차이로 탈퇴하여 조선혁명당 조직에 참여. 1937년 임시정부 군사위원회 위원. 1940년 한국독립
당 중앙집행위원. 1940년 한국광복군 참모. 1942년 한국광복군 제2지대 부지대장. 1945년 한국광복군
제3지대 부지대장.

기운동을 하고 혹은 기강가 한길을 한바탕 달리기도 하였다. 나도 따라서 달렸다. 그러고 나서 아침밥을 먹으면 반찬이 신통치 않아도 꿀맛이었다. 그러나 밥을 먹고 나면 할 일이 없는 것이었다.(낮잠은 습관이 아니었다.) 친구인 조계림, 신순호, 나이가 몇 살 아래인 지정계, 김진헌 등도 심심하긴 마찬가지였다. 긴긴 여름날 어디서 책 한 권 얻어 읽을 수 없고 무엇이든 배울 기회도 없고 그렇다고 낮잠만 잘 수도 없어서 그 지루함은 견디기가 힘들었다. 그래서 우리들은 낮에 더러더러 기강가로 나가 쨍쨍 내리쬐는 햇볕에 달궈진 모래 속에 몸을 묻어 찜질도 하고, 그 모래 위를 달리기도 하며, 강물에 풍덩 뛰어들어 목욕도 하고 헤엄도 쳤다. 그 덕택에 우리들 가운데 무좀으로 고생하던 몇몇은 신기하게도 깨끗이 치료되기도 하였다. 그러나 그런 나날의 반복은 신체적인 단련은 될지언정 진정한 우리들의 정신적인 성장에는 큰 도움이 되지 못했다. 우리들에게는 신체적인 것과 정신적인 것 모두가 균형 잡힌 성장이 필요했다.

어느 날 우리는 강가에 모인 자리에서 서로 고충을 털어 놓으며 의논한 끝에 벽보를 만들어보자고 합의했다. 각자 집안 어른들한테서 용돈을 좀 타 내서 우리 손으로 시사(時事) 외에 산문, 시, 그림, 혹은 이야기 등을 적어 벽보를 만들고 교포들이 드나드는 대문 옆 담벼락에 붙였다. 국한문 혼용이었는데 호응이 좋았다. 이에 용기를 얻어 우리는 기쁜 마음으로 계속 제2호를 냈지만 더는 계속할 수 없었다. 그러나 크게 아쉬움을 느끼지는 않았다. 우리가 바라고 바라던 학업을 계속할 수 있는 기회가 갑자기 벅차게 다가왔기 때문이다.

그때 내 오라버니는 이미 고운기 씨와 함께 수원성(綏遠省)으로 공작을 떠났고 언니는 병세가 더 침중해져 있었지만, 나는 공부할 욕심에 기회가 주어진 것만 고마워서 언니의 건강이나 어머니의 외로움도 모두 잊은 듯 기강을 떠나 학교로 갔다. 조계림, 김진헌과 함께였다. 진헌은 조소앙 선생의 생질로서 그때 국내에서 온 지 얼마 되지 않아 중국어를 잘하지 못했다. 그렇지만 이번에는 임시정부에서 중국 교육부에 교섭해서 한국 유학생 자격으로 가기 때문에 별 어려움이 없었다. 그는 매우 총명해서 반년도 채 되지 않아 이미 수업(受業)에 지장이 없을 뿐만 아니라 학과 성적도 오히려 중국 학생들을 앞지르게 되어 선생들이 매우 놀라워하였다.

나는 전에 다니던 학교에서 중국인으로 행세했으나 이제 처음으로 한국인 유학생으로 처신하게 되었다. 학교에 이르러 보니 각지에서 모여든 피난 학생이 대부분이었고, 연령 차이도 많아 고교 1학년에 25세나 되는 학생도 있었다. 그리고 학생 전체가 기숙사 생활을 하고 군사관리(軍事管理)를 받았다. 건물은 보통 민가와 같았고 모두 단층이었다. 기숙사 방 하나에 38명이나 함께 들어 기거할 수 있었다. 목조 2층 침대를 만들어 배열해 놓고 침대 밑 공간에 나무 궤짝 하나씩 놓아서 아래위층 학생이 함께 이용했다. 말하자면 사물함이었다. 그리고 큰 옷상자 같은 것은 모두 이름표를 붙여서 창고에 보관해 두었다.

한 방에 38명이나 되는 여자 아이들이 기거하다 보니 아침저녁으로 시끌벅적 조용한 날이 없었고 싸움질도 잦았다. 나는 그게 싫었다. 여자 아이들이 모였다 하면 재재거리고 그러다가는 또 싸우고 토라지고, 또 무슨 언니야 동생이야 하는 것들이 모두 못마땅했다. 그러다보니 나는 자연히 그들과 어울리지 못하고 혼자서 행동하기를 좋아했다. 저녁 황혼 무렵이면 학생들에게 자유시간이 주어지는데 그때는 교문 밖으로 산책을 나가도 되었다.

학교 주변에는 경치 좋은 곳이 몇 군데 있었다. 앞은 양자강 상류로서 맑은 물이 흐르고 뒤에는 전설을 간직한 대숲과 고적(古蹟)이 있었다. 강 건너에는 황혼 무렵에 신비롭게까지 보이는 히안 탑이, 강기슭에는 동굴이, 멀지 않게는 오삼계의 별장과 동굴묘까지 있었다. 그런 것들은 나를 신비한 세계로 이끌었다. 특히 저녁 어스름이 내리는 때에 강가에 앉아 흐르는 물소리를 들으면 내 몸속 어느 곳에 잠들어 있는 혼이 흔들려 깨어나는 듯했다. 그래서 스스로 석령(汐靈)이란 호를 지어 글을 쓰기도 했다.

학교는 비록 시골에 있었지만 거기라고 해서 전쟁을 잊을 수 있는 곳은 아니었다. 공습도 자주 있었다. 다행이랄까 폭격은 없었지만 그래도 학습 시간을 많이 빼앗겼다.

토요일이나 일요일, 그리고 각종 기념일에는 으레 읍내나 농가를 찾아다니며 선전공작을 했다. 항전하는 데 필요한 정신을 고무(鼓舞)하고 진작시키는 것이었다. 제일 흥미로웠던 것은 피난민으로 가장하여―사실 모두 피난 학생들이지만― 큰 길가나 인가 처마 밑에서 하는 연극이었다. 일본 군의 잔학성을 폭로하고 우리가 왜 항전을 해야 하며 꼭 이기기 위해 어떻게 싸워야 하는가를 역설했다. 그러노라면 보고 듣는 사람이 모두 동정하여 감동하고 분개하면서 피난민 배역에게 위로를 아끼지 않았다. 선전효과는 거의 100퍼센트였다. 다만 어려운 것은 각색을 자주 바꿔야 하고 내용도 때에 따라 바꾸어야만 하는 것이었다. 우리 가운데 그런 소질과 재능이 있는 친구들이 몇몇 있었다.

나는 그런 연극보다는 농가 방문이 더 재미있고 수월했다. 만주에서 농사일도 해보았고 농가 사정도 많이 이해하였기 때문에 그들과 잘 어울릴 수 있었다. 그들을 도와 일손도 거들어 주고 특히 남정네가 출정했으므로 여자만 남아 농사짓고 아이 기르면서 고생하는 가정에 가면 진정 남의 일 같지 않아 힘 아끼지 않고 내 일처럼 했다. 나와 같은 조에 있는 학우들도 열심히 도와서 우리 조의 성적이 다른 조에 비해 좋았다. 도움을 받은 농가에서 진정으로 고마워하는 모습을 보았다.

겨울방학에는 공부도 하고 독서도 더 해야겠다고 조계림과 함께 기숙사에 남아 있기도 했다. 쓸쓸한 기숙사에 남아 차분히 독서해야겠다고 마음은 다졌지만 뜻이 쉽게 이루어지지는 않았다. 첫째 읽을 책을 얻기가 힘들었다. 학교에는 근본 도서실이 없었고, 사서 보자니 돈도 없거니와 그럴 만한 서점도 없었다. 다만 어디서 어떻게 구해왔는지 모르겠으나 우리 같이 기숙사에 남아 있는 친구들 가운데 몇은 더러 이념에 관한 금서(禁書)들을 가지고 있었다. 그래서 어렵지 않게 자연히 그런 책을 빌려 읽었다. 비록 깊이 이해할 수는 없었지만.

학교 규칙상 소등 후에는 어떤 활동도 금지되어 있었지만 나는 책 읽을 욕심에 손전등을 이불 속에 감추어 켜놓고 몰래 밤을 새우기도 했다. 달이 하얗게 밝은 밤이면 나무그늘에 숨어 앉아 쏟아지는 달빛을 빌려 읽기도 하고, 때로는 변소 가는 길 모퉁이에 켜져 있는 희미한 외등 밑에서 시간 가는 줄을 모르고 독서삼매에 빠져들기도 했다.

책을 쉬지 않고 꽤 여러 권 읽었다. 머릿속은 여러 가지 생각들로 얽히고 설켜 가닥을 잡을 수가 없었다. 사물에 대한 의문이 늘어나면서 의문에 대한 해답이 절실하게 필요했다. 사람이 살고 있는 이 세상에는 무슨 까닭으로 불합리한 일들이 더 많이 횡행하는가? 그 불합리한 것을 바로 잡으려면 어떤 일을 해야만 하는가? 불합리한 이유를 먼저 알아내야만 하고, 그에 따라 합당하게 원인을 제거해야 한다. 그런데 나는 이렇다 할 해답을 찾을 수 없었다. 생각은 생각대로 자꾸만 벽에 부딪히는 것이었다. 그러다 보니 사람들이 참으로 불쌍해 보이고 또 미워졌다. 고민으로 밤을 꼬박 새우는 경우가 잦았다.

겨울방학이 끝나고 새 학기가 시작되었다. 그러나 나의 마음의 병은 쉽사리 나아지지 않았다. 잠 못 이루고 밤을 꼬박 새울 때가 많아졌다. 이 틈을 타서 육신의 병도 찾아왔다. 열대성 말라리아(緬甸熱: 버마열)로 보름 넘어 20여 일을 떨고, 매일 40도가 넘는 고열에 정신을 잃으면서 앓다 보니, 나중에는 신경쇠약증까지 겹쳐 병실을 찾는 친구가 한 명만 들어와도 내 눈에는 떼로 들어오는 것으로 보였다. 병실에 누워 매일 밤 새앙쥐와 벗을 했다. 병실에 매어 있는 빨랫줄에 새앙쥐 한두 마리가 이쪽으로 또르르 저쪽으로 또르르 굴러다니다가 문득 고 까아만 눈동자로 말똥말똥 나를 바라보며 작은 입을 오물거린다. 그러다가 갑자기 자취를 감추고 사라진다. 내가 다시 적막에 싸이는 순간 고 새앙쥐는 어느 틈에 내 병상으로 올라와 발가락을 깨무는 것이었다. 아아! 이 새앙쥐는 내 마음을 짐작하는가 보다. "살아야 한다. 살아나야 한다. 어떻게든 살아서 병든 세상을 고쳐보아야 한다. 고쳐야 한다." 마음속으로 다짐했다.

친구들의 뜨거운 정성으로 거의 송장이 되어가는 나를 들것에 담아 흰 홑이불을 씌워 읍내 작은 병원을 찾아갔다. 노란 금계랍(金鷄蠟: 말라리아 치료제) 한 주머니와 마시는 물약 한 병을 주며 병이 완전히 치유될 때까지 책을 읽지 말고 깊은 생각도 하지 말라고 했다. 마시는 약은 그걸 돕는 약이라고 했다. 그 약을 한 방울 물에 타서 마시니 금세 코로 향긋한 냄새가 퍼지며 나도 모르는 사이에 잠이 들어 몇 시간을 내리 잘 수 있었다. 도움이 컸다. 참으로 고마운 친구들이었다. 그들의 순수하고 뜨거운 우정에 힘입어 나는 드디어 말라리아와 신경쇠약증을 극복하고 건강을 추스를 수가 있었다.

영국 시인 테니슨을 무척 좋아하던 영어선생이 무슨 이유에선지 사표를 내고 학교를 떠났다. 그 뒤 꽤 오래도록 다른 선생님도 초빙되어 오지 않고 시간마다 자습하라는 교무처의 지시가 이어지자 학생들의 불평이 점점 커져갔다. "또 자습이야? 이거 너무 하잖아. 우릴 뭘로 아는 거야?!" 그때 빠완쟝쥔(八碗將軍)이란 별명이 붙은—한 끼에 밥을 여덟 공기나 먹고도 돌아서면 금방 배고프다고 비명을 질러대던— 진(陳)이라는 친구가 있었는데 반에서 누구보다도 영어 성적이 좋았고 그 '테니슨 선생'을 무쪽 따랐다. 그래서 그의 불평이 제일 컸다.

그런데 공교롭게도 이때 교육부에서 교육시찰관이 들이닥쳤고 또 하필이면 우리 반 영어 실력을 불시에 테스트[중국에서는 이것을 추고(抽考)라고 한다]하겠다고 하였다. 이에 놀란 사람은 우리 학생들보다 오히려 학교 측 선생님들이었다. 이튿날 첫 수업시간에 시험을 치른다고 했는데, 학교 측에서 어떤 수완을 펼쳤는지 시험문제지 한 벌을 얻어 냈다. 그리고 답을 일일이 찾아내 저녁 자습시간에 몰래 우리 교실로 가져와서 알려주고는 그대로 써 내라고 했다.

우리 반 학생들은 실망하고 분노했다. 금방 자치회를 열어 토의한 결과 '백지동맹'을 결의했다. 이유는 학교 측이 그동안 우리들을 골탕 먹인 것도 모자라 이제 우리를 팔아 자기네 실책을 감추고 낯을 세우려 들다니 도저히 용서할 수 없다는 것이었다. 그러나 이튿날 시험 결과는 우리에게 더 큰 실망을 안겨주었다. '백지동맹'의 굳은 결의에도 불구하고 평소에 성적이 부진하던 친구들 몇몇이 그만 약속을 어기고 고스란히 답을 써내어 학교 측에 대한 우리의 '항의'는 무위로 돌아가고 말았다.

시험 사건이 있은 다음날이었다. 교무실에서 교육시찰관이 부른다기에 갔더니 옆방 응접실에 시찰관 세 사람이 나란히 앉아 있고 교장선생님과 교무주임(우리 반 담임이면서 국문 선생)이 배석해 있었다. 얼핏 보니 나의 글짓기 책이 탁자 위에 놓여 있었다. 우두머리 시찰관이 내 인사를 받고 나서 반갑다고 하며 이것저것 물어 왔다. 그리고 내 글짓기를 보았다면서, "어쩜 말하는 것이나 글 짓는 솜씨가 중국 학생들보다도 더 뛰어날 수가 있느냐? 참으로 놀랍다. 중국에 귀화하여 중국인이 되고 싶지 않으냐? 한국의 독립이 언제 될 지도 알 수 없으니 차라리 중국에 귀화하는 것이 좋지 않겠느냐?"라고 말했다. 이에 나는 즉시 이렇게 대답했다.

"한국이 불행하기도 일본에게 나라를 빼앗겨 당신네 나라에 망명해 살고 있으면서 사람들에게서 망국노라는 명예롭지 못한 말을 듣고 있지만, 한국민족은 오천여 년의 오랜 역사와 문화를 지닌 민족입니다. 많은 지사(志士)·열사(烈士)들이 당신네 나라에 와서 잃은 나라를 되찾고 국권을 회복하고자 도움을 청하여 받고 있지만, 나는 한국인으로 태어난 것이 부끄럽지 않고 특별히 불행하다고 생각지도 않습니다. 오히려 그것이 나를 살아 있는 사람으로 깨닫게 하여 주니까요. 선생님, 선생님은 한국이 언제 나라를 되찾아 독립이 될지 모른다고 하셨지만 이번 전쟁으로 일본은 반드시 패망한다고 저는 믿습니다. 그렇지 않으면 중국도 한국과 마찬가지로 망국의 수치를 면치 못할 것입니다. 말씨를 듣자오니 시찰관께서는 고향이 사천성이 아니고 절강성이나 강소성 같은데 만약 중국의 국토가 넓지 않았다면 선생님도 저의 처지나 마찬가지였을 것입니다. 중국이 끝내 일본에게 지지 않고 승리하는 날에 일본은 패망할 것이고 한국은 나라를 되찾을 것입니다. 한국은 국토가 아름답고 국민들이 모두 순후합니다. 이 다음 한국이 독립한 뒤에 저는 오늘 들은 말을 선생님께 되돌려 드리겠습니다. 차라리 선생님께서 우리나라로 귀화하시라고…."

그들은 끝까지 내 말을 듣더니 유쾌하게 큰 소리로 웃었다. 그리고 우두머리 시찰관이 손을 내밀어 악수를 청하면서, "훌륭하다 훌륭해, 열심히 공부해서 큰 일꾼이 되기를 빌겠다"고 하였다. 교장선생과 담임선생은 처음에 나의 당돌한 태도에 적이 놀라는 기색이었으나 시찰관의 마지막 태도를 보고 비로소 안심하는 눈치였다.

국문선생은 나를 꽤 인정해주었다. 언젠가 나는 자유제목으로 「쌍성첩혈기(雙城喋血記)」[61]란 짧은 소설과 「몽유금강(夢遊金剛)」이란 글을 지었다. 그는 이 글들에 대해 많이 칭찬했다. 그리고 어느 날 그의 자작 한

---

61) 「쌍성첩혈기」는 지청천이 이끈 한국독립군의 쌍성 전투(1932)에 대한 단편소설이다. 전투에 직접 참여한 오빠로부터 전해들은 이야기를 소설로 형상화한 것이다.

시집(漢詩集. 미발표)을 내게 보여주는 영광(?)을 베풀고 덤으로 "너는 앞으로 그리 행복한 삶을 누릴 수 없을 것 같다"는 단언까지 했다. "꿈이 아름다우면 아름다울수록 사람은 오히려 그 반대로 불행해지기 쉽다. 그러니 그저 평범하게 생각하고 평범하게 사는 것이 오히려 행복한 삶이 될 수도 있다"고 했다. 그러나 나는 그 말을 받아들이지 않고 이렇게 반박했다. "꿈이 없는 인생은 죽은 인생입니다. 설사 평범하게 살게 되더라고 그렇게 되기 전에 반드시 명철(明哲)의 경지에 이르는 과정에 있어야만 그 평범도 비로소 값진 것이 될 수 있을 겁니다. 애초부터 아무런 생각도 과정도 없이 평범하게 산다는 것은 인간의 경지가 아니고 소나 말, 벌레와 다름없지 않겠습니까?"

1940년 여름방학에는 친구들의 만류에도 불구하고 집으로 돌아왔다. 우선 건강을 추슬러야 했다. 그때까지도 어머니는 기강에 계셨다. 수원성으로 공작을 나갔던 오라버니도 일이 여의치 않고 건강을 크게 해쳐 집으로 돌아와 있었다. 내몽고(수원성)에서 유행병에 걸려 하마터면 목숨을 잃을 뻔했다고 하였다. 마침 약간의 의술을 아는 사람을 만나 겨우 목숨을 건졌고, 함께 간 고운기 씨가 그곳 강가에 널려 있는 자라 한 마리를 잡아다가 고아 먹어서 겨우 몸을 추슬러 일어날 수 있었다고 했다. 그런데 뜻밖에 이것이 문제가 되어 그 지방 주민들로부터 추방령이 내려졌다고 한다. 내용인즉 이러했다. 그 지방 사람들은 자라나 거북이를 하신(河神)이라고 하여 절대로 건드리지 않는다고 한다. 하신에게 죄를 지으면 홍수가 나거나 역병이 돌아 큰 재앙을 당하게 되니, 자라 잡아먹은 사람으로 하신에게 제사를 올려 용서를 빌어야 한다고 사람을 내놓으라고 징·꽹과리·피리·북 등을 요란하게 울리며 으름장을 놓더란다. 이에 고운기 씨가 모르고 지지른 잘못이니 한 번만 용서해 달라고, 다시는 그런 일 없을 것이라고 빌고 또 빈 결과 그들도 한 걸음 양보하여 오빠는 겨우 목숨을 건졌다.

오빠는 원래 키는 크지 않지만 소년 시절부터 농사일로 단련된 건강한 체질이었다. 별로 병나서 앓는 것을 보지 못했다. 그리고 걸음걸이도 시적시적 걷는 걸음이 추운 겨울 한 밤에도 백리 길을 거뜬히 걸어내는 것이어서 독립운동 단체에서 급한 연락이 필요할 땐 으레 한밤중에도 길을 나서곤 했다. 때로는 등사판을 감추어 싸서 짊어지고 가기도 했다.

그런데 수원성에서 돌아온 오빠는 영 반쪽이 되어 있었다. 어머니는 병든 큰딸과 지내는 동안 이미 마음이 무너져 있었는데 이제 오빠까지 몸이 망가져 돌아오고 또 이어 작은딸인 나까지 황달로—사실은 노란 금계랍을 너무 많이 먹어서— 얼굴이 노오래가지고 돌아오니 너무 기가 막히신 모양이었다. 그래도 어머니는 강인하게 견디시며 닭을 사다 고아 오빠에게 먹였는데 웬걸 오빠는 아무리 좋은 음식도 먹는 족족 밖으로 쏟아 내어서 오히려 더 말이 아니었다. 이시영(李始榮)[62] 선생이 이것을 아시고 너무 허약한 몸에 영양가 높고 기름진 음식은 오히려 맞지 않으니 우선 좁쌀죽 정도로 속을 달래면서 천천히 약과 함께 다스려야 한다고 했다. 나도 처방을 받아 땅콩·황두·마늘·도투마리 등을 삶아 며칠을 먹기도 하고 상약으로 돼지기름을 고소하게 끓여 소금 넣고 밥을 비벼 먹기도 하니 차차 황달기가 적어졌다. 어머니는 비로소 한숨을 돌리시며 "너희들 삼남매 중 하나라도 무슨 일 생기면 나는 이 세상을 살아내지 못한다. 제발 병나지 말고 건강하게 오래오래 살아다오" 하셨다.

그런데 어느 날 언니가 혼자 자기 방에 앉아 있었는데 무슨 둔중한 물건이 부딪는 소리와 함께 언니의 다급한 비명소리가 들렸다. 달려 들어가 보

---

62) 이시영(1869~1953) : 호 성재(省齋). 대한제국 시기에 한성재판소장, 법부 민사국장 등 역임. 경술국치 후 만주로 망명 신흥무관학교 설립. 1919년 임시정부 법무총장, 재무총장 등 역임. 1933년 임시정부 국무위원 겸 법무위원. 1942년 임시정부 재무부장. 해방 후 대한독립촉성국민회 위원장. 1948년 정부 수립 후 초대 부통령.

니 난데없이 한 발이 넘는 뱀 한 마리가 마룻바닥에서 꿈틀꿈틀하며 언니가 앉아 있는 침상 쪽을 향해 기어가고 있었다. 젊은이들이 달려와 때려잡으려 하니 어떤 분의 말이 "그건 필경 이 집의 텃구렁이니 잡으면 안 된다"고 말렸다. 그래서 분분히 말이 오고 가는 사이에 뱀은 천천히 기어서 판자벽에 나 있는 창문을 넘어 풀섶으로 사라져갔다.

우리가 살던 태계항 집은 음습하며 뱀이 참 많았다. 가끔씩 사람들의 눈에 띄기도 하였지만 실내까지 기어 든 것은 이것이 처음이었다. 아마 추녀끝에 있는 제비집의 제비새끼를 잡아먹으려고 기어가다가 실수를 해서 떨어진 것 같았다. 그런데 공교롭게도 건강치 못한 언니의 눈앞에 갑자기 떨어지는 바람에 언니는 크게 놀랐고 그날부터 병세가 더욱 악화되어 갔다. 그래도 식구들은 속수무책이었다. 나는 그저 마음속으로 빌고 또 빌었다. 내가 대신 아파도 좋으니 부디 언니를 병마에서 구해 주십사 하고.

그러는 가운데도 시간은 가고 개학날은 다가왔다. 학교로 가기 전에 우선 중경에 있는 임시정부 판공실 겸 박찬익(朴贊翊)[63] 선생이 살고 계시는 하석판가(下石板街) 3층 건물 맨 위층이 마침 비어 있어서 거기에 며칠 머물면서 병원에서 받아온 노란 금계랍을 먹고 책을 읽으며 지냈다. 일찍 바로 학교로 갈 수도 있었지만 이 생각 저 생각으로 마음이 착잡해서 홀가분하게 떠나지를 못하고 머무적거리고 있었다.

때는 1940년. 그해 들어 일본은 비행기 폭격을 강화하여 주야를 쉬지 않았다. 한 패가 날아들어 폭격을 하고 돌아가면 이내 다른 한 패가 날아와 계속 폭탄을 퍼부어댔다. 중경 시민들은 제때에 먹지도 못하고 무더운 여

---

63) 박찬익(1884~1949) : 호 남파(南坡). 1907년 신민회 참여. 경술국치 후 만주로 망명하여 대정교 정교(正敎). 상해에서 동제사(同濟社) 조직. 1921년 임시정부대표로 중국 광동정부에 파견되어 외교 활동을 전개. 낙양군관학교 설립을 위해 외교 활동. 1940년 임시정부 국무위원, 법무부장. 1943년 한국독립당 중앙집행위원.

름철에 찜통 같은 방공호 속에서 지칠 대로 지쳐가고 있었다.

중경은 안개가 많은 고장이었다. 그래서 '런던 포그'(London fog. 倫敦霧)니 '무중경(霧重慶)'이니 하는 말도 있다. 겨울철에는 비도 많이 오고 질척거리는 날이 많아 공습이 비교적 적었지만, 낮이 긴 여름철이 되면 안개는 아침나절뿐이고 하루 종일, 아니 며칠씩 뜨거운 햇볕이 쨍쨍 내리쪼이는 맑은 날씨여서 공습도 자주 있고 폭격도 심했다. 어떤 날은 온 거리 하나가 몽땅 타버리기도 했다. 따라서 인명과 재산 피해도 이루 말할 수 없었다. 그 당시 중경의 건물은 흔한 대나무를 이용해 지어진 것이 대부분이기 때문에 불에 약했다. 비록 겉보기에는 번듯한 2층이나 3층집이라도 목재는 적고 거의 대나무로 지은 것이기에 한 곳에 불이 났다 하면 걷잡을 수 없이 크게 번졌다. 사람들은 그런 상황에서도 틈틈이 볼일을 보며 위축되지 않고 잘 견디어냈다.

어느 날 새벽에 나는 3층에 누워 있다가 공습경보 사이렌 소리를 또 들었다. 밤에도 이미 두 번이나 방공호로 대피하여 한밤 내내 잠을 자지 못했기 때문에 매우 피곤해서 꾀 피우고 대피하지 않았다. 그런데 곧 이어 긴급경보가 울리고 비행기 날아드는 소리가 무겁게 들려왔다. 그래도 나는 움직이지 않았다. 그때 아래층에서 쿵쾅쿵쾅 계단을 뛰어오르는 소리와 함께 송면수 선생이 "빨리 내려와요. 폭격기예요"라고 외치는 소리가 들렸다. 나는 미안한 생각에 마지못해 일어나서 가까운 방공호로 뛰어갔다. 막 방공호 입구에 발을 들여놓자 '까르르릉, 까르릉, 우지끈, 쿵, 쾅쾅쾅쾅' 하는 소리와 함께 진한 화약 냄새가 확 풍기며 흙먼지와 연기가 숨을 막히게 했다.

사람들이 방공호에서 뛰어나갔다. 나도 떠밀려 나왔다. 거리는 아수라장이 되어 있었다. 널려 있는 시체와 부상자들, 손 빠른 구호대들의 움직임, 담가 나르는 빠른 걸음들, 그리고 화염에 휩싸여 타고 있는 거리. 나는 휘청휘청 걸음을 옮기다가 차마 못 볼 것을 보고 말았다. 한 젊은 아낙이 흥건히 고인 피 속에 창자가 터지고 다리조차 날아간 모습으로 죽어 있는데 젖먹이 어린 아기는 악을 쓰듯 울어대며 엉금엉금 그 여인의 가슴 위로 기어오르고 있었다. 나는 그만 그 자리에 장승처럼 서버렸다. 꼼짝을 할 수가 없었다. 숨도 쉴 수 없었다. 그러다가 구조대원이 확 떠밀며 일 없는 사람은 빨리 비키라는 소리에 겨우 그 자리를 떠났는데 어떻게 임정 청사까지 돌아왔는지 어떻게 3층까지 올라왔는지 도무지 알 수 없었다. 송면수 선생이 내 모습에서 이상함을 느꼈는지 3층까지 따라 올라왔다.

올라와 보니 내가 누워 있던 베갯머리에는 접시만큼 큰 폭탄 파편 조각이 떨어져 있고 침대 위는 흙먼지와 온갖 잡동사니가 어지럽게 덮여 있고 침대 머리맡 쪽에 있던 창틀은 부서져 마루에 흩어져 있었다. 송면수 선생이 파편 조각을 들고 살피면서 나를 놀려댔다. "오늘 나는 복영 양의 생명의 은인이 되었소. 내가 아니었다면 지금쯤 복영 양은 이 파편 조각에 머리를 맞아서 피를 철철 흘리며 천당으로 가느라고 바빴을 텐데… 아니지, 천당이 아니라 어디로 갈지 몰라 한창 헤매고 있었을 지도 모르지… 어쨌든 내가 채근하는 바람에 죽음을 면했으니 내가 생명의 은인이지, 안 그래요?" 하며 나를 웃겨보려고 했다. 그러나 나는 웃을 수가 없었다. 그렇다고 울 수도 없었다. 그저 학질이 도진 것처럼 온 몸이 떨리면서 몸의 마디마디가 아팠다. 주먹이 저절로 아프게 꽉 쥐어졌다. 송면수 선생은 내가 학질이 도진 줄 알았는지 무춤하여 대강 치우고 쉬라고 하면서 아래층으로 내려갔다. 한참만에야 나는 침대에 엎어지면서 울음을 터뜨렸다. 내 머릿속에는 오직 한 마디, "안 돼, 안 돼" 뿐이었다.

일주일이 넘도록 나는 먹지도 못하고 잠도 잘 수 없었다. 눈을 떠도 감아도 그 이름 모를 아낙의 처참한 모습과 하늘땅을 부르듯 숨이 컥컥 막히는 어린아이의 울음소리가 겹쳐서 도저히 견딜 수가 없었다.

드디어 새 학기가 시작되었다. 나는 학교에 가기를 포기했다. 어떤 항전

1940년 9월 17일 한국광복군 창군 전례식. ⓒ독립기념관

단체에라도 가담하여 이 생지옥 같은 전쟁을 하루 빨리 종식(終熄)시키는 일에 몸을 던져야 할 것 같았다. 앞에서도 말했듯이 나의 향학열은 결코 식은 것이 아니었다. 그렇지만 어찌하랴? 내가 눈을 감고 귀도 틀어막고 전처럼 공부에 몰두할 수 있을까? 매일 매일 부당한 떼죽음이 생겨나고, 침략자들은 저렇게 미쳐서 날뛰는데. 아무리 생각해도 전과 같이 공부에만 전념할 수 없을 것 같았다. 그리고 설사 내가 이 다음에 학사, 박사가 된다 한들 이 세상이 사람 살 만한 세상이 되지 않는다면, 그 학문이 옳게 쓰일 데가 없다면, 그건 하나의 겉치레 장식품밖에 더 되겠는가? 나는 웃음을 잊었다. 말도 잃어버렸다. 그런 나를 보고 주위에서는 과년한 처녀로서의 젊음의 고민쯤으로 오해하는 사람들도 있었다.

임시정부에서는 오래 전부터 군사계획을 세우고 군대를 편성하려고 노력하였으나, 여러 가지 어려움으로 뜻을 이루지 못하고 있었다. 특히 1937년 중일전쟁이 발발하자 다급한 정세에 밀려 임정 산하 교포들을 거느리고 무한으로 장사로, 유주로, 기강으로—호남 광동 광서 사천 여러 성(省)으로—
2년 반 이상을 유랑하다 보니 경제적으로도 그럴 만한 여유가 없었다.[64]

그러다가 1940년에 이르러서 목전에 닥친 긴급한 정세 때문에 서둘러 건
군할 필요를 느끼고 거듭 토의를 거친 끝에 마침내 뜻이 모아져 그해 9월
17일 창군 전례식을 거행하게 되었다. 외국 땅에서 편성하는 군대였기에
인원도 만족할 만한 숫자가 못 되었고, 또 대부분이 정식 군사교육을 받은
장교들이고 사병은 거의 없는 형편이었다. 뿐만 아니라 외국이라는 특수
조건 때문에 여러 가지 피치 못할 근심을 안은 채 창립 전례식을 가졌다.

여군의 숫자는 더욱 적었다. 군복을 착용한 여군은 단 4명, 오광심(吳光
心),[65] 조순옥(趙順玉), 김정숙(金貞淑), 그리고 나였다. 처음 여군의 복장
은 남자 군인과는 달랐다. 옷감이나 색깔은 같았는데 다만 여군은 바지 대
신 치마를 입었고 모자로 보이스카웃 모자와 같은 쪽배 모자였다.

맑은 물이 흐르는 가릉강(嘉陵江) 언덕 위의 가릉빈관(嘉陵賓館)을 빌
려서 내외 빈객의 축하와 격려를 받으며 우리 스스로 몸과 마음을 다 바쳐
서 왜적을 박멸하고 조국을 광복하자고 일제히 다짐하였다.

"초수삼호(楚雖三戶) 가이망진(可以亡秦)."[66] 중국 측에서 보내온 격려

---

64) 중일전쟁이 발발하자 임시정부는 독립전쟁을 시작할 때라고 판단하고 군사위원회(위원 : 유동열 지청천
이복원 현익철 안공근 김학규. 이후 나태섭 고운기로 증원)를 설치해 독립전쟁의 계획을 수립하고 군사 간
부를 양성하도록 했다. 1938년 군사부분 예산을 크게 늘려 군대를 편제하려 했는데 계획과 달리 예산이
충분히 확보되지 않았고 더욱이 임시정부와 동포사회가 여러 곳으로 이동하면서 이동경비에 예산 집행이
많이 이루어져서 군대 편제는 지연될 수밖에 없었다.
임시정부가 기강에 도착한 이후 군무부장(국무위원) 지청천이 '장교 양성, 무장대 편성, 유격대 훈련'을 통
해 왜적과 결전할 군사상 방략을 제기했고 김구 주석과 박찬익 등의 외교적 노력에 중국 정부의 지원을 확
보하고 광복군을 창설하게 되었다. 중일전쟁 직후부터 군대 편제를 위해 노력했지만 임시정부의 이동으로
현실적으로 불가능했고 중경에 도착한 이후에 비로소 군대를 편제했던 것이다.

65) 오광심(1910~1976) : 1931년 만주 조선혁명당 가입, 조선혁명군 사령부 근무. 1935년 민족혁명당 부녀부
차장. 1940년 한국광복군에 입대. 총사령부 근무. 남편인 김학규와 함께 부양에서 적후공작과 초모활동으
로 광복군 제3지대를 편제하고 간부로 활동.

66) 초나라에 비록 세 집만 남더라도 진나라를 멸망시킬 수 있다.

의 말이었다. 성경에도 "너의 시작은 미약하나 나중은 창대하리라"라 하였다. 그렇다. 지금 시작은 비록 크지 않다 하더라도 군에 몸담은 사람 하나하나가 모두 투철한 믿음과 협력으로 힘을 다한다면 못할 일이 또 무엇이냐? "종이 한 장도 맞들면 가볍다"는 말이 있듯이 작은 힘도 모으면 큰 힘이 되는 것을….

광복군은 창군 후에 총사령부를 전선(戰線)에 가까운 서안(西安)으로 옮기기로 하였다. 총사령 이청천(지청천), 참모장 이범석(李範奭)만 중경에 남아 한

한국광복군 총사령 지청천 장군

국광복군의 제반 문제에 대해 중국정부 및 군사위원회와 긴밀히 교섭하기로 하고, 총사령 대리로 황학수(黃學秀)[67]를 임명하여 조경한이 사령부 인원 전체를 인솔해서 서안으로 출발했다. 트럭 한 대를 빌려 그 위에 삿자리(草蓆, 蘆葦: 갈대나 수수대로 만든 자리)를 둘러 덮어 씌워 바람과 비를 막게 했다.

출발하는 날 나는 미처 어머니께 말씀을 드리지 못하고 떠나는 것이 너무 죄송스럽고 안타까워 더욱 괴로웠다. 어머니는 아버지와 결혼을 한 뒤에 단란한 삶을 누려보지 못하고 오직 우리 삼남매를 사람으로 키우는 데만 온갖 정성을 다하였다. 그런데 이제 그 자식들이 다 자라서, 그들도 마

---

67) 황학수(1879~1953) : 호 몽호(夢乎). 대한제국 육군 장교. 1919년 임시의정원 의원, 군무부 비서국장. 1925년 신민부 중앙집행위원. 1928년 삼부통합운동에 참여하고, 혁신의회 중앙집행위원. 1930년 만주 한국독립당 집행위원. 한국독립군 부사령. 1941년 한국광복군 총사령 대리. 임시정부 생계부장.

침내 훌훌 어머니 곁을 떠나 안위(安危)를 알 수 없는 곳으로 달려가니 어머니의 가슴은 얼마나 허전하고 아프고 근심스러우시랴. 게다가 곁에 있는 딸 하나는 신병이 날로 침중해 가고. "아아. 가엾은 우리 어머니, 이 불효한 딸을 용서하소서. 차마 미리 고하지도 못하고 떠나는 이 딸을 용서하소서." 나는 마음으로 어머니께 용서를 빌었다.

성도(成都)까지는 별 어려움 없이 차가 잘 달려 주었다. 그런데 어느 마을을 지날 때 운전사(중국인)의 부주의로 갑자기 뛰어드는 큰 돼지 한 마리를 미처 피하지 못하고 치어 죽게 한 일이 생겼다. 우리는 돼지 주인을 찾아 미안한 마음을 전하고 어느 정도 보상도 하고 가자고 하였으나 운전기사는 한사코 말을 듣지 않았다. 그의 말인즉 우리가 돼지를 싣고 달아나는 것도 아니고 돼지 주인은 고스란히 고기도 먹을 수 있고 못 다 먹으면 팔 수도 있는데 무슨 보상이 필요하냐고 하면서 내쳐 속력을 냈다. 그래서 우리는 어처구니없다고 생각했지만 어쩔 수가 없었다.

성도에는 제갈무후(諸葛武候: 촉한의 재상 제갈량) 사당이 있었다. 구경할 만한 곳이었지만 나는 여자의 몸으로 처음 군문(軍門)에 발을 들여놓았기 때문에 조심할 필요를 느꼈고 심정적으로도 그럴 여유가 없었다. 그저 성도의 양쪽 너른 들판에 펼쳐진 감귤 밭의 풍성한 결실을 트럭에서 멀리 바라보면서, 중국이 장기항전을 이끌어나가는 힘이 바로 이 천부지국(天富之國)이라고 일컬어지는 천혜의 땅 사천성이 있기 때문인 것을 다시금 느꼈다.

그러나 평원을 지나 검각(劍閣)에 이르면서부터는 일찍이 중국의 대 시인 이태백(李太白)이 읊었던 촉도난(蜀道難)을 떠올렸다. "噫吁戱危乎高哉! 蜀道之難難於上靑天! 어허휴, 높고도 위태로워라. 촉도의 어려움은 하늘에 오르는 것보다도 더 어렵구나", 또 "劍閣崢嶸而崔嵬 一夫當關萬夫莫開. 검각은 가파르게 높이 솟구쳐 있구나. 한 사람이 관문을 지키면 만

명이라도 뚫지 못하지"라는 구절도 있었는데 그 말이 과연 거짓이 아니라는 것을 알았다.

그 절벽을 올려다보니 까마득하게 직립(直立)한 절벽을 겨우 한 사람의 발만 붙일 수 있게 쪼아 놓고 아래위로 굵은 쇠줄을 늘어뜨려 그 줄을 잡고 오르내리게 한 모양은 실로 아슬아슬하고 놀라웠다. 삼국지에 나오는 그 옛날 위·오·촉(魏·吳·蜀) 세 나라의 싸움 장면을 연상케 하였다. 지금 우리가 지나가는 이 길이, 이 땅이 바로 그 옛날 삼국이 정립할 당시 싸움이 잦고 치열했던 곳이 아닌가?

우뚝우뚝 치솟은 연봉은 구름 위에 떠 있어 그 뿌리와 깊이를 헤아릴 수 없는데 무려 그 봉우리가 72개나 되는 곳도 있었다. 산을 깎아 겨우 차량 한 대가 지나갈 만한 험한 길을 운무(雲霧) 속을 뚫고 꼬불꼬불 지나가노라니 실로 아슬아슬했다. 아차 잘못하면 그야말로 뼈도 추릴 수 없는 깊고 깊은 골짜기로 추락하는 것이었다. 그러나 그 험한 산길도 마침내 끝이 있어서 드디어 섬서성(陝西省) 보계(宝鷄)에 이르렀다. 그곳에서 트럭을 버리고 기차로 서안[중국의 옛 수도로 장안(長安)이라고도 했다]을 향했다.

5. 고도 서안에서

서안에 도착하여 처음에는 임시정부 군사특파단이 머물던 건물에 짐을 풀었다. 그것은 그냥 보통 민가였다. 오광심 여사와 한 방을 쓰게 되었다.

며칠 뒤에 안춘생, 유해준(俞海濬) 양 씨로부터 군사기초훈련을 받기 시작했다. 훈련 받는 사람은 오광심, 조순옥, 그리고 나 단 세 사람인데 교관은

서안시 이부가 4호에 있던 한국광복군 사령부 옛터. ⓒ독립기념관

두 사람이나 되니 얼마나 호사스러운 특별대우의 군사교육이냐? 사실 나는 학교에서 이미 기초적인 군사훈련을 받아 대강 알고 있었지만 군령이니 받지 않을 수 없었다. 그런데 유해준 씨는 충청도 사람으로 구령을 부르는데 '오이발 오른발 오이발 오른발' 하는 바람에 학교에서 들어오던 '쥐어유우 쥐유우(左右)' 하던 짧고 힘찬 구령과 비교가 되어 웃음을 참기 어려웠다. 특히 조순옥은 참느라고 쩔쩔매면서도 킥킥 소리를 토해내었다.

다시 며칠이 지난 뒤에는 이부가(二府街) 법원 자리였던 곳으로 옮겨갔다. 그곳에는 원래 법원이 있었는데 폭격으로 인해 뒤쪽의 적지 않은 건물이 파괴되어 허물어지는 바람에 법원은 다른 곳으로 옮겨가고 우리가 빌려 쓰게 되었다. 정문인 큰 대문을 들어서면 왼쪽으로 일자 단층 건물 한 채가 기와지붕을 이고 있고 중간에는 돌을 깔아 만든 길이 있었다. 오른쪽에는 작지 않은 공터가 있어서 여기에 깃대(旗杆)를 세워 태극기가 펄펄 날리게 했다. 그것이 제1마당(第一院子)이었는데 그때 이미 한국청년전지공작대(韓國靑年戰地工作隊)가 들어 있었다.

그리고 다시 담장과 문이 있고 그 문을 들어서면 왼쪽으로 가로 세워진 건물이 있는데 그건 식당이었다. 오른쪽에도 건물이 있는데 거기엔 총사령부 참모장 부인이 아들 복흥(復興)을 데리고 살게 되었고, 중간 출입문 바로 옆에도 작은 방이 있어 전지공작대가 광복군 제5지대로 편입되면서 5지대 사무실 혹은 수위실로 사용했다. 이것이 제2마당(第二院子)이었다.

그곳을 지나 더 안으로 들어가면 정면으로 약간 높게 돌층계를 쌓아 올려 지은 일자 건물이 있는데 대리 총사령 황학수 씨와 경리과장 겸 정훈처장인 조경한 씨가 기거했고, 왼쪽으로 저만치 있는 일자 건물이 총사령부 사무실이었다. 들어가서 오른쪽의 허름한 일자 건물에는 첫 번째 방에 김학규(金學奎),[68] 오광심 부부가, 가운데 방에 내가, 세 번째 방에 노태준, 안춘생 씨 등이 기거하다가, 뒤에 그들이 산서성(山西省)으로 공작을 떠난 뒤에는 노복선과 노맹(老孟 중국인)이 한동안 기거했다. 그 건물 뒤쪽에도 허름한 건물이 하나 있었는데 처음에는 남자직원들이 기거하다가, 뒤에 차리석(車利錫) 선생의 부인이 된 홍매영(洪梅英) 여사가 어린 아들과 딸을 데리고 살기도 했다. 그리고 조시원(趙時元)[69]과 그의 딸 순옥은 사령부 밖에 따로 집을 구해 살며 조석으로 출퇴근하였다.

모든 것이 차차 자리를 잡아갔다. 큰 대문 왼쪽(밖으로 나갈 때의 왼쪽)에 한자로 한국광복군총사령부라는 큰 간판을 걸고 총을 멘 보초(중국인 사병)도 세웠다. 그리고 모두 일거리를 맡아 일하기 시작했다. 내게 맡겨진 일은 광복군 기관지 『광복(光復)』을 만드는 것이었다. 총지휘(責任)는

<hr>

68) 김학규(1900~1967) : 호 백파(白波). 신흥무관학교 졸업. 1931년 만주 조선혁명당에 가입, 조선혁명군 참모장. 1935년 민족혁명당 조직에 참여했다가 노선 차이로 탈당하고 조선혁명당을 조직. 1940년 한국광복군 참모. 1941년 부양에서 초모공작과 적후활동으로 광복군 제3지대를 편제하고 지대장에 취임.

69) 조시원(1904~1982) : 1928년 한인청년동맹 상해지부 간부. 1939년 임시의정원 의원. 1940년 한국광복군 총사령부 부관. 임시정부 선전위원회 위원.

한국광복군 총사령부 총무처 직원 일동(1940. 12. 26, 서안). 동그라미 표시가 지은이. ⓒ독립기념관

안훈(安勳: 조경한), 편집은 김광(金光),[70] 인쇄는 김용의(金容儀)가 맡아했다. 원고 정리는 한글에 대해서 조금이라도 더 이해한다는 이유로 거의 내가 맡아 하게 되었다. 오광심, 조순옥 양씨는 책이 인쇄되어 나오면 발송하는 일을 도왔다. 발송은 시간을 다투어 빨리 해야 하기 때문에 많은 일손이 필요했다. 그때는 지금처럼 기기(器機)가 발달하지 못했기 때문에 모든 일처리를 전부 손으로 했다. 그래서 맡은 부서를 따지지 않고 총사령부 직원은 모두 팔을 걷어 부치고 도와서 밤을 새우며 일을 했다. 포장하고, 우표 붙이고, 주소 쓰고, 우체국으로 달려가 발송하는 일을 모두들 즐

---

70) 김광(1909~1944) : 1932년 흥사단 가입. 1940년 임시정부 군사특파단. 1941년 광복군 선전과장. 광복군 기관지『광복』편집. 1944년 중경에서 병사.

『광복』 창간호(중문판)
표지와 목차. ⓒ독립
기념관

겁게 했다. 그것이 1941년 1월이었고 2월 1일자로『광복』제1권 제1호가 세
간에 첫선을 보였다.[71]

『광복』잡지는 월간으로 한글판과 중문판(中文版)을 동시에 펴냈는데,
첫 번째 곤란은 원고 마련이었다. 그때는 원고 얻기가 참으로 어려웠다. 편
집장 김광 씨가 약간 큰 키에 구부정한 윗몸을 좌우로 흔들면서 원고 걱정
을 많이 하던 모습이 지금도 눈에 선하다. 아마 그가 오래 살지 못한 까닭
이 그런 모습에서 이미 나타나던 것이 아니었나 싶기도 하다.

두 번째 어려움은 경제적인 것이었다. 휘영청(?) 넓은 판공실에는 탁자(책

---

71) 『광복』은 중국 출판물관리 당국에 등록한 공식 출판물로 발행 사항은 다음과 같았다. 편집자 한국광복군
총사령부 정훈처, 발행자 한국광복군 총사령부 정훈처, 통신처(通訊處) 서안 이부가(二府街) 4호, 인
쇄자 서안 익문인쇄사(益文印刷社). 한글판 1권 1기에 수록된 글은 다음과 같다. 창간사, 중국항전 제5년
을 당하야 국내외 동지동포에 고함(김구), 적구(敵區) 내에 거주하는 동지동포에게 고함(이청천), 광복
군의 성립과 한국혁명의 전도(황학수), 한국광복군의 당면공작(김학규), 동서 정치사상의 연구(김광), 프
라토의 정치사상연구(김광), 청년의 각성을 촉(促)함(유해준), 한국여성동지들에게 일언(一言)을 드림
(오광심), 대시대는 왔다 한국여동지들아, 활약하자!(이복영), 광복군의 전도(이복원), 한국광복군의 새
로운 동태(笑鵬).

상)도 몇 개 놓여 있지 않았다. 출입문 바로 왼쪽 가까이에 이복원 선생의 탁자가 하나 있는데, 그분은 매일 군사학에 관한 외국 서책을 우리말로 번역하는 일에 열심이었다. 그 오른쪽 옆은 안훈 선생의 탁자였다. 그 분도 매일 아침 일찍 판공실에 나와 앉아 거의 하루 종일 책상을 떠나지 않고 무언가 부지런히 썼다. 그런데 그 두 분의 책상은 사무실 중앙을 바라보지 않고 오히려 우리가 그 두 분의 뒷모습을 볼 수 있게 놓여 있었다.

김광 편집장은 그들과는 뚝 떨어진 자리에 출입문을 오른쪽으로 멀리 바라보며 조금 큰 책상을 차지하고 있었는데 그분은 책상 앞에 앉아 있는 시간과 밖에서 서성거리는 시간이 아마 반반은 되었을 것이다. 자주 무슨 생각에 잠기는 듯했다. 내 책상은 김광 편집장의 책상 오른쪽으로 멀찍이 가로 놓여서 실내 모든 사람의 동정을 훤히 볼 수 있었다. 그리고 판공실 중앙(출입문에 가까운 중앙) 쯤에는 벽돌을 조금 쌓아올려 그 위에 숯불 피

한국광복군 제5지대 성립전례식 기념사진(1941.1) ⓒ독립기념관

운 질화로를 놓았는데, 그것이 그 넓은 판공실의 유일한 난방이었다. 원고를 정리하다가 손이 곱아 붓을 제대로 움직이지 못하게 되면 잠깐 화로 곁으로 가서 손을 녹여가며 일들을 했다. 온 사령부 안에서 난방이라고는 그 화로 하나뿐이어서 일반 군 동지들도 무시로 들고 나며 몸을 녹이기도 했다. 지금 우리가 볼 수 있는 『광복』은 그런 가운데 1941년 2월 1일자로 탄생하였던 것이다.

1941년 신년 원단(元旦). 한국청년전지공작대가 한국광복군 제5지대로 편입되었다. 이날 국기게양식에서는 제5지대 여군 안영희(安英姬)와 총사령부 소속인 내가 함께 국기게양대 아래에 마주서서 줄을 당기었다. 내가 만주를 떠나 관내에 들어와서 처음으로 태극기 게양을 하게 되었는데 그 감회가 여간 큰 것이 아니었다. 나도 모르게 눈물이 솟았다. 푸른 하늘을 배경으로 높이 솟아오르며 펄럭이는 태극기를 우러러보며 나는 마음속으로 빌었다. 하루속히 태극기가 우리나라 하늘 아래에서도 자유롭게 펄펄 휘날리는 날이 오기를. 아니 속히 오도록 노력에 노력을 더해야겠다고 마음속으로 다짐했다.

2월이 되자 안춘생, 노태준, 이준식 씨 등은 전방 공작의 사명을 띠고 산서성으로 떠나고, 오빠 지달수와 고운기 씨도 같은 임무로 수원성 포두(包頭)를 향해 떠났다. 항상 용돈이 모자란다고 내게서 담뱃값을 가져가던 오빠였지만 어려서부터 어머니 다음으로 동생인 나를 끔찍이 아껴주던 오빠였는데 그도 군 명령에 따라 내 곁을 떠나갔다. 떠나면서 누누이 서안에 오래 머물 생각 말고 중경으로 돌아가라고 당부했다. 주변에 험상궂은 선머슴들만 있는 곳에 나 홀로 남겨두고 떠나는 것이 못내 안심되지 않았던 모양이다. 그러나 나는 조금도 겁나지 않았다. 하루하루 그들을 관찰하는 것도 재미로웠다. 치거떵즈에서 나무나 풀이 모두 똑같지 않은 것에 어린 나이에도 신기하게 느꼈었는데 이제 이 많은 사람들의 일상과 만나고 부딪히게 되니 그들의 생김생김 외모와 성격, 생각의 여하를 바라보고 견주어 보는 것이 꽤 재미있었다. 앞으로 혹시 내가 오래 산다면 그때 나는 글을 쓰리라, 내 글 속에서 저들에게 진정한 생명을 불어넣어 주리라, 하고 생각하면서.

나는 틈틈이 책을 읽었다. 그러나 책을 구하기 어려웠다. 책을 가진 사람이 내 주변에는 없었고, 읽는 사람도 별로 보이지 않았다. 때마침 5지대에 있는 노맹(중국인)이 나를 찾아와 면화와 양털을 섞어 물레로 자아 만든 털실이 있는데 내복을 짜줄 수 있겠냐고 물었다. 나는 쾌히 승낙을 했다. 나보다 나이도 어리고 중국인이면서도 우리 한국인의 광복운동 진영에 몸담아 일하고 있으니 그도 나름대로 어려움이 없지 않을 것이다. 부모형제도 없이 한국인─그에게는 외국인─사이에 끼어 있으니 오죽하겠는가. 그런 생각에서 나는 선뜻 그러마고 대답했다. 그는 털실을 가져왔고 나는 틈틈이 가져온 치수대로 짜서 찾으러 오면 내 주었다. 그런데 이 일이 뜻밖에 재앙을 가져오리라고는 미처 생각지 못했다.

내복을 가져간 지 며칠 뒤에 노맹이 다시 찾아왔다. 그리고 책 한 권과 짤막한 내용이 적힌 편지 한 통을 내놓았다. 무엇이냐고 물으니 사실인즉 그 내복은 자기 것이 아니고 자기와 같은 중국인으로 2지대에서 일하고 있는 김모(金某)라는 사람의 것인데 처음부터 그렇게 말하면 이 소저(李小姐)가 짜 줄 것 같지 않아서 자기 것이라고 속여 말했다고 용서를 빌었다. "그도 집 떠나 여기 낯선 곳에서 일하고 있는데 어려움이 많아요, 부탁할 데도 없고요"라고 말하며 거듭 용서를 빌었다. 나는 생각 끝에 이미 지난 일이라 하는 수 없이 웃으며 그러지 않아도 되는데 책까지 보내주어서 고맙다고 전해달라고 말해버렸다. 그런데 그는 내가 책읽기를 좋아하고 문학에 취미가 있다는 말을 누구에게 들었는지 필요한 책이 있으면 자기 친구에게 빌려올 수 있다면서 사양하지 말라고 했다. 이렇게 해서 책을 빌려

보기 시작하여 노신(魯迅)의 작품『조화석습(朝花夕拾)』『광인일기』『아큐정전』, 톨스토이의『전쟁과 평화』, 투르게네프의『아버지와 아들』, 도스토예프스키의『죄와 벌』등 꽤 많은 문학작품을 빌려볼 수 있었다. 그러나 이들 책으로 내 정신면에서 얻은 것이 적지 않은 반면에, 내 조용하던 내적 생활에 크나큰 파문을 일으킬 줄은 미처 생각지도 못했다. 참으로 호랑이 담배 먹던 시절의 이야기 같아서 말하기조차 우습고 부끄럽지만 그 당시 우리의 혁명진영, 곧 큰 뜻과 깊은 생각을 가졌다는 사회에서 일어난 일이기에 나는 지금도 고소(苦笑)를 금치 못한다.

어느 날 느닷없이 2지대원 4, 5인이 나를 찾아 왔다. 평소에 전혀 알음(面識)이 없던 사람들이기에 나는 이상하게 생각했지만 그들의 표면에 나타난 태도로 보아 반드시 좋지 않은 일이 있으리라는 것을 짐작했다. 아니나 다를까, 그 중에 한 사람이—이름은 밝히지 않겠다— 먼저 시건방진 태도로 결혼을 하고 싶으면 우리 같은 사람도 이렇게 많은데 왜 하필 중국 사람이오? 하면서 손바닥으로 자기 가슴을 몇 번 씩이나 두드리더니 다른 사람도 가리켰다.

나는 더 참을 수가 없었다. "당신들이 내 오라비요 친척이요? 나와 무슨 연고가 있길래 내 일에 감놔라 배놔라요? 내가 중국 사람과 결혼하든 미국 사람과 결혼하든 당신네들이 무슨 상관이오? 썩들 나가시오. 사람을 불러 끌어내기 전에. 어디 와서 몰상식한 행패를 부리는 거요? 뭣 땜에?" 하고 모질게 화를 냈다. 그때 내 눈에 들어 온 것은 노신의 글을 읽다가 마음에 닿는 것이 있어서 벽에 써 붙여 놓았던 "감설 감소 감곡(敢說 敢笑 敢哭)…"[72]이란 구절이었다. 하도 말을 하지 않아 벙어리라는 별명까지 얻

---

72) 이 글은 노신의 「홀연 생각이 들다忽然想到(5)」(『華蓋集』)에 나오는데 원문과 번역은 다음과 같다. 世上如果還有眞要活下去的人們, 就先該敢說, 敢笑, 敢哭, 敢怒, 敢罵, 敢打, 在這可詛呪的地方擊

1941년 신년 독사진 ⓒ이준식

은 나였고, 또 오광심 여사는 나를 공주 같이 미소만 짓는 아가씨라고 하면서 말 수 적은 것을 좋아하였다. 그런데 그날은 무례한 사람들에게 많은 말을 한 셈이었다. 나는 별로 가진 것이 없는 연약한 존재일 뿐인데 무엇 때문에 타인으로부터 질시(疾視)를 당하는 것인지 그 까닭을 알 수 없었다.

서안에 온 뒤로 어머니께는 한 달에 적어도 두 번은 꼭 편지를 써서 소식을 전했다. 1941년 신년 때 어머니께 보내드리기 위해 사진관에 가서 독사진을 한 장 찍었는데 군복을 입었기에 거수경례로 세배를 드렸다. 그것이 지금 유일하게 밖에서 나돌고 있는 광복군 시절의 나의 독사진이다. 그때 나는 어머님께 죄송스럽고 불효하다는 생각을 떨쳐 버릴 수 없었다. 그런 내 심정은 한결같았다. 어머니는 남편 없는 가정에서 고스란히 삼남매의 양육 책임을 짊어지고 온갖 정성을 다하였는데 그 자식들은 이제 성인이 되었다고 효도를 다하기는커녕 오히려 뿔뿔이 제 갈 길을 가고 있고, 더구나 생사조차 가늠할 수 없는 험지를 넘나드니, 그 마음이 오죽하랴 싶었다.

서안에는 예부터 유명한 큰 약전(藥廛) 거리가 있었다. 중경에서는 살 수 없는 과체(瓜蒂 : 오이꼭지)라는 약재가 흔했다. 일찍이 성재 이시영 선

退了可詛呪的時代! 만약 세상에 진실로 버터 살아가고자 하는 사람들이 아직 있다면, 먼저 용감하게 말하고, 용감하게 웃고, 용감하게 울며, 용감하게 노하고, 용감하게 질책하고, 용감하게 공격해야만, 이 저주스러운 곳에서 저주스러운 시대를 물리칠 것이다!

생이 내 언니에게 과체산(瓜蒂散)을 끓여 먹이면 병이 나을 수 있다고 해서 서안에 오는 즉시 그 약을 한 보따리 사서 부쳤는데 언니는 그 약을 먹고 과연 가래를 두어 사발 토해내더니 병이 많이 가벼워져서 가사일도 많이 돕고 있다는 어머님의 편지를 받고 내 마음도 좀 가벼워졌다. 언니가 부디 병이 깨끗이 나아서 건강한 생활을 다시 할 수 있기를 빌었다.

1941년 여름이 되었다. 나는 언니의 병고 때문에 마음 아파하던 끝에 의사가 되고 싶다는 생각을 자주 했다. 그러나 고등학교도 미처 졸업을 못했으니 학력도 문제였고 실력도 문제였다. 그해는 마침 중국 각지에서 모든 대학이 연합고시(聯合考試)를 치르게 되어 있었다. 그래서 시험장소는 문제 되지 않아 운남대학(雲南大學) 의과를 지원하려고 학과 복습을 시작했다. 생각에 두어 달이면 충분히 복습할 것 같았다. 물리·화학·생리학에 중점을 두어 밤을 새워가며 공부했다. 처음에는 친구 조계림이 졸업장을 빌려주겠다고 해서 잠시 생각했지만 그렇게까지 하고 싶지 않아 동등 학력으로 원서를 제출했다.

한창 무더운 8월 여름이었다. 시험장소는 우리 5지대 대원들이 군사훈련을 받던 간부훈련단 소재지로, 서안성 밖 10여 리가 넘는 곳이었다. 첫날은 국문(중국글)시험이었다. 또 글짓기도 있었다. 그러나 북경에서처럼 당황하지는 않았다. 그때 내가 마음의 위로를 약간 받은 것은, 무슨 과를 지원하는지 모르지만 나이가 이미 사십이 된 사람이 시험 치르는 모습을 보고 나서다. 점잖은 티가 나던 그는 먹통(墨盒)과 붓을 들고 푸른색 중국두루마기(旗袍)를 입고 검은색 포혜(布鞋)를 신은 모습으로 누구와도 어울리지 않고 혼자 왔다 갔다 서성여서 나는 처음에 그가 시험감독관이라고 짐작했다. 그런데 시험장에 들어가 보니 그도 답안지를 받아 빠르지도 느리지도 않게 답안을 적는 것을 보고 저렇게 늦게도 공부를 하려는데 나라고 못할 것이 무어냐고 생각되어 마음이 많이 가라앉았다.

첫날 시험은 꽤 괜찮게 치른 것 같았다. 그러나 정작 넘어야 할 높은 고비는 뒤에 남아 있었다. 내가 제일 걱정하는 물리·화학 시험을 무려 답안지를 세 번이나 바꿔가며 사흘 동안 치렀다. 공습 때문이었다. 첫 번째는 답안지를 거의 끝낼 시간에 공습경보가 울렸고 모두 대피하라고 해서 밖으로 나가는 바람에 시험지는 무효 처리가 되어 버렸다. 이튿날도 마찬가지로 공습 때문에 무효가 되어 다시 다음날로 시험이 미루어졌다.

나는 심신이 지칠 대로 지쳐버렸다. 두 달 동안 밤새워 공부하던 끝이었다. 게다가 먼 거리의 시험장에 시간 맞추어 가려고 새벽에 일어나 공복(空腹)으로 성문에 가서 기다리다가 성문이 열리면 사람들과 다투어 성을 나가서 달리기를 시작했다. 그렇게 해서 시간에 늦지 않고 오전 중에 그날 시험이 끝나면－공습 때문에 오후에는 시험이 없었다－ 쨍쨍 내리 쬐는 햇볕을 정수리에 받으며 사령부로 돌아왔다. 그제야 무엇이든 조금 요기를 하고 다시 책장을 뒤적였다. 그렇게 되어 원래 3일이면 끝나는 시험이 공습 때문에 5일도 넘게 되니 내가 사령부에서 얻어낸 휴가도 날짜가 넘게 되고 몸도 마음도 지칠 대로 지쳐버렸다. 5일째 되는 날 아침에 눈을 뜨니 이미 창이 부옇게 밝아 있었다. "어이쿠! 이걸 어쩌나" 하며 서둘러 세수하고 사복으로 갈아입고 뛰기 시작했지만 훈련단까지 도착하고 보니 10분이나 늦어 있었다. 시험감독관에게 손이야 발이야 빌면서 사정을 해보았지만 안 된다고 머리를 가로저었다. 1~2분쯤이면 사정을 보아주겠지만 10분이나 늦었으니 절대로 안 된다고 했다. 나는 갑자기 땅이 푹 꺼져버리는 것 같고 온 몸에 기운이 다 빠져 나간 듯 어질어질 쓰러질 것만 같았다. 시험관도 딱했던지 나를 부축해 내보내며 명년에 다시 응시하면 될 터이니 너무 낙심하지 말고 건강에 주의하라고 했다.

그 뒤 나는 어떻게 시험장을 걸어 나오고 어디를 걸었는지 모르는 채 어느 풀밭에 번듯이 누워 있었다. 하늘은 구름 한 점 없이 짙푸르고 맑아 그 높이나 깊이를 가늠할 수조차 없고 태양은 그 위력을 있는 대로 쏟아 내려 대지를 사르고 있었다. 그때 그 하늘은 어찌 그리도 높고 어찌 그리도 크던지, 태양은 또 어찌 그리도 붉던지…. 그 뒤 나는 그런 하늘, 그런 태양을 다시 느껴보지 못했다.

나는 한참을 울었다. 어찌하여 나에게는 뜻대로 이루어지는 것이 이렇게 없을까? 합격이 되든 안 되든 끝까지 시험을 마쳤으면 그야말로 유종의 미라도 거둘 수 있었을 터인데. 사람의 일생에서 10분이란 시간이 도대체 무엇이란 말인가? 우주의 시간이란 개념에서 10분이란 시간이 그렇게도 한 인간의 운명을 좌우할 만큼 큰 것이란 말인가?

결국 나는 내가 늦잠을 잤기 때문이라고 자신을 탓하고 눈물을 거두었다. 그러자 이름 모를 새 몇 마리가 풀밭 여기저기에서 날아오르내리며 표릉표릉 조잘대는 것이 보였다. 그래, 길은 하나만 있는 것이 아니다. 날아오를 수도 있고 날아내릴 수도 있다. 이 넓고 넓은 천지에 사람이 갈 수 있는 길은 얼마든지 있다. 이렇게 생각하니 그제야 풀밭에서 태양의 열기를 흠뻑 받은 흙냄새가 물씬 느껴졌다. 돌아가자! 나의 일터로 가서 열심히 일을 하자.

오광심 여사가 내가 돌아오는 모습을 보고 심상치 않은 것을 느꼈는지 무슨 일이 있었느냐고 물었다. 나는 말하지 않으려다가 하는 수 없이 자초지종을 이야기했다. 다른 사람은 아무도 내가 대입시험을 치루는 것을 몰랐지만 오광심 여사만은 알고 격려도 아끼지 않았었다.

이렇게 또 한 번의 좌절을 겪었기에 나는 전보다도 더 말을 잃었다. 말을 나눌 만한 상대도 없었다. 공무 외의 시간에는 책 읽고 어머니와 조계림에게 편지 쓰는 일밖에는 달리 없었다. 아니, 한 가지 더 있었다. 공습경보가 있으면 사령부 전체 인원과 함께 성 밖으로 피해 가는 일이었다. 때로는 사령부 가까이에 있는 공원에 가서 혼자 산책하기도 했다. 거기엔 호수가 있

연호공원에 있는 진망장사기념탑과 꿇어앉은 형상의 왕정위·진벽군 부부 철제 동상

었고 호수 둘레에는 장미도 많았던 것으로 기억된다. 특히 공원 입구에 진
망장사기념탑(陣亡將士紀念塔)이 서 있었는데 그 앞에는 왕정위(汪精衛),
진벽군(陳璧君) 부부가 꿇어앉은 모습의 검은 철제 동상이 있어 공원을
들고 나는 사람들이 가래침을 뱉어 얼굴이며 몸뚱이에 허옇게 가래를 뒤
집어쓰고 있던 모습은 더욱 잊히지 않는다. 나라와 겨레를 배반한 데 대한
국민들의 분노를 볼 수 있었다. 진정 타매(唾罵)의 본보기였다.

　큰 식당에서 모여 먹던 식사도 건강이 좋지 않다는 핑계를 대고 1인 식
대(식당에서 먹는 1개월분)를 따로 타 내어 풍로, 냄비, 숯, 그리고 쌀을 사
서 내 손으로 밥 지어 먹으면서 판공실에 가서 공무 보는 일 외에는 나머지
시간을 나 혼자 내 방에서 지냈다. 그러는 가운데서도 해는 여전히 뜨고
지고 달도 차기도 하고 기울기도 했다. 바람도 여전히 불고 별도 여전히 떠
서 자리까지 바꾸었다. 그때 남쪽하늘에 유난히 반짝거리는 파아랗고 큰

별이 하나 있었다. 그 별을 나의 별이라고 정하고 하고 싶은 말이 있으면 그 별에게만 하였다. 지금도 그 별은 거기에서 반짝이고 있겠지!

바람이 제법 차게 불던 어느 날 중경에 갔던 김학규 선생이 뜻밖에도 오희영을 데리고 돌아왔다. 오희영은 나보다 여섯 살 아래로 길림성 액목현 황띠깡즈에서 태어났는데 이제 겨우 16세로 아직도 어린 소녀티가 가시지 않은 모습이었다. 천진난만한

1941년 겨울, 서안에서 ⓒ이준식

어린 모습이었다. 달리 방이 없어서 나와 한 방을 쓰게 되었다. 그가 김학규 선생을 따라온 이유는 만주로 아버지(오광선)를 찾아가기 위해서였다. 그것은 바로 적후(敵後: 적 점령지구)공작을 뜻했다. 저 어린 나이에 성패를 예측할 수 없는 그 험한 길을 어떻게 갈 것이며 어떻게 감당할 것인가? 참으로 한국의 딸로, 망국민으로 태어난 것이 너나없이 서럽고 또 서러웠다.

몇 날 밤을 생각한 끝에 나도 자원해서 적후공작에 나서기로 했다. 곧 아버지께, 아니 총사령께 긴 편지를 썼다. 나도 적후공작 활동에 참가할 수 있도록 허락해 주십사고. 며칠 후 항공편으로 답장이 왔다. 허락할 뿐 아니라 대한의 딸로 장한 결심을 한 데 대해 매우 고맙게 생각하니 기강에 계신 어머니에 대해서는 걱정하지 말고 떠나라는 내용이었다.

그리하여 태극기 앞에서 일행 8명이 나란히 서서 동지들을 믿고 따르며

광복군 제6징모처 김학규 대장과 그의 부인 오광심 여사, 서파 대원. ⓒ독립기념관

비밀을 엄수하고 목숨 바쳐 주어진 사명을 완수할 것을 맹세하였다. 그때는 진정 내가 다시 살아서 돌아오리라는 생각을 하지 않았다.[73] 우리 일행 8명-김학규, 오광심, 진경성(陳慶誠), 김광산(金光山), 신구섭(申久燮. 申奎燮이라고도 했다), 서파(徐波), 오희영, 그리고 나-은 1942년 4월 하순에 밤열차를 타고 출발했다. 사령부 상하(上下) 인원 모두 역까지 나와 배웅해주었다. 지금도 잊히지 않는 것은 비둘기

대장이라 불리던 노복선(盧福善) 씨가 눈물을 흘리면서 "이렇게 여성 동지들도 험난한 길을 마다 않고 찾아 떠나는데 우리는 후방에 남아 전송이나 하니 부끄럽기 짝이 없다"고 말하던 일이다.

동관(潼關)에 이르러 쉴 만한 숙소를 찾아보았으나 조그마한 촌락에 불과한 몇몇 집에는 우리처럼 적지 공작을 위해 도강(渡江)하려고 대기 중인 중국 공작원들로 꽉 차 있어서 마땅한 곳을 찾지 못했다. 게다가 우리는 그날 밤 바로 도강을 해야 하니 낮 동안만 쉴 것이어서, 마구간 한 곳을 빌렸다. 중국 사람들은 대개 한 집에 마소(牛馬)를 많이 기르는 편이어서 마

---

73) 당시 전황은 급박하게 전개되고 있었다. 일제는 1941년 12월에 미국 진주만을 공격해서 태평양전쟁을 도발했다. 이에 중국은 미국, 영국 등 각국과 연합해서 일본군과 전면전을 벌이기로 하고 1941년 12월 9일 정식으로 대일선전포고를 했다. 임시정부도 12월 10일 대일선전포고를 했다.

구간이 꽤 넓었다. 특히 여물을 쌓아두는 곳은 더 넓고 여물도 산더미처럼 쌓여 있었다. 그 여물(밀짚)을 바닥에 두툼하게 깔고 각자의 행리(行李)를 풀어 그 위에 펴니, 꽤 괜찮은 쉴 자리가 되었다. 우리들의 행리는 흰 무명에 기름을 먹여 유포(油布)로 만든 것을 기초로 했다. 그것을 제일 먼저 쫙 펴 놓고 그 위에 이불을 펴고 다시 중간에 요를 펴고 그리고 일용 잡동사니를 가운데 놓고 그 유포를 넓이 3절, 길이 4절로 접고 밧줄로 단단히 묶는 것인데 어디서나 그걸 펴기가 아주 쉬웠다. 유포이기에 습기를 막을 수 있어서 한데에서도 사용이 편리했다.

우리 일행 8명은 낮가림도 차릴 새 없이 김학규 인솔자의 명령에 따라 느런히 누웠다. 밤에 움직여야 하고 어쩌면 밤을 새워야 하니 낮에 자 두어야 한다는 것이었다. 나도 눈을 감고 잠을 청해 보았지만 잠은 오지 않았다. 피난 시절 배에서도 낮가림 없는 생활을 겪어 보았지만 그때보다도 더한 느낌이었다. 그때는 어머니도 언니도 오빠도 있었는데….

오른쪽 옆에 누워 있던 오희영이 갑자기 웃음을 터뜨렸다. 깜짝 놀라 왜 그러느냐고 물으니 그는 손가락으로 소가 있는 곳을 가리키며 여전히 웃음을 참지 못했다. 까닭인즉 소님(?)께서 점잖게 그 큰 눈을 껌벅이면서 용변을 보시는 중이었다. "언니. 나 태어날 때도 외양간에서 났다더니, 외양간과 아주 인연이 깊은가 봐." 오희영이 웃음을 그치고 한 말이었다.

우리 일행은 한바탕의 가가대소(呵呵大笑) 끝에 일부는 잠들고 일부는 뒤척이며 하루 낮을 보냈다. 그래도 마침 추울 때가 아니라서 다행이었다. 그리고 나는 이런 생각도 했다. 앞으로는 이보다 몇 배 더한 어려움에 부딪힐 수 있고 정말 절박한 때가 많을 것인데 이런 것쯤이야 호강으로 알아야지. 습기를 막아주는 유포도 있고 이불과 요도 있고, 그리고 점잖게 일을 보는 소님의 모습을 보고 크게 웃을 여유도 있고 생사고락을 함께 할 동지들도 있으니.

초승달이 떴다가 깜빡 져 버렸다. 말 그대로 깜깜한 밤이었다. 마을 어디에도 불빛 한 점 보이지 않았다. 하늘에 드문드문 뜬 별조차 없었다면 얼마나 더 어두웠을까? 개 짖는 소리도 벌레 우는 소리도 들리지 않았다.

우리에게 시계가 없으니 시간이 어찌 되었는지 알 수 없었다. 차에 올라타라고 해서 각자 행리를 주섬주섬 들고 차에 올랐다. 객차가 아니고 특수철강으로 만들었다는, 창문도 없고 틈새도 없는 궤짝 같은 찻간이었다. 들어가서 이내 문을 닫으니 옆에서 뺨을 때려도 모를 만큼 컴컴했다. 옆 사람의 숨소리마저 없었다면 이건 무덤 속이 아닌가 할 정도로 짙은 어둠 속이었다. 남자들은 혹시라도 불빛이 샐까봐 담배도 피우지 못하고 있었다.

얼마를 기다렸는지 나도 모르게 가물가물 졸음에 빠져들었다. 그러던 중에 갑자기 차체가 크게 흔들리는 바람에 막 정신을 차리는데 '카르르 쾅' 하는 소리와 함께 차체가 오른쪽으로 기우뚱 크게 기울어졌다. 우리들 가운데 누군가가 데구르르 구르면서 어이쿠 하는 소리가 들렸다. 그러나 차는 이내 몸을 바로 잡고 전속력으로 달려 무사히 맞은편 동관 굴속으로 들어가 섰다.

그곳은 황하(黃河)와 위수(渭水)가 만나 합쳐지는 곳으로 저편 삼각지대에 일본군이 주둔해 있어서 언제나 철교를 향해 포(砲)를 조준해 놓고 있었다. 우리가 낮에 건너지 못하고 밤에 일정한 시간 없이 별안간 움직이는 것도 포 사격을 피하기 위한 것이었다. 조금 전에 '카르르 쾅' 하는 소리가 바로 일본군이 포를 쏜 것이었는데 포탄이 차의 후미를 조금 스치고 지나갔기 때문에 우리가 요행히 화를 면한 것이었다.

동관 굴속에서 날 밝기를 기다려 이번에는 진짜 객차로 갈아탔다. 차 안에는 우리 말고는 없어서 마치 전용차 같았다. 모두 좋아라 하며 4인용 자리를 차지하고 밤새 못잔 잠을 보충하겠다고 누워서 잠을 청하기도 했다.

그때 김광산 씨는 건강이 좋지 않아서—폐결핵을 앓고 있었다— 더욱 편한 휴식이 필요했다. 그런데 이게 웬일인가, 앉았던 사람, 누웠던 사람 할 것 없이 모두 벌떡벌떡 일어서며, "이거 탱크부대(그때 중국에서는 빈대를 탱크라고 했다. 원래 이름은 취충(臭蟲), 즉 냄새 나는 벌레라는 뜻)가 온 것 아냐? 아주 새카맣게 달려드네!" 하고 소리를 질렀다. 모두들 웃음인지 한숨인지 토해 내며 빈대 때려잡기에 바빠졌다. 잡아도 잡아도 끝이 없고 앉을 자리 틈새로 재빠르게 숨었다가 어느 틈에 다시 공격해 와서 마침내 우리가 오히려 지쳐버렸다. 그래서 차 안을 왔다갔다하며 쉬지 않고 움직였다. 그런데 기차는 소달구지처럼 느릿느릿 치이익 쿠르르르 점잖이 한가하게 움직이니 차라리 내려서 걷는 것이 편하겠다고 모두들 생각했다. 하지만 연도(沿道)에 더러 있을 수 있는 위험을 막아줄 수 있다고 해서 차 안에서 참는 수밖에 없었다.

그렇게 빈대와 싸움을 벌이며 잠은커녕 이야기조차 조리 있고 차분하게 나눌 수 없는 기차를 타고 바쁜 마음을 느린 동작으로 달래는 가운데, 해님은 중천에 떠 자기 아래 벌어진 모든 일에 대해 아는지 모르는지 흐릿하게 비추고 있고 기차도 자기의 궤도를 벗어나지 않고 꾸준히 달려 낙양에 도착했다.

숙소를 정하고 모두 낙양중앙군관학교를 찾아보자고 하였으나 뜻대로 되지 않았다. 전시라서 학교는 이미 비어 있고 가도 들어갈 수 없다는 낙양 시내 중국인들의 말이어서 그만 두었다. 섭섭했다. 그곳은 일찍이 1934~35년에 중국 중앙정부의 도움으로 한인학생대(韓人學生隊)를 개설하여 우리 독립운동 진영의 유능한 군사 인재들을 양성하던 곳이었는데[74] 견학

---

74) 윤봉길 의사의 의거 이후 김구 주석과 장개석 총통 사이에 한국인의 무관학교 설립이 합의되었다. 이에 김구 주석은 만주에서 일본군과 혈전을 벌이던 한국독립군에게 연락해서 관내로 이동해 군관학교를 설립하

할 수 없다니 말이다.

낙양에서부터는 도보행군이었다. 마차 한 대를 빌려 각자의 행리를 거두어 싣고 사람은 모두 걸어서 갔다. 남자 다섯, 여자 셋. 김광산 씨는 환자여서 인솔자 김학규 씨의 배려로 당나귀 한 마리를 빌려서 타게 했다. 김광산 씨는 미안한 마음에 가끔 당나귀에서 내려 우리 여자들더러도 좀 타라고 했지만 우리는 모두 사양하고 타지 않았다.

나는 그때까지 만주로 관내로 꽤 넓은 지역을 두루 돌아 유랑생활을 겪었지만 이렇게 강다짐으로 먼 길을 걷게 되는 것은 처음이었다. 빠른 걸음이 될 수 없었다. 나뿐 아니라 오광심 여사와 오희영도 마찬가지였다. 다리가 아프고 몸이 피로한 것보다 더 딱한 것은 발바닥에 물집이 생겨 부르트는 것이었다. 그러니 하루에 겨우 60~70리 정도 걷는 것이 고작이었다. 게다가 그곳 하남성(河南省)은 중국에서 유명한 황토층(黃土層) 지대로 흙으로 된 산(언덕)을 파서 동굴 집을 만들어 사는 사람이 많았다. 흙이 어찌나 단단한지 쪼아낸 자리가 반들반들하고 절대로 허물어지거나 부스러지지 않는다. 여름에 시원하고 겨울에 따뜻한 것도 좋은 점이다. 그러나 길 위의 황토는 성질이 다르다. 가루처럼 부드럽고 고운 누런 먼지가 길을 가는 사람의 발목이 푹푹 빠질 만큼 두껍게 쌓여 있어서 허위단심,[75] 목적 없이는 걷기 힘든 그런 길이었다. 그런데 하루는 설상가상으로 비가 촉촉이 내렸다. 그 부드러운 황토 흙이 찰떡반죽이 되어 한 번 발이 빠지면 빼

도록 요청했다. 한국독립군은 장령과 사병이 이동했고 일부 부대는 만주에 남아 결사항전할 것을 맹세하고 산악지대로 들어갔다. 만주 한국독립군 출신과 관내 청년들을 합해 92명이 '중앙육군군관학교 낙양분교 제2총대 제4대대 육군군관훈련반 제17대'에 편제되어 사관 훈련을 받았다. 지휘부는 다음과 같았다. 고문 김구, 총책임자 지청천, 학생대장 이범석, 학생반장 오광선, 학생보호계 안공근, 생도계 안정근. 1기 교육 후에 일제 당국이 정보를 입수하고 중국 당국에 항의하면서 폐교되었다. 낙양군관학교 졸업생들은 뒷날 한국광복군 창군의 기간(基幹)이 되었다.

75) 목적지에 가려고 허우적거리며 애를 쓰는 모습.

내기가 어려웠다. 그날은 얼마 가지 못하고 부득이 행군을 중지하고 쉬었다. 쉬는 바람에 부르튼 발도 꼼꼼히 치료했다.

발 부르튼 이야기를 조금 보충하려 한다. 도보행군 첫날부터 발이 부르텄는데 어려서 만주에서 들었던 독립군들의 이야기가 생각나서 나도 그렇게 해보았다. 저녁에 여관에 들면 우선 발을 깨끗이 씻고 휴대한 바늘을 촛불에 얹어 소독하고 굵은 무명실을 알코올에 담갔다가 바늘에 꿰어 그 바늘로 부르튼 곳을 찔러 관통시켜 실 끝의 일부를 남겨둔다. 그러면 앞 뒤 바늘구멍으로 실을 타고 부르터 고였던 물이 슬슬 빠져 나온다. 물이 다 빠져 나오면 실을 뽑아내고 약솜으로 잘 닦은 다음 성냥불로 앞뒤 바늘구멍을 바짝 지진다. 불결한 세균 침입을 막기 위해서다. 그러고는 휴대한 빨래비누로 발바닥을 고루 잘 문지르고 난 다음에 두꺼운 면양말을 신는다. 이런 치료는 부양에 닿을 때까지 매일 계속되었다.

우리들 행군에 고달픈 일만 있었던 것은 아니다. 우리 속담에 떡본 김에 제사 지낸다는 말이 있듯이 여러 날 행군하는 도중에 농촌 사람을 많이 만나게 되어 기회 있을 때마다 항전의식을 고취하고 또 도울 일이 있으면 주저하지 않고 도와주고 갔다. 어느 날 한 곳에 이르러-지금은 그 지명조차 잊었다- 모녀만 살고 있는 집에 점심을 부탁해서 먹게 되었다. 들은즉 그 집 아들도 군에 입대해서 일본군과 싸우고 있는데 지금은 소식이 끊겨 어디에 있는지 혹은 죽었는지 알 수 없다고 하면서 그 어머니가 눈물을 흘렸다. 마침 곡식 자루들을 마차에 실으려고 하던 참이어서 우리 일행 남자분들이 도와서 실어 주었다. 점심을 먹고 출발하기 전에 약간 휴식을 취하고 있는데 그 집 딸이 저쪽 창고 담 모퉁이에서 몰래 나를 향해 손짓을 했다. 나는 이상히 여기면서 다가갔더니 그는 이렇게 말하는 것이었다.

"나는 이 농촌에서 이렇게 무지하게 살고 싶지 않고 또 나라가 위급할 때이니 나도 나라를 위해 무언가 하고 싶다. 지금 내 나이 17세이다. 비록 부모들의 무지로 발이 전족(纏足)을 했었지만 나중에는 풀어놓아 아주 정상은 아니지만 몸은 건강하고 밥 짓고 빨래하고 농사짓고 심부름하는 일 등 무엇이든지 잘 한다. 가르쳐만 준다면 총 쏘는 것도 배워서 일본군과 싸우겠으니 부디 대장께 말씀 드려 데리고 가 달라."

그럼 어머니 혼자 남게 되는데 어떻게 그럴 수 있느냐고 했더니 이웃마을에 삼촌집이 있으니 크게 걱정하지 않아도 된다면서 부득부득 따라가겠다고 했다. 그래서 하는 수 없이 김학규 선생께 말을 전했다. 아니, 전하는 체 했을 뿐이다. 그 처녀는 우리의 국적조차 제대로 알지 못하고 그저 여자로 군복 입고 군인 노릇할 수 있다는 것만으로 가슴속에 오래 간직했던 세상을 알고 싶다는 꿈을 향해 탈출을 시도하려는 것이었다. 그래서 김학규 장군과 나는 처녀더러 "우리의 이번 길은 길지 않아서 약 한두 달이면 일이 끝나는데 끝나고 나면 곧 원대 복귀하여 후방으로 돌아갈 것이니 그때 다시 와서 데려가겠다. 좀 기다려라"고 거짓말을 하였다. 그 뒤 나는 줄곧 그 처녀에게 미안한 마음을 금할 수가 없었다. 그리고 그 간절했던 표정의 얼굴을 오래도록 잊을 수가 없었다.

6. 부양에서

부양에 도착한 것은 그해 5월 중순이었다. 김학규 대장은 원래 산동반도(山東半島)를 목적지로 삼아 적후공작을 벌이려고 하였다. 그가 만주에 있을 때부터 깊은 관계를 맺었던 우학충(于學忠)이 그곳에 있었기 때문이었다. 그런데 그동안 전쟁 국면이 급변하는 바람에 계획을 변경하여 안휘성(安徽省) 부양으로 공작 거점을 바꾸었다.

부양은 안휘성의 조그만 현성(縣城)으로 우리가 갔을 때는 거리도 일자(一字) 거리밖에 없었다. 단층 기와집 한 채를 얻어 다른 집과 한 마당에서 살았다. 그 집에는 남자는 없고 한 중년여인이 시어머니와 더불어 살고 있었다. 우리가 거주하는 건물이 본채인 셈이었다. 그들 고부가 사는 옆채에는 연자매 방앗간이 딸려 있었는데 맷돌도 따로 있었다. 집은 남향으로 앉았는데 마당도 쓸 만큼 넓었다. 남쪽으로 대문이 나 있고 시멘트로 꽤 튼튼하게 기둥을 세운 집이었다.

김학규 장군은 도착과 아울러 분주하게 중국기관을 찾아다니며 교섭을 하고, 그리 크지는 않지만 대문기둥 밖에 간판도 만들어 달았다. 엷은 고동색 바탕에 푸른 글씨로 '한국광복군초모위원회'라고 썼다. 그러나 첫 번째로 서파가 적후로 공작을 떠나고, 비행기 공습이 자주 있는 가운데 저공비행하는 비행사의 얼굴을 볼 수 있을 정도가 되어 조준 폭격을 피하기 위해 간판을 떼어냈다. 부양은 일본군 점령지역과 아주 가까운 거리에 있었기 때문에 공습경보가 채 끝나기도 전에 긴급경보로 바뀌는 때가 많았다. 부양에는 방공시설이 전혀 없기 때문에 일본군 비행기가 떴다 하면 저공비행으로 휩쓸고 다녔다. 여북하면 언젠가 한 번은 비행기가 우리 건물 정면으로 내리꽂히면서 날아드는 바람에 대청에서 내다보던 진경성 씨가 자기도 모르는 새에 껑충 뛰어 자기 방 침대 위에 벌렁 드러눕기까지 하였을까? 뒤에 우리들이 "대청에서 침실까지 거리가 얼마나 멀다고 침대 위가 대청보다 안전하다고 생각했느냐"고 놀리듯이 말했더니 자기도 왜 그렇게 행동했는지 모르겠다고 대답했다.

서파가 첫 번째로 떠나서 적지로 들어갔다가 2, 3개월 뒤에 돌아왔다. 그리고 다시 떠났다. 두 번째로는 신구섭이 가기로 되었다. 신구섭은 가능한 한 국내까지 가기로 계획하고 공작금도 제일 많이 가져갔다. 그때 내가 경비 일체의 출입을 맡았기 때문에 잘 기억한다. 그때 우리 형편으로는 참으로 거금인 200원을 지니고 떠났는데 그 뒤 이내 자취가 없어졌다. 변절했을 것이라는 판단 아래 김학규 대장은 잠을 이루지 못했다. 나중에 서파도 그 영향으로 매우 고심했다. 3차로 갈 사람은 김광산인데 그는 건강이 좋지 않았다. 4차로 갈 사람은 오희영이냐 지복영이냐를 결정하지 못해 고심했다. 나중에 알고 보니 오희영은 약간 몽유병 증세가 있어서 잠꼬대가 심하여 낮에 있었던 일을 곧잘 말하기 때문에 비밀 엄수가 어렵겠다고 주저하게 되었다. 그래서 내가 가기로 결정되어 대기하고 있던 중에 갑자기 오광심 여사가 먼저 만주로 가겠다고 나섰다. 나중에 안 일이지만 그때 그들 부부간에 약간 갈등이 생겨 우리들 모르게 티격태격했던 모양으로 4차 출발이 지연되었다.

그러던 중에 8월 추석을 며칠 앞두고 부슬부슬 비가 내리기 시작했다. 한여름 내내 가물어서 농부들이 우물물이나 시냇물을 퍼 날라다가 밭고랑에 부어가며 가까스로 곡식을 가꾸어 내어, 하늘 끝까지 산이라고는 보이지 않는 그 넓은 평야에 막 고개 숙여 익어가는 농작물을 보는 것은 참으로 놀라운 장관이었다. 그것은 인간 승리의 개가(凱歌)인 것 같았다. 그런 때 내리는 보슬비는, 계절상으로 약간 늦은 감이 있지만, 그런대로 조금의 휴식 같은 느낌을 주어 고맙게 여겨지기도 하였다. 그런데 그게 아니었다. 연 사흘을 더 크지도 더 작지도 않게 계속되자 주민들이 술렁거리기 시작했다. 왜 그러냐고 물으니 이렇게 계속 비가 내리면 물난리가 날 징조라고 했다. 우리 초모위원회 사람들은 겨우 옷이나 젖을 정도로 곱게 내리는 비에 설마 물난리가 날까 보냐고 믿을 수 없어 했다. 그저 주민들의 과민반응이거니 했다. 그런데 나흘째 새벽 동틀 무렵에 밖의 소란스러운 소리에 놀라 깨어 나가보니 모두 현성 주위를 둘러싼 방둑으로 달려가는 것이었다. 우리도 함께 뒤따라 뛰어가 보았다.

그건 참으로 놀랍다는 말조차 무색해지는 광경이었다. 어제 저녁 비를 맞으며 매일 습관대로 산책할 때만 해도 별일이 없었는데, 새벽에 둑 위에서 보니 그 넓은 평야에 풍성하던 농작물은 하나도 보이지 않고 드문드문 보이던 농가들도 모두 흔적도 없이 사라져 버렸다. 보이느니 누우런 흙탕물만이 흉흉한 물결을 이루면서 도도히 흐르고 있었다. 나무, 집, 소, 돼지, 그리고 몇 발씩이나 됨직한 큰 구렁이조차 물결에 휩쓸려 떠내려가고 있었다.

부양에 처음 왔을 때 현성 둘레에 깊은 도랑을 파고 안팎으로 높은 방둑을 쌓아놓은 것을 보고 이상하게 생각했었다. 그런데 이제 보니 까닭이 있었다. 현성 둘레가 모두 바다가 되었는데 오직 현성만 해중고도(海中孤島)처럼 위태롭게 떠 있었다. 바깥 방둑에 넘칠 듯 넘실거리는 큰물을 보고 비로소 이곳의 지리 사정을 알 수 있었다. 안휘성은 주로 회하(淮河) 유역에 속해 있는 곳으로, 회수(淮水) 북쪽의 지류들은 물줄기가 비교적 길고 흐름도 완만하지만 남쪽의 강하(江河)는 물줄기가 짧고 흐름이 빨라서 홍수 발생률이 높은데, 1942년 그해 따라 50년래 처음이라는 큰물이 난 것이다.

불행 중 다행이랄까, 우리를 고도처럼 떠 있게 하던 큰물은 더 이상 불어나지 않고 방둑을 넘어오지도 않았다. 4일 째 되던 날부터는 수위가 차츰차츰 낮아지더니 마침내 그 넓은 들이 처참한 모습을 드러냈다. 살아 있는 것이라고는 하나도 보이지 않았다.

그런데 현성 안에는 어디서 어떻게 모여들었는지 집을 잃고 생계마저 잃은 농민들이 거지가 되어 떼로 모여 다녔다. 현(縣)정부에서 죽솥을 걸어놓고 구제했지만 비축된 양식이 없으니 사흘을 지탱하지 못했다. 현성 안에 자식도 없는 노부부가 살고 있었는데 마침 곳간에 쌓아둔 양곡이 있어 죽기 전에 적선이나 하자고 역시 죽솥을 걸어놓았지만 그것도 사흘을 넘기지 못했다. 현정부에서 그들 노부부마저 거지가 될 것이 뻔하니 그만 두라고 권고도 했거니와 남은 곡식도 없기 때문이었다. 그러니 그 많은 거지들이 어디로 갈 것인가? 이 집 저 집 돌아다니면서 문을 두드려 보지만 얻어먹을 수 있는 곳은 없었다. 많은 사람들이 물 빠진 들로 나가 남은 풀뿌리도 캐어 먹고 남의 쓰레기통을 뒤져 마구 입에 넣어보지만 배고픔을 면하기는커녕 오히려 중독이 되거나 병을 얻어 픽픽 쓰러져 죽었다. 온 전신에 부황이 나고 피부가 상해 차마 눈 뜨고 볼 수 없는 처지가 되었다. 들에 나가면 발에 걸리느니 그렇게 죽어간 시체들이었다. 누구 하나 시체를 거두어 주는 사람도 없었다.

그에 따라 흉흉한 소문은 날로 심해갔다. 평시에 만터우(饅頭) 한 근에 2원도 안 했는데 그것이 재주를 몇 번 넘었는지 며칠 사이에 자그마치 30원이나 되었고, 또 그 값에라도 사려는 사람이 있지만 물건이 없어 구경도 할 수 없게 되었다. 그러자 굶어 환장한 사람들이 송장을 먹는다느니, 자식을 바꾸어 잡아먹는다느니, 처녀나 어린 남자아이를 근으로 달아서 가격을 매겨 사고판다느니, 별의별 소문이 다 떠돌았다.

어느 날 나는 몸이 아파서 그곳에 유일하게 간판을 건 병원을 찾아갔다. 병원 앞에는 이재민 환자들이 떼로 모여서 살려달라고 소리치며 애원하고 있었다. 그것을 간신히 뚫고 안으로 들어갔더니 젊은 의사는 하얀 가운을 입은 채 앉아서 울고 있었다. 영문을 몰라 물으니 그는 이렇게 말했다.

"내가 어렵게 의사공부를 해서 조건 좋은 데 다 버리고 당초 생각대로 무의촌을 찾아 의료 혜택을 받기 어려운 농촌 빈민들을 돕자고 이곳으로 와서 병원을 차렸어요. 그런데 지금 저 밖에 살려달라고 악을 쓰는 사람들을 뻔히 보면서 그들에게 아스피린 한 알도 나누어 줄 수 없으니 의사가 무슨 의사입니까? 나더러 어디 가서 약을 구해 오란 말입니까? 눈을 뻔히 뜨고 바라만 보면서 두 손 놓고 있는 나 자신이 너무 어처구니없고 딱하게 느껴지고 또 나를 의사라고 믿고 찾아와 하소연하고 매달리는 저 많은 이재민들이 너무너무 불쌍해서 그럽니다. 누가 저들에게 밥을 주어 배고픔을 면하게 해 주며 누가 저들에게 약을 주고 병을 치료해 줍니까? 너무너무 막막하고 안타깝습니다. 죄송합니다. 선생께도 드릴 약이 없습니다. 용서해 주십시오."

내가 80 평생 살아오는 동안 환자를 치료하지 못해 우는 의사는, 전에도 후에도 다시 보지 못했고, 오직 그때 이름조차 기억 못하는 그 젊은 의사 하나뿐이다.

이러한 주위 형편이고 보니 우리 초모위원회의 생활에도 자연 영향이 미치지 않을 수 없었다. 그곳은 원래부터 쌀이 없고 밀·옥수수·수수·좁쌀 등 잡곡이 주식인데, 우리 남은 식구들의 수효대로 타오는 배급량이 줄어들었다. 원래 하루에 세 끼 먹던 것이 두 끼로 줄었다가 결국 한 끼가 되었지만 형편은 쉽사리 나아지지 않았다. 푸성귀조차 구해 먹을 수 없고 멀겋게 좁쌀죽을 끓여 밀떡이나 수수개떡을 씹어 삼켜야 했다. 그나마 마음 편히 먹을 수가 없었다.

끼니때면 어떻게 알아차리는지 대문 밖에는 이재민 거지들이 장사진을 치고 대문을 쾅쾅 두드리며 "나리마님(老爺), 마님(太太), 제발 자비심을 베풀어 살려주셔요" 하고 울부짖으니 그나마 개떡조차 목구멍으로 넘어가지를 않았다. 그때 남자는 개떡 세 조각, 여자는 두 조각씩 분배되었는데 나는 참다못해 한 조각을 들고 대문께로 가보면 기가 콱 막혔다. "내 손의 개떡 한 조각을 저 많은 사람 중 누구에게 주어야 하나? 나도 예수님처럼 능력이 있다면 이 개떡 하나로 저 많은 사람들로 하여금 배고픔을 면하게 할 수 있으련만! 나는 그런 능력이 없다." 나는 눈물이 글썽한 채 줄 가운데 나이 어린 몇 아이에게 개떡을 조금씩 떼어 나누어주었다. 그러곤 식탁으로 돌아와 남은 개떡 하나를 눈물과 함께 씹어 삼켰다. 김학규 선생이 이렇게 말했다. "아가씨! 마음 모질게 가져야 해요. 어떻게든지 우린 살아남아야 하고 건강도 유지해야 해요. 우린 태극기 앞에서 조국광복을 위해 몸 바쳐 싸우겠노라고 맹세한 사람들이니 우리 목숨은 이미 한 개인의 것이 아녜요. 개떡 몇 개로 저들을 다 구제할 수 있다면 우리 누구도 사양해서는 안 되지요. 하지만 봐요. 중국 넓은 땅에 곡식 많은 고장이 수두룩하지만 그들도 속수무책인 것을. 그 왜 중국 속담 있잖아요? 멀리 있는 물이 가까운 불을 끄지 못한다고. 이 고비를 잘 참고 견디어 내야 해요." 그래도 개떡 나눠 먹기는 계속 되다가 종내는 나도 차차 모질어져서 몸을 쥐어짜는 듯한 고통을 참으면서 내 몫을 먹었다. 그 괴로움은 허기지고 배고픈 괴로움 못지않았다.

이때 오빠에게서 편지가 왔다. 내가 서안을 떠난 지 얼마 되지 않아서 오빠는 수원성에서 공작 임무를 마치고 서안으로 돌아왔다. 돌아와서 내가 적후공작을 목적으로 안휘성 부양으로 떠났다는 사실을 알고 무척 놀랐던 모양이다. 오빠는, "많은 젊은이들이 이 핑계 저 핑계로 후방에서 빈둥거리는데 왜 유독 우리 남매가 스스로 사지(死地)를 찾아 가야만 하느냐? 오라비는 남자니 그렇다 하더라고 여자인 너까지 굳이 남들이 가기를 꺼려하는 위험한 길을 가려고 하느냐? 어머니를 생각해서라도 빨리 후방으로 돌아오도록 하여라. 후방에도 일거리는 얼마든지 있다"고 편지에 썼다. 나중에 안 일이지만 오빠도 수원성에서 무척 고생을 했고 하마터면 목숨을 잃을 뻔도 했다. 평소에 말수가 적은 오빠가 이런 편지를 썼다는 것을 생각할 때 오빠의 심중을 짐작하고도 남았다.

현성 안에서 거지들이 차차 줄어들고 마침내 보이지 않게 되었다. 많은 사람들이 죽었고 남은 사람들은 점차 다른 지방으로 구걸행각을 옮겨 갔다. 날씨가 많이 서늘해졌다. 하늘도 점점 높아갔다.

오빠의 편지를 받은 지 여러 날 지난 후에 뜻밖에도 어머니의 편지를 받았다. 나는 한 달에 두 번 정도 어머니께 편지를 드렸지만 어머니 편지는 한 번도 받아 본 적이 없었다. 그래서 무척 반가워서 급히 꺼내 읽었다. 그런데 편지를 펼쳐 보다가 나는 가슴이 떨리고 숨이 막혀서 그만 정신을 놓고 쓰러져 버렸다. 한참 만에 깨어나니 오광심 여사와 오희영이 근심스런 얼굴로 나를 내려다보고 있었다. 오광심 여사가 물컵을 입에 대어주며 좀 마시라고 해서 한 모금 마시다가 다시 쓰러져 눕고 말았다. 내가 편지를 보다가 쓰러지는 바람에 오광심 여사가 놀라서 본의 아니게 편지 내용을 읽어 본 모양이었다. 그는 내 머리를 쓰다듬으며 나를 위로하느라 애를 썼다. "그까짓 일 잊어버려요. 그런 사람과 어떻게 평생을 같이 하겠어요?"

나는 S와 평생을 함께 하겠다는 생각은 없었다. 그런 생각이 있었다면 일선 지구까지 죽을 각오로 나왔겠는가? 다만 나는 인격적으로 모욕을 받은 것 같아 분하고 억울할 뿐이었다. 만약에 나의 인격을 존중했다면 적어도 어머니와 아버지를 향해 파혼을 선언하기 전에 나한테 먼저 말해야 하는 것이 아닌가? 당초에 구혼도 내 어머니와 아버지보다 나한테 먼저 했으니(장사에 와서) 파혼을 해도 먼저 나에게 해야 옳은 것이 아니겠는가? 그에 대한 어떤 좋지 못한 말이 들려 와도 나는 그저 두고 보자는 태도였다.

그동안 굶주림에다가 정신적인 고뇌가 쌓여 있던 까닭이었을까? 이즈음 나의 건강은 현저하게 나빠져 갔다. 어느 날 세수를 하다가 오른쪽 목에 이상하게 만져지는 밤톨만한 멍울이 있음을 알게 되었다. 심하게 아프지는 않았지만 좀 신경이 쓰였다. 오광심 여사가 권해서 한의사한테 보였더니 근자에 몹시 분노했다거나 그런 일 없었느냐고 물었다. 그래서 그 비슷한 일은 있었노라고 했더니 아마 기라(氣瘰: 임파선 종양)인 모양이라 하며 환부에 바르는 약을 주었다. 돌아와서 그 약을 바르기 시작하니 약 십여 일만에 딱딱하던 멍울이 약간 부드러워지기 시작했고 나중에는 환부가 푸르스름하게 자줏빛으로 변했다. 그래도 특별히 통증을 느끼지는 않았다.

겨울이 지나고 어느덧 봄기운이 느껴질 때쯤에는 내 병이 이미 상당히 깊어졌다고 보아야 했는데도 나는 적후로 가기를 원했고 일을 하다가 죽기를 원했다. 그런데 4월쯤이었던가, 김학규 선생이 말하기를 적후에서 조병걸(趙秉杰)이란 대학교수가 탈출해서 우리 독립운동 진영을 찾아 왔는데 지금 중국기관에 머물고 있으며 중경임시정부로 가고자 하니 그의 안내역을 맡아 후방(중경)으로 돌아가 우선 병 치료부터 하는 것이 좋지 않겠느냐고 했다. 나는 대번에 거절하고 예정대로 적후로 가겠다고 했다. 하지만 김학규 선생이 권하다 못해 나중에는 명령이라고 해서 나는 하는 수 없이 따르기로 했다.

날씨도 꽤 따뜻한 5월 중순경이었다. 진경성 씨의 배웅을 받으며 임천(臨泉)까지 가서 조병걸 선생을 만났다. 처음 만난 인상은 뭐 특별한 것이 없었다. 보기에 나이는 나보다 배도 넘을 듯했고, 대학교수라기에는 풍모(風貌)에 세련되게 다듬어진 교양 같은 것은 보이지 않았다. 심하지는 않지만 함경도 사투리가 배인 어투로 처음 만나 대뜸 하는 말이, "복영 양은 아무리 보아도 이런 곳에 와서 이런 험한 일을 할 성격이 아닌데 어찌하여 이렇게 되었소? 이번 중경에 돌아가면 다시는 이런 곳에 오지 않았으면 좋겠소. 들으니 문학을 좋아하고 시도 짓는다는데 내게도 좀 보여주지 않겠소? 나도 한시를 지은 것이 꽤 많이 모여서 책 한 권이 될 정도요. 이곳에서 군용차량을 얻어 타려면 이삼일 더 기다려야 한다니 그동안 읽어보시오…"라고 했다. 이렇게 시작한 이야기가 밤이 깊도록 계속되니 나는 피곤하기도 하거니와 아무리 연령 차이가 많고 지식이나 교양 차이가 있다 해도 어찌 되었든 처음 만나는 남자와 여자인데 공무도 아닌 이야기를 밤늦도록 하는 것이 예의가 아닌 듯해서 불편했다.

사흘 만에 중국 군용차량을 얻어 타게 되었다. 중국군 모(某) 군단장이 군사 문제로 장개석 총통을 직접 만나 보고하고 지시받으려고 부하 장병 약 30명을 거느리고 가는 트럭이었다. 군단장은 운전사의 옆자리에 앉고 나머지 그의 수행원과 조 선생, 나는 모두 트럭 함재판 위에 앉아서 갔다. 나중에 안 일이지만 이것이 조 선생의 마음을 조금씩 다치게 한 시초가 되었다. 일반 사병과, 그것도 머리 위에 덮개도 없는 트럭을 타고 내리쪼이는 폭양과 세차게 부는 먼지바람을 고스란히 몸으로 받아 내는 것이 꽤나 힘들었던 모양이다. 처음 하루 이틀은 그래도 길가의 자연 풍경에 놀라워하며 무릎도 치고 시도 읊으면서 즐거워하더니 차차 즐거운 모습은 사라지고 괴롭고 우울하고 불만스런 모습으로 변해갔다.

비록 차는 한 차를 탔으되 세 때 밥이나 여관 비용은 중국군의 도움을 받지 않고 우리 스스로 부담하였다. 부양을 떠날 때 김학규 선생이 중경까지 소용되는 두 사람의 여비를 맡기면서 "여비가 넉넉하지는 못하지만 잘 분별해서 쓰면 중경까지는 크게 걱정하지 않아도 될 것 같으니 가는 도중에 조 선생 식사 대접도 좀 신경 써줘요. 처음 우리 진영으로 와서 아직 고생이 무엇인지 모를 터이니 잘 부탁해요" 하고 말했기에 내 깐에는 많은 신경을 써서 모셨다. 중국인 습관에 아침 식사는 간단히 하게 되어 있으니 하는 수 없고 점심과 저녁은 될 수 있는 대로 비교적 깨끗한 음식점을 찾아 중국의 보통 식사 수준인 3채1탕(三菜一湯: 세 가지 반찬과 국 하나)에 채소와 어류, 육류를 균형 있게 주문하여 대접했다. 그러면서 내심으로는 중경까지의 여비가 모자랄까 봐 은근히 걱정하였다.

그런데도 조 선생은 중국에는 은이(銀耳: 흰목이버섯), 어시(魚翅: 상어 지느러미) 요리가 유명하다는데 어째서 우리는 한 번도 시켜 먹지 않느냐고 자주 말했다. 그래서 나는 "어시 같은 요리는 가격이 좀 비싸서 우리 여비로는 사 먹기가 어렵습니다. 만일 도착 예정일에 중경에 닿지 못하면 여비가 모자랄 터인데 중도에 융통할 방법도 없으니 걱정이 되어서 절약을 하고 있습니다. 중경에 닿으면 제가 꼭 총사령님과 김구 주석님께 말씀 드려서 어시, 은이 요리를 대접해 드리겠습니다"라고 말했다. 그러나 내 마음 속으로는 은근히 부아가 치밀었다. 독립운동에 참여하겠다고 탈출해온 분이 어째서 매일 어시, 은이 타령이냐? 당장 배를 주리는 것도 아닌데. 솔직히 말해서 나는 그를 한심스럽게 생각하기도 했지만, 또 한편으로는 처음 참여하려는 사람이니 독립운동의 어려움을 알 턱이 없어 그렇겠지 하고 참아주었다.

그렇게 우리들의 여로가 아마 십여 일이 되었던 것 같다. 이미 험준한 진령(秦嶺) 산길에 들어와서 아슬아슬한 굽잇길을 달리는데 중도에 비가 내리기 시작했다. 길은 미끄럽고 비안개는 시야를 흐릿하게 가려서 가뜩이나 험한 산길에 도저히 속력을 낼 수가 없었다. 더구나 덮개도 없는 트럭에 앉아 있는 우리 일행은 모두 비에 흠뻑 젖어서 모양이 말이 아니었다. 그러나 모두 군복을 입은 군인으로서 그만한 비는 아무것도 아니었다. 본래 군인은 더워도 부채질하지 않고 비가 와도 우산 쓰지 않는 것이 이미 다 습관이 되었다. 나도 군모 밑으로 얼굴에 흘러내리는 빗물을 가끔씩 손으로 훑어 내리면서 견딜 만했고 부디 별 사고 없이 예정된 숙박시설이 있는 곳에 닿기만을 빌었다. 그런데 밤 열 시까지 무인지경 산골길을 위험을 무릅쓰고 달렸지만 예정지까지 도저히 이를 수가 없었다. 그러던 중에 마침 그 심심산중에 외딴집 한 채를 발견하고 거기서 밤을 지내기로 하였다. 군단장은 자기네 호위병이 모시고 들어가고 나는 조 선생을 모시고 들어갔다. 집안은 아주 간단해서 침대가 하나뿐이었는데 노부부가 사용하는 것이었다. 그들은 우리의 딱한 사정을 이해하고 허름한 창고로 쉬러 가고 집 한 채를 모두 우리에게 내 주었다. 중국인 사병들은 자기네 행리를 찾아다가 군단장의 자리를 침대에 폈다. 그리고 군단장 지시에 따라 걸상 궤짝 같은 것을 모으고 문짝을 떼어내어 조 선생의 대용 침대를 마련해 주었다. 침구만 펴면 아쉬운 대로 하룻밤 휴식은 취할 수 있었다.

중국인 사병들은 모두 땅바닥에 침구를 펴고 사단장 옆으로 느런히 누워 잠을 자려고 했다. 나도 마찬가지였다. 마침 트럭에는 미국서 유학하고 돌아오는 남매가 타고 있었는데 그들은 상해 상회(商會: 상업회의소) 회장 오효뢰(吳曉籟)의 아들딸이었다. 딸이 그때 나이 38세로 나와 나란히 땅바닥에 자리를 깔았다. 부유한 집안에 태어나 고생을 모르고 살아 왔을 것 같은데 불편한 모습은 전혀 없었고 오히려 재미있다는 듯 웃는 낯으로 나더러 조국 독립을 위해 어린 나이에 고생이 많다면서 이번 전쟁에서 중국이 승리하는 날에는 한국도 틀림없이 광복될 수 있을 것이니 다 함께 힘쓰자고 했다. 그런데 조 선생은 꼼짝 않고 화가 잔뜩 난 얼굴로 꼿꼿이 앉아 있으니 그 자리에 있는 모든 사람이 다 불편해 하는 것 같았다. 그래서 보다 못해 내가 침대로 가까이 가서 짐을 풀고 자리를 펴려고 하면서 "내일 일찍 출발한다고 하니 그리 아시고 불편하신대로 하룻밤 쉬셔요. 날이 밝는 대로 출발하면 예정했던 곳에 닿아 식사도 해결할 수 있답니다"고 말했다.

그런데 내가 막 밧줄을 풀고 유포(油布) 행리를 펼치려는 순간 느닷없이 조 선생이 내 따귀를 갈기는 것이었다. 나는 그만 얼이 빠져 멀거니 서 있는데 누워 있던 사람들이 모두 놀라 일어났다. 미국서 돌아온 젊은이는 팔을 걷고 덤벼들어 조 선생을 때리려고 하면서 입으로는 "이 야만인, 이 야만인" 하고 외쳤다. 나는 더욱 놀라 그를 말리는데 군단장이 마침 일본 유학생이라 일어를 잘 해서 왜 그러느냐고 대화하기 시작하므로 나는 다행으로 생각하고 내 자리로 돌아왔다. 도무지 그 까닭을 알지 못하는 채 외국 사람들 앞에서 받은 창피함을 지워버릴 수가 없었다. 나는 그때까지 이런 수모를 겪은 적이 없었다.

날이 밝아 차가 출발하려는데 또 문제가 생겼다. 조 선생이 나와는 절대로 한 차를 타고 갈 수 없으니 자기나 나 둘 가운데 한 사람만 데려 가고 한 사람은 남겨 두라는 것이었다. 나는 하는 수 없이 이렇게 말했다. "첫째로 조 선생의 안내역을 맡은 내가 제대로 일을 처리하지 못해 중도에 이런 불미스러운 모습을 보이며 걱정 끼쳐드려서 부끄럽고 죄송합니다. 그리고 둘째로 어려운 부탁을 드려야겠는데 저는 중국어를 할 줄 아니까 다음 지나가는 차편을 이용해서도 갈 수 있지만 조 선생은 언어가 통하지 않고 이곳 모든 사정에 어두우니 혼자 남으면 그 어려움이 이만저만이 아닐 겁니다. 그러니 여기 제가 가지고 있는 여비의 4분의 3을 드릴 터이니 부디 조 선생을 중경까지 잘 안내해 주시면 더욱 고맙겠습니다." 그러면서 여비를 군단장에게 내밀었다. 군단장은 돈은 받지 않고 잠깐 무엇인가 생각하는 듯하더니 "두 사람 가운데 누구라도 남아서는 안 되는데…좋은 생각이 떠오르지 않으니 어쩌나. 잠깐 기다려보라"고 하면서 다시 집안으로 들어갔다.

한참 만에 다시 나오더니 "아무리 말을 해도 막무가내니 하는 수 없이 거짓말을 해야겠소. 이 소저를 남겨 두고 가겠다고 달래놓았으니 잠시 집안으로 들어가 있으시오"라고 말했다. 나는 시키는 대로 안으로 들어갔다. 조 선생은 그제야 몸을 움직여 군단장을 따라 나가 차에 올라탔다. 그러고 나서 군단장이 다시 안으로 들어오더니 군용망토(披風)를 둘러 입고 나를 망토 안에 감싸듯이 해서 조 선생의 눈을 피해 군단장 옆자리에 앉히는 것이었다. 나로서는 고마운 마음보다도 오히려 부끄러움이 더 커서 그 자리가 결코 편하지 않았다.

다음 날은 비도 그치고 날씨가 청명했지만 산길은 여전히 험해서 또 산중 오두막에서 밤을 지나게 되었다. 이번에는 날씨도 푸근해서 남자들은 상하를 막론하고 모두 노천(露天)에서 자고 여자 둘은 특별히 대접해서 집안 방에서 자게 하였다. 그런데 불을 끄고 자리에 눕자 옆에 누운 부인이 "이 소저 괜찮아요? 뭐가 무는 것 같잖아요" 했다. 과연 여기저기 뜨끔뜨끔하는 것이 예삿일이 아니었다. 일어나 불을 켜니 하얀 요 바닥이 새카맣게 보일 만큼 빈대 떼가 진을 벌이고 있었다. 뭐 손으로 잡을 엄두도 나지 않았다. 그 부인과 나는 요를 번쩍 들고 밖으로 나와서는 힘껏 털어 빈대를 떨어뜨렸다. 다시 방에 들어가 잘 마음이 없어져서 숫제 이부자리를 들고 밖으로 나와 밀짚 위에 펴고 누웠다.

아! 그날 밤 그 검푸른 하늘에는 웬 별이 그리 많았는지, 왜 그리 쉬지 않고 반짝거렸는지. 은가루를 뿌렸다는 말이 실감으로 가슴에 와 닿았다. 산 곡간에 흐르는 물소리 하며 바람이 없는데도 들려오는 숲소리, 그리고 옛 시구(詩句)에서만 들었던 자규(子規: 두견이) 우는 소리, 긴 휘파람 같은 짐승들의 울음소리…. 그 밤은 정말 잠들 수 없는 밤이었다. 특히 자규 우는 소리가 내 가슴 저 밑바닥 핏줄까지 똑똑 쪼아대는 것 같아서 몸만 뒤척이다가 날이 밝았다.

성도(成都)에 닿았다. 여기서 며칠을 묵었다. 조 선생은 군단장과 함께 여기저기 다니면서 관광을 하는 모양이었다. 그러면서 여전히 알은 체도 하지 않았다. 성도를 떠나기에 앞서서 나는 군단장에게 여기서부터는 다른 교통편으로 갈 수 있으니 그리하겠노라고 하며 그간의 고마움을 전했다. 그런데 그날 저녁 조 선생이 나의 객실 문을 두드렸다. 그는 저번 날 자기가 취한 행동이 잘못이라고 뉘우치고 있으니, 중경에 들어가거든 총사령께는 절대로 말하지 말아달라고 부탁했다. 그래서 나는 그게 무슨 자랑이라고 일부러 말하겠느냐고 걱정하지 마시라고 대답했으나, 속으로는 약간 우스웠다. 이 사람은 도대체 나이가 몇 살인데, 분명 내 나이보다 곱절인 어른이건만, 하는 행동은 꼭 철부지 어린애가 아닌가?

성도에서부터는 숨어서 차를 타지 않아도 되었다. 안내역도 다시 계속되었다. 중경에 도착한 날은 밤이 되어서야 겨우 조 선생을 임시정부 청사까지 안내하고 김구 선생께 소개했다. 그로써 향도 역을 마무리하고 아버지와 어머니가 계신 집으로 돌아갔다.

집은 임강가의 약간 비탈진 곳에 있었는데 명색이 3층집이었다. 맨 아래층에 어머니, 아버지와 언니네 식구가 살고 있고, 2층에는 집주인(과부)과 그의 자식들이, 3층에는 남파 박찬익 선생과 민영숙이 살고 있었다. 어머니는 나를 보시더니 대뜸 "이 기집애야, 죽어서나 올 줄 알았더니 어떻게 돌아왔느냐" 하시며 내 등줄기를 때리면서 우셨다. 아버지께 공사간(公私間)의 일을 보고 드리고 나서 집에 돌아왔다는 편안한 마음으로 깊은 잠에 곯아떨어질 수 있었다.

　며칠 뒤부터 병원을 찾아 진찰을 받고 병의 치료를 기대해 보았으나 중경의 크고 작은 모든 병원에서 자기네로서는 도저히 치료할 수 없다는 것이었다. 전혀 예상하지 못한 진찰 결과에 나는 어이가 없었다. 일찍부터 머리털이 희도록 오래 살리라는 그런 꿈은 꾸지 않았다. 그저 내가 하고 싶은 일을 힘껏 하면서 뜻있게 살다가 서른이든 마흔이든 훌훌 털고 가면 된다고 생각은 했었다. 그런데 이제 내 나이 겨우 스물다섯도 안 됐는데…, 이까짓 병을 못 이기고 죽다니! 굶주림 때문에, 또한 타인의 이기심과 몰이해 등 추한 모습에서 느끼는 분노와 슬픔 때문에 그걸 못 이기고 쓰러지다니…! 너무 억울하고 허망했다. 또 만일 정말 죽고 만다면 어머니는 그 슬픔을 어찌 감당해 내실까? 나는 결코 쉽사리 죽을 수 없다고 다짐했다.

　며칠 뒤 아버지의 부탁 말씀을 적은 명함 한 장을 받아들고 이복원 선생을 따라 남안(南岸)에 살고 있는 한금원(韓錦源) 선생을 찾아갔다. 한 선생은 환부(患部)를 자세히 살펴보더니 웃으면서 이렇게 말했다.

　"이까짓 것 긁어내면 돼요. 수술 간단해요. 30분이면 깨끗이 끝내고 집으로 돌아갈 수 있어요. 그런데 내게는 약품이 없으니, 석탄산수하고 약솜, 붕대 등은 준비해 가지고 와야겠어요. 그리고 아…, 영양실조로 생긴 병이니 포도당주사를 맞아야 하고 음식도 고루고루 잘 먹어 영양섭취를 잘 해야겠어요. 미역이나 다시마를 많이 먹는 것이 좋은데 지금은 전쟁 중이라 해안선이 봉쇄되어 구할 도리가 없겠고…, 하여간 잘 먹어야 하고 마음 편하게 가져야 해요."

말하는 태도가 하도 수월하게 느껴져서 나는 오히려 믿음이 가지 않았다. 하지만 물에 빠지면 지푸라기라도 잡는다는 말과 같이 이분 말고 달리 어디 매달릴 데가 있는가? 준비물을 마련하고 예정한 날짜에 수술대 위에 누웠다.

　쾌청한 날씨였다. 그러나 중경의 기후로는 몹시 덥기도 했다. 어머니도 따라 오셔서 수술을 지켜보겠다고 하셨지만 한 의사는 어려운 수술이 아니니 금방 끝날 것이라고 쉽게 말하며 밖에서 기다리시라고 만류했다. 임시 간호사로 이정호(李貞浩) 씨의 부인인 한태은(韓泰恩) 씨가 의사를 도왔다. 그런데 30분이면 끝난다던 수술은 그 네 배인 두 시간이 걸렸다. 전시라서 수술에 필요한 마취제 구하기가 굉장히 힘든 때라 30분 예정으로 준비해서 쓴 마취제는 수술이 절반도 진행되지 않은 상태에서 이미 효력을 잃고 말았다. 환자인 나는 말할 것도 없고 집도를 하는 한 의사님도 환자의 통증을 염려하여 연방 "곧 끝나요, 조금만 참아요" 하면서 내 얼굴을 들여다보았다. 땀이 비 오듯 흐르는 상태에서, 손이 아차 하고 조금만 빗나가도 경동맥을 끊을 만큼 위험한 부위를 샅샅이 들쑤셔 환부를 도려내자니 얼마나 어려웠겠는가? 뼈를 깎아내는 듯, 온 몸의 신경줄을 다 뽑아내는 듯, 몸이 오그라드는 듯한 고통에도 나는 차마 앓는 소리를 내지 못했다.

　수술이 끝났다. 땀으로 흠뻑 젖은 내 몸을 수술대 위에 일으켜 앉히더니 한 의사는 물끄러미 나를 내려다보며 "아가씨! 참 지독한 아가씨요. 마취제도 제대로 쓰지 못하고 두 시간이나 걸린 수술에 어쩌면 신음소리 한 번 안 내요? 어쨌든 잘 참아냈어요. 이제 큰 걱정은 안 해도 되요. 앞으로 한동안 환부를 치료받아야 하니 내일 다시 와요"라고 말했다. 수술대를 내려오면서 보니 시뻘건 약솜뭉치로 가득 찬 양동이가 두 개나 놓여 있었다. 마음속으로 "저것이 내 몸에서 흘러나온 피겠지. 옛말에 환골탈태(換骨脱胎)라고 했지. 내 몸에서 빠져나간 저 벌건 피는 이미 내 것이 아니다. 나는 그만큼 새 피를 만들어가져야 한다. 그렇다. 나는 재생해야 한다. 새로 사는 목숨이다. 죽음을 물리치고 새로 사는 목숨이다. 이것도 싸움이다. 싸움에는 이겨야 한다"고 생각하였다.

어머니는 그 폭양 더위에 영양식을 만들어 가지고 먼 길을 자주자주 오가셨다. 오실 때마다 "살아야 한다. 온갖 잡념 다 털어버리고 보란 듯이 살아야 한다. 앞으로는 그저 살아갈 궁리만 해라"고 말씀하셨다.

한 달 동안 매일 또는 격일로 치료를 받고, 집으로 돌아왔다. 환부는 웬일인지 쉽게 아물지 않았다. 그래도 붕대를 감은 채 임시정부 선전부 자료과에 나가서 선전부장 엄항섭 선생의 지시를 받아 일을 해 나갔다. 나의 군적(軍籍)은 그때까지도 부양 초모위원회에 있었다.

그해 겨울이 되어서야 환부는 완전히 나았다. 나는 총사령께 다시 부양으로 보내 주실 것을 요청했다. 그러나 총사령뿐 아니라 임시정부 김구 주석까지도 모두 부양 복귀를 허락하지 않았다. 후방에도 할 일이 많은데 여자의 몸으로 혼자서 굳이 그 먼 길을 또 가야 하겠느냐는 것이다. 하는 수 없었다. 그래서 나는 부양으로 긴 편지를 써서 복귀하지 못함을 사죄하고, 중경에 눌러 앉아 임시정부와 광복군 총사령부를 오가며 무슨 일이든 부딪히는 대로 주어지는 대로 사양하지 않고 했다.

지금 돌이켜 보면 그때 내가 했던 일 가운데 가장 힘들면서도 가장 보람을 느낀 것이 대적방송(對敵放送)이었다. 대적방송이란 말은 중국 측에서 붙였는데, 적후방(적 점령지구 포함)을 향해 방송하는 것이었다. 일어로도 하고 한국어로도 했는데 나는 한국어 방송을 담당하였다. 때로 방송 내용을 중국 측에서 보내오는 경우도 있었다. 오후 3시나 4시 경 원고가 오면 즉시 우리말로 번역해 가지고 방송국으로 갔다. 그리고 밤늦은 (10시가 넘은) 시각에 방음장치가 되어 외부와 완전히 차단된 방송실에서 나 홀로 내 말소리를 들어가면서 방송하는 것이었다. 처음엔 무척 긴장하여 말 사

중경시 투중구(渝中區) 중산3로(中山3路)에 위치한 중국중앙방송국 옛터. 대한민국임시정부는 이 방송국의 방송시설을 빌려 대일 선전활동을 전개했다. ⓒ독립기념관

이사이에 기침도 했는데 몇 번 계속하니 수월해졌다.

그런데 번역할 때 가장 곤란을 느낀 것이 일본의 인명·지명 발음이었다. 나는 그때 일본말을 할 줄 몰랐기 때문에 예를 들어 '東京'이나 '長崎'를 그냥 우리식 한자 발음대로 '동경'이나 '장기'라고 하고 '도쿄'나 '나가사키'라고 읽지 않았다. 어려서 만주에서 내 언니가 일본어를 가르쳐주겠다고 애도 많이 썼는데 나는 한사코 왜말은 배워서 뭣하느냐고 반발하며 배우지 않았었다. 그런데 대적방송을 하면서 그때 배우지 않은 것을 조금 후회했다.

방송이 끝나고 집으로 돌아오는 길은 어두웠다. 전시라 등화관제가 심했거니와 시민들은 그 시간쯤이면 대개 하루의 일터에서 가졌던 피로를 풀기 위해 휴식을 취했다. 교통기구도 없는 어두운 밤길을 혼자 타박타박 걸어서 집으로 돌아오려면 보통 자정 때가 되는데 그때까지 어머니는 불을 밝힌 채 나를 기다리고 계셨다. 때로는 비가 내려 온몸이 흠뻑 젖어서 돌아오면 어머니는 더운물을 준비해두시고 더러 불평스런 말씀을 하셨다. "임시정부나 광복군에 방송할 만한 사람이 너밖에 없다더냐? 낮 시간도 아니고 밤늦은 시간에 탈 것도 없는 어두운 밤길을 젊은 애 혼자 다니게 하다니. 그것도 가까운 거리도 아니고…."

아닌 게 아니라 때로는 후미진 거리에서 수상쩍은 말을 걸어오는 사람을 만나기도 했다. 그럴 때면 나는 얼른 아무 집이나 찾아가 대문을 두드렸다. 사람이 나와서 문을 열고 누구냐고 하면 나는 얼른 귓속말로 가만히 사정을 말하고 양해를 구한다. 그러면 그 낯선 집의 주인은 오히려 나보다 더 신경을 써서 밖을 살펴주고 그 수상쩍은 사람이 멀리 사라진 뒤에야 나를 보내면서 조심해 가라고 하였다.

해방 후에 국내에 돌아와 어떤 자리에서 그때 내가 국내 동포를 향해 방송했는데 일본말을 몰라 한자음대로 방송했다고 우연히 말했다. 그러자 자리에 있던 한 사람이 반색을 하면서 "아, 그랬군요. 나 그 방송 들었어요. 그때 나는 이미 일본의 패망을 예측하고 지하실에 숨어서 이불을 뒤집어 쓰고 몰래 단파방송을 들었는데 그때 젊은 여자의 우리말 방송을 들었어요. 아, 그랬었군요. 반갑습니다" 하는 것이었다. 나도 반가웠다. 방송을 하면서 내 말, 내 목소리가 정말 국내까지 전파될까 하고 반신반의했는데 국내에서 들은 사람이 있었다니.

그동안 건강도 많이 좋아졌다. S가 어느 날 찾아왔다. 내가 서안에서 말도 없이 적후공작을 위해 먼 부양으로 간 사실을 알고 화가 나서 그랬으니 용서하고 없었던 일로 접자고 했지만 나는 단호히 안 된다고 했다. "한번 금간 그릇은 땜질한다고 해서 원래대로 되는 것이 아니듯이 사람의 일도 마찬가지다. 그리고 그쪽과 내가 생각하는 사람의 도리와 길이 다르니 각자 자기 길을 가는 것이 옳지 않겠는가? 나는 이랬다저랬다 하는 사람을 제일 싫어하니 그리 알라"고 했다. 마침 그때 아버지도 외출했다 돌아오셨는데 그를 보고 웬일로 왔냐고 물으셨다. 그가 잘못했노라고 말하니 아버지도 딱 잘라 말씀하셨다. "사내 녀석이 한 번 칼을 뺐으면 그것으로 끊는 것이지, 뭘 또 다시 이러니저러니 변명이냐? 썩 돌아가라, 다시는 꼴도 보기 싫다."

어느 날 총사령관은 나에게 3일간의 특별휴가를 주셨다. 그동안 병고로 시달리다가 이제 완쾌되었으니 남온천(南溫泉)에 가서 며칠 쉬면서 마음을 새롭게 가다듬고 돌아와서 공무에 전념하라고 하였다. 그래서 조계림과 함께 토교(土橋)에 살고 있는 정현숙(鄭賢淑) 씨 댁에 짐을 부려놓고 남온천 중앙정치대학에 재학 중인 예전 동창생들을 찾아 정회(情懷)를 풀기도 했다. 큰일로는 시국에 관한 것, 작은 일로는 개개인의 당면한 문제들을 끄집어내어 토론도 벌이다가 날이 저물어 하늘 가득 반짝이는 별들을 머리 위에 이고 천천히 걸어서 토교로 돌아왔다. 그것이 첫날의 휴식이었다. 그런데 돌아와 보니 놀랍게도 중경 집에서의 화재 소식이 기다리고 있었다.

꼬박 앉아서 밤을 새우고 새벽 첫 버스로 중경에 달려가서 집을 찾으니 어제 아침 출발할 때도 (비록 초라하긴 했지만) 멀쩡하던 3층집이 온데간데없이 사라지고, 그 자리에는 군데군데 매운 연기만 바람을 타고 모락모락 솟아오르고 있었다. 어처구니가 없었다. 다섯 살부터 시작된 유랑생활에 흉한 꼴을 적잖이 보고 직접 겪어도 보았지만, 이건 또 무슨 재앙이란 말인가?

다행히 식구들은 무사했다. 중경에 흔한 대나무로 지은 건물이라 바로 아래 솜틀집에서 일어난 불이 금세 옮겨 붙었고 순식간에 건물 전체가 불길에 휩싸여서 이내 주저 앉아버렸던 것이다. 3층에 살고 있던 민영숙은 미처 옷 입을 새도 없어서 이불을 뒤집어쓰고 뛰어내려 겨우 목숨을 건졌다고 했다. 2층에 살던 중년부인은 겨우 고양이 한 마리를 안고 불길을 헤치고 나와서 한동안 화젯거리가 되었다. 우리 한국인 거주자와 달리 그 부인은 값나가는 패물상자도 있었는데 그건 챙기지 않고 목숨 붙은 고양이를 안고 나왔다는 이유 때문이었다. 어머니도 마침 막 첫잠이 드셨다가 놀라 일어나서 식구들 깨우느라고 바빴다. 그때 언니는 병중이었고 조카 현석이도 겨우 여섯 살, 제 몸 하나 건사할 수 없는 나이였고 아버지는 그날 감기로 약을 복용하고 막 첫잠이 들어 계셨다. 어머니는 이 방 저 방 식구들을 깨우느라고 물건 하나 제대로 건지지 못했다.

그 바람에 내가 북경에서부터 써 오던 일기장이며, 학교의 성적표, 상장, 그리고 내가 가끔 써놓았던 습작(習作)들을 건져내지 못했다고 어머니는 내게 못내 미안해하셨다. 그것들은 나보다도 어머니가 더 소중하게 생각하고 그 어려운 피난길에서도 잘 보관해 오시던 것이었다. 당시 나는 식구들이 무사하다는 사실만이 고마워서 그까짓 것 아쉬워하지 마시라고 위로를 해 드렸지만 뒷날, 아니 지금에 이르러서는 그게 참으로 아쉽게 느껴진다. 지금 그게 남아 있었다면 나의 이 기록에 크게 참고가 되었을 터인데.

병마에서 놓여나자 나는 여러 가지로 생각이 많아졌다. 부양으로 되돌아 갈 수도 없고, 무엇을 어떻게 해야 좀 더 보람 있는 삶이 될까 하고 생각을 거듭했다. 미안한 말이지만 그때 중경에는 일할 만한 젊은이들 가운데 더러는 하는 일 없이 빈둥거리는 이도 없지 않았다. 나는 그때까지도 대나무 껍질로 엮은 짚신을 신고 군복 아니면 항상 검은색 무명옷(旗袍)을 입고 지냈다. 부양에서 많은 농민들이 굶어 죽는 비참한 모습을 잊을 수 없어서 마음이 항상 아프고 우울했다. 그러다보니 더욱 사치한 것을 멀리 하게 되고 계절에 관계없이 항상 검은 옷을 입었다. 어떤 사람이 나에게 누구 상을 입었냐고 물어 올 정도였다. 그래서 나는 다시 생각했다. 검정색 한 가지만 고집하는 것도 따지고 보면 이미 선택의 뜻이 포함되었으니 이것 또한 사치가 아니겠는가? 버리자! 모든 고집을. 검은 옷 생기면 검은 옷 입고, 무명 옷 생기면 무명 옷 입고, 비단 옷 생기면 비단 옷 입고 가리지 말고 입자. 비단 옷이나 누더기 옷이나 입으면 그냥 옷이지 않느냐? 입는 것, 먹는 것을 가리는 선택 자체가 바로 사치인 것을!

조계림이 나에게 적극적으로 학업을 계속하라고 권했다. 나는 그야말로 시험 삼아 음악전문학교에 원서를 내고 시험을 쳤다. 그때만 해도 응시조건이 과히 까다롭지 않아서인지 합격명단에 이름이 나와서 비로소 아버지께 말씀을 드렸다. 아

어머니 윤용자 여사(가운데 앉은 이)와 함께 1946년 남경에서 ⓒ이준식

버지는 막 화를 내셨다. "지금이 어느 때인데 한가롭게 음악 공부냐? 일할 사람이 없어 애가 타는 이 판국에 너까지 빠져 나가려 드느냐?" 나는 차분히 "학교에서 전액 국비로 숙식까지 제공받으며 3년 졸업에 개인 부담은 없으니 허락해주십시오" 하고 빌었다. 그랬더니 아버지도 한참 만에 "정 그러겠다면 그래라. 다만 한 마디 부탁하자. 3년 졸업 후에, 아니 그 전에라도, 적어도 씩씩한 기백이 넘치는 국가(國歌)를 새로 작곡할 수 있도록 해라. 지금 애국가는 도무지 내 맘에 들지 않는구나" 하셨다.

이리하여 나는 침구 등속을 수습하여 기숙사로 들어갔고 다시 학생이 되었다. 학교생활은 군사 관리로 기상 시간과 취침 시간이 일정했고 입교 후 1학기 동안은 반드시 군사훈련을 받아야 하므로 하루의 절반은 군사교

육을 받고 절반이 음악에 대한 공부였다. 그리고 남녀공학이라 군사훈련 때도 줄만 나누어 섰을 뿐 일체 행동은 남녀 구별이 없었다. 여학생도 남학생과 똑같은 복장에 똑같이 각반(脚絆)을 했고 달리기, 실탄사격 … 등 무엇이나 똑같이 행동했다. 만일 달리기에서 뒤떨어지거나 하면 다른 학생들이 다 흩어진 운동장에 혼자 남아서 벌칙으로 세 바퀴를 더 뛰어야 했다.

개학 초기에는 군사훈련에 치중했기에 음악 공부는 오히려 부진했다. 그래도 음악 이론을 배우고 각자 선택에 따라 기악 교수와 성악 교수의 단독 지도를 받을 수 있었다. 내가 지도를 받게 된 교수는 그때 중국에서 이름을 날리던 사(史) 선생으로, 전하는 말에 의하면 그는 학생들을 그리 열심히 지도하지 않는다고 했다. 제자가 스승을 뛰어넘는 것을 꺼려서 그런다는 것이었다. 그러나 내가 느끼기에는 매우 대범하면서도 친절한 분인 것 같았다. 사 선생 말고도 성악지도 교수님이 있었는데 그분은 약간 괴팍하다는 말을 듣지만 성악 지도만은 철저하게 잘한다는 평이었다. 어쨌든 나는 아무 불평 없이 가르침을 받기 시작했다. 먼저 발성법을 배웠다. 교수가 피아노 건반의 음 하나를 누르면 그 소리에 따라 "아 에 이 오 우"의 입모습을 만들어 발성하는데, 높낮이도 맞아야 하고 또 소리의 공명(共鳴)을 찾아내는 공부였다. 내가 비록 평소에 노래 부르기를 좋아했고 또 일찍이 학교 음악선생님이 음악, 특히 성악을 전공하라고 권유하며 무료로 피아노를 가르쳐주겠다고 했지만, 이제 정식으로 음악을 해보겠다고 나서 보니 참으로 쉽지 않았다. 그동안 병고에 시달리다가 병줄을 놓았다고 생각했는데 사실은 그게 아니었다. 목소리가 제대로 나오지 않는 것이었다. 다른 학생들이 하는 것처럼 방공호 안에서, 혹은 학교 언덕 아래 흐르고 있는 강가에서 혼자 발성 연습을 해보지만 내가 바라는 대로 소리가 나오지 않았다. 중학시절 음악 선생님이 "그 고운 메조소프라노 소리를 버리기가 너무 아깝다"고 했었는데, 그때의 소리가 되어 나오지 않는 것이었다. 음악이론으로 전과(轉科)하는 것도 공부를 계속할 수 있는 하나의 방법이 아니겠냐고 친구들이 내 고민을 함께 걱정해주었지만 나는 석연치 않아서 진퇴를 결정짓지 못하고 있었다.

그러던 차에 중국에서 십만 지식청년 종군운동이 대대적으로 펼쳐졌다. 우리 음악학교에서도 거기에 호응하여 남녀 여러 명이 종군을 원했다. 그 가운데에 천재라는 말을 듣던 학생도 포함되었다. 학교 측에서는 극력 말렸다. 본인은 "나라가 망하면 음악은 해서 무엇 하느냐"며 한사코 종군하겠다고 했고, 선생은 "너 아니라도 전쟁에서 총알받이 할 사람은 중국에 아직 많다. 그러나 너처럼 예술을 아는 젊은이는 많지 않다. 그동안의 배움이 너무 아깝지 않으냐? 이것도 나라의 장래를 생각하는 일이니 지금이라도 생각을 바꾸어라" 하면서 선생과 학생이 부둥켜안고 울음을 터뜨렸다.

나는 옆에서 그 광경을 지켜보면서 부끄러워 하며 생각했다. "저들은 많은 땅을 일본에게 빼앗겼지만 그래도 나라의 명맥이 아직 보존되어 있는데, 그런데도 그걸 더욱 굳건히 지키려고 저리들 피를 끓이는데, 나는, 나는 나라 잃은 백성으로 남의 땅에서 유랑하면서, 그리고 뛰어난 재주도 없으면서 무슨 음악 공부를 한다고 '아 에 이 오 우'를 소리 내고 있느냐? 부끄럽다. 돌아가자. 차라리 미력이나마 조국 광복에 바치자." 그 이튿날로 학교를 떠났고 다시 임시정부와 광복군 총사령부에서 일을 하게 되었다.

제 2 편
논설 기타

시대의 바퀴는 돌고 굴러 위대하고도 간난(艱難) 많은 오늘이 우리에게 는 닥쳐오고야 말았다. 전세계 백분지 70 이상의 인류는 죽음과 두려움의 생명선 위에서 발버둥과 아우성을 치고 있다.

대서양 동안(東岸)에서는 제국주의전쟁이 제2차세계대전의 풍운을 일으키고 아시아대륙에서는 중화(中華) 4억 7천만 민족의 4개년 동안 영용 (英勇)한 반침략 — 즉, 생존을 쟁취하려는 봉화가 힘차게 붓고 있다. 근래에는 태평양 파도도 점점 흉흉하여 가려고 하지 않는가? 다시 말하면 약육강식하려는 현 인류사회의 모순으로 인하여 강대약(强對弱)의 침략전과 약대강(弱對强)의 반침략전이 날로 맹렬하여 가고 있다

이때를 당하여 30년 동안이나 왜놈의 고압 아래에서 비인간적 생활을 하여 오던 한국민족은 과거 수십 년간 투쟁하여 오던 혁명운동혈사를 배경하여 원수 왜적을 타도하고 우리 삼천리 및 고향을 수복하여 2,300만 민족으로 하여금 정치·경제·교육을 평등하게 누릴 수 있는 신민주국가를 건설하자고 자유를 찾는 정의의 기(旗)를 들고 일어섰다. 즉 한국광복군이 성립되었다.

한국광복군이 성립되자 중국 관내(關內)에 있는 혁명선배는 물론이고 각처에 산재하였던 직업자들과 적구(敵區) 내에서 숨도 편히 못 쉬던 열혈청년들은 '나도 나도' 하고 구차한 생활을 버리고 적의 경계망을 뚫고 풍기

---

1) 『광복』 제1권 제1기(1941년 2월) 한글판에 수록된 지은이의 글이다. 한자는 한글로 바꾸고 현행 한글맞춤법을 적용하여 표기하였다. 출처: 『대한민국임시정부자료집14: 한국광복군V』, 국사편찬위원회, 2006, 100-103쪽.

운용(風起雲湧)의 세(勢)로 이 정의의 기치 밑으로 몰려오고 있다. 이것은 얼마나 놀라우며 기꺼운 사실이냐? 필자는 기꺼운 웃음을 금치 못하는 동시에 한편으로는 불만족한 감이 없지 않다.

전민족 해방을 부르짖고 쟁취하려는 오늘에 있어 전민족의 총동원은 문제를 일으키고 있다. 우리의 광복운동은 어떠한 사람과 혹은 어느 부분 사람의 행복을 찾자는 것이 아니고 전 한국민족의 정개적(整個的) 행복을 구하는 이만큼 왜적을 타도하고 신민주국(新民主國)을 건립함에는 역시 어느 한 사람의 힘이나 혹은 부분 사람의 힘으로 이 큰 사명을 실행할 수 없는 것은 누구나 부인치 못할 사실인 것을 믿는다. 다시 말하면 우리 목적을 달(達)하기에는 오직 남녀노소를 분별할 것이 없이 무릇(凡) 한 국민족은 다 같이 일어나 힘을 뭉치어 나아가야 될 것이다. 나라를 망하게 하던 것도 우리 잘못이었던 것인 만큼 우리의 잃은 모든 것을 다시 찾기 위하여서는 (무릇) 한국국민은 다 같이 이 큰 사명을 어깨에 짊어지어야 될 것이다.

그러므로 우리는 늙었다거나 어리다거나 약하다거나 하는 핑계를 할 수 없다. 핑계를 하고 구차한 안일을 찾아 꿈꾸는 자는 멀지 않은 날에 무정한 채찍 아래 영원한 멸망의 구렁으로 쫓기어 들어갈 것이며 따라서 어떠한 적은 역량이라도 멸시하여 쓰지 않고 힘을 뭉치지 않는 자도 역시 위대한 혁명의 화염 속에서 뛰어나지 못할 것이다.

그럼에도 불구하고 수천 년 동안 기생충생활을 하여왔고 30년 동안 왜놈에게 물품 대우를 받아 나날이 인육시장으로 끌려가는 운명을 가진 여동포(女同胞)들 가운데 아직도 꿈속에서 헤매는 자가 허다하고 또 과거 봉건사회제도 아래에서 머리가 젖은 소부분(小部分) 인간들은 아직까지도 이 여국민(女國民)의 힘을 멸시하고 있다.

그러나 보라! 현재 영국 부녀들은 군대·농사·교통·군화(軍火: 무기와

탄약) 제조·구호(救護)·위로 등 규모 광대한 조직을 형성하여 부자유한 생활권을 벗어나려고 전쟁의 선와(漩渦: 소용돌이) 속으로 용감히 뛰어들었다. 중화의 여아들도 이중 삼중의 압박을 벗어나려고 날아드는 침략자의 총알을 두려워함이 없이 가슴을 내밀고 태항산(太行山) 심곡(深谷)으로 황하(黃河) 연안으로 대륙의 동서남북을 뛰어다니며 침략자를 향하여 피압박자를 향하여 고함치며 싸우고 있지 않는가? 그들은 참된 삶을 찾기 위하여 자기 나라를 구하기 위하여 자기 민족을 살리기 위하여 건전한 자태로 일어나서 싸우고 있다. 이러한 사실을 목도하면서 전민족해방을 쟁취하려는 이때 한국 2,300만 민족의 반수를 차지한 여성동포들은 조국을 광복하고 신국가를 건설하는 데 한 비생역군(批生力軍: 대량의 신예부대)인 것을 무릇 한국사람은 다 깊이 깨달아야 할 것이다.

이중 삼중의 압박에 눌리어 신음하던 자매들! 어서 빨리 일어나서 이 민족해방운동의 뜨거운 용로(溶爐) 속으로 뛰어오라. 과거의 비인간적 생활은 여기서 불살라 버리고 앞날의 참된 삶을 맞이하자. 흑암(黑暗) 중에 서광 — 한국광복군의 자유를 쟁취하려는 봉화는 붉고 맑게 빛난다. 이미 모인 혁명동지들은 뜨거운 손길을 내밀고 열정에 넘쳐 속히 속히 달려옴을 기다리고 있다. 오라! 와서 힘을 뭉치어 적을 부수고 새 집을 세우고 새로운 삶을 찾자!

종군편린(從軍片鱗)[2]

　1942년 4월 하순경에 나는 한국광복군 초모위원회의 일원으로 적후 공작을 위해 광복군 전방 사령부 소재지 서안(西安)을 떠나게 되었다. 밤늦은 시각임에도 역에는 총사령부 전체 동지들이 나와 전송을 해주었다. 지금도 잊히지 않는 것은, 그때 노복선(盧福善) 동지는 별명이 비둘기대장이었는데 나를 보고 연약한 여성의 몸으로 이렇게 위험을 무릅쓰고 생사를 가늠하기 어려운 험지로 떠나는데 남성인 자신은 후방에 남아 있으니 오히려 부끄럽다 하며 눈물까지 흘리었다.

　그러나 나는 오히려 담담한 기분이었다. 사람이 세상에 태어나서 한 번 죽는 것은 누구나 피할 수 없는 운명일진대 차라리 그 운명과 맞서 싸워서 어떤 보람을 죽음에서 찾는다면 오히려 좋은 것이 아닌가 하고 생각하며 이 길이 다시 돌아올 수 있는 길이 아닐 것이라는 마음을 굳혔다.

　목적지까지 가는 데 있어서 첫 번째 어려움은 동관(潼關)을 뚫고 지나는 일이었다. 동관은 섬서성(陝西省)과 하남성(河南省) 사이에 있는 험지로서, 황하와 위수(渭水)가 합류되는 곳이었다. 말하자면 삼각지대를 이룬 곳으로 황하에 걸쳐 있는 철교 맞은 편 일각(一角)에는 일본군이 주둔해 있어서 언제나 철교를 향해 포(砲)를 조준해 놓고 있었다. 그것은 중국 측에서 철교를 이용하여 통과하려는 기도가 엿보이면 즉각 발포하기 위한 것이었다. 그러니 밝은 대낮에는 절대로 이용할 수 없는 형편이고 어두운

---

2)　『3·1여성』 제16호(3·1여성동지회, 1997) 수록. 참고로 『3·1여성』 제17호(3·1여성동지회, 2006)에 「지복영 선생의 광복군 활동 증언」(대담 및 편집 박용옥 교수)이 수록되어 있다.

밤에 불시로 통과하는 수밖에 없었다.

우리 일행이 동관 맞은편 조그마한 마을에 도착한 것은 날이 밝은 아침 나절이었지만 철교를 건널 수 없기에 밤을 기다리기로 하고 낮 동안 휴식할 수 있는 곳을 찾았다. 그러나 우리보다 먼저 와서 우리와 같은 이유로 대기 중인 공작 요원들(중국인)이 적지 않아 민가의 방은 모두 만원이어서, 하는 수 없이 겨우 찾아낸 것이 마소의 외양간 옆, 여물을 쌓아 둔 헛간이었다.

여물인 밀짚을 흙바닥에 펴고 우리들 각자의 행리(行李)를 풀어 그 위에 깔고 한밤의 모험을 위해 푹 자두라는 인솔자(김학규 장군)의 명령에 따라 죽 드러누웠다. 남자 5명, 여자 3명 모두 8명이 함께 나란히 누워 잠을 청했다. 나와 오희영은 미혼인데다 이런 경우는 처음인지라 긴장도 되고 우습기도 하여 좀처럼 잠이 오지 않아 눈을 떴다 감았다 하고 누워 있는데, 나보다 나이가 어린 오희영이 갑자기 킬킬킬 웃는 바람에 눈을 떠보니 소가 우리들 쪽을 향해 점잖게 용변을 보고 있는 중이었다. 오희영이 가만히 말하길, "나는 날 때도 어머니가 소에게 여물을 주다가 외양간에서 났다는데 나하고 소하고는 인연이 깊은 모양인지" 하고 웃어댔다. 그 웃는 소리에 선잠이 들었던 일행 모두가 깨어나서 함께 폭소를 하였다.

실낱같던 초승달도 지고 깜깜한 밤이 되자 천지는 태고(太古)에 잠긴 듯어디 바스락 소리 하나 들리지 않았다. 이때 인솔자가 가만히 귓속말로 각자 행리를 챙겨 승차하라고 명을 내렸다. 발소리도 죽여 가며 조심조심 기어오른 기차는 객차가 아니고 철궤 같은 차량이었는데 철판이 아주 두꺼워서 웬만한 총알이나 포탄은 뚫을 수도 없는 것이라고 하였다. 그리고 일단 사람이 타고나서 철문을 닫아 버리면, 조그만 틈새도 없어서 공기도 통하지 않고 불빛조차 새어나가지 못한다고 하였다. 우리 일행 중에 애연가가 몇 있었지만 차가 움직이기까지 기다리는 지루한 시간에 혹시라도 불빛이 샐까봐 담배조차 피우지 못하고 이야기조차 못하며 그야말로 생사를 운명에 맡기고 기다렸다.

얼마를 기다렸을까. 나는 가물가물 졸음까지 왔다. 그런데 갑자기 차체가 흔들, '우르릉' 하는 소리에 이어 '카르릉 쾅' 하는 소리와 함께 차가 크게 기우뚱하면서 손잡이도 없이 맨바닥에 앉았던 우리들은 모두 앉았던 자리에서 제각각 굴렀다. 왜군(倭軍)의 포탄이 차의 후미를 스치고 지나간 것이었다. 다행히 그것은 일순간의 일이었고 차는 몸체를 바로 세워 쏜 살보다 빠르게 철교를 건너 동관 속으로 몸을 숨길 수 있었다.

동관 속에서 날 밝기를 기다렸다가 얼마를 걸어가 바꾸어 탄 것은 일반 객차였다. 우리 일행 외에는 다른 손님은 하나도 보이지 않아서 팔자 좋게 누워서 갈 판인데, 이건 또 웬말인가, 탱크 부대가 까맣게 몰려오는 것이 아닌가? (전쟁 중에 '빈대'를 탱크라고 했다.) 우리 일행 8명은 그 공격에 하도 어이가 없어 차라리 내려 걸어가자고 했지만 그럴 수도 없었다. 철도 연변에도 갖가지 위험이 도사리고 있으니 중국 측에서 허락해 주지도 않았고, 우리 사정도 낙양에서부터는 도보 행군을 시작해야 했기 때문이었다.

낙양에 도착하니 이튿날 아침이었다. 여기서 여러 가지 앞으로 행군할 노정(路程)과 중국 측의 편의를 교섭할 겸 하루 쉬기로 하고 전에 우리 한국 군관을 양성하던 낙양군관학교를 찾아보기로 했다. 그러나 이미 한국 군인도 없는 그곳에서 볼 수 있는 것은 텅 빈 운동장뿐이었다. 조국의 광복을 위해 몸 바쳐 명실공히 유능한 군 장교가 되기 위해, 그 넓은 운동장을 뛰어다니며 훈련받았을 정경을 그려보며, 섭섭한 마음을 금할 수 없었다.

이튿날은 일찍부터 도보 행군이 시작되었다. 행리는 말이 끄는 짐수레를 빌려 싣고 사람은 모두 도보였다. 다만 도중에 김광산(金光山) 동지만은 그때 폐질환을 앓고 있어서 당나귀 한 마리를 빌려 탔다. 여자 3명에게 내내 미안하다고 했다. 하지만 발이 부르트고 다리가 아프고 땀이 비 오듯

흘렀지만 괴롭다는 생각은 들지 않았다. 아니, 내가 여자이기 때문에 남자들에게 져서는 안 된다는 생각이 앞섰던 것 같다. 여자가 남자에 비해 인격적으로 평등해지기 위해서는 결코 남자에 뒤져서는 안 된다는 생각이 앞섰기 때문인지도 몰랐다.

저녁에 주막에 들면 바늘과 실을 소독하여 부르튼 곳을 앞뒤로 꿰어 실의 일부분을 남겨두고 가위로 자르면 밤새도록 부르튼 곳에 고였던 물이 새어 나온다. 날이 밝아 출발하기 전에 성냥을 그어대어 앞뒤 구멍을 까맣게 태워 더러운 균이 침입하지 못하도록 하고, 발바닥은 빨래비누로 한참 문지르고 비로소 양말을 신고 신발도 신는다. 이렇게 부양까지 여러 날을 걸었다.

그런데 우리가 부양까지 가서 자리를 잡게 되었지만, 처음 목적지는 산동반도(山東半島)였다. 산동반도는 지리적으로 황해, 발해를 격하여 우리나라와 마주 보이는 가까운 거리에 있을뿐더러, 만주와 연락도 쉽게 닿을 수 있었다. 그때 그곳엔 우리 교포들이 많이 살고 있어서 우리가 공작활동 하기에도 좋다고 생각되었다. 더구나 그곳에 주둔하고 있던 동북계(東北系) 인사 우학충(于學忠) 장군은 김학규 장군과 가까울 뿐만 아니라 그 당시 '동북'(만주)은 일본에게 빼앗긴 상태였으므로 동북 인사들은 한국 독립운동가들에 대하여 '동병상련'의 정을 느끼고 있었기 때문에 우리의 공작에 많은 도움을 얻을 수 있을 것으로 생각했었다. 그러나 뜻밖에 정세의 변화가 생겨 우학충 장군이 안휘성(安徽省)으로 후퇴하는 바람에 우리도 더 나아가지 못하고 부양에 머물게 되었다.

조그만 일자(一字) 민가 한 채를 빌려 처음에는 '한국광복군 초모위원회'란 간판도 달았다. 그러나 몇 달 후에는 간판을 거두어 들였다. 이유는 그곳이 적지와 너무 가까워서 우리의 행색이 노출될 염려가 있기 때문이었다. 얼마나 가까운가 하면, 공습경보가 울리면 긴급경보가 이어서 울리고 하늘에는 곧 일본 비행기가 떠오는 것을 볼 수 있었는데, 방공시설은 전혀 없는 곳이어서 일본 정찰기가 마음대로 저공비행을 하여 지붕 위를 휩쓸고 다니기 때문에 날개의 일장기뿐만 아니라 비행사의 얼굴까지 보일 때가 많았다. 그리고 기관총 소사를 하며 우리들 거처를 향해 정면으로 날아내릴 때는 옥내(屋內)에 있는 우리들은 놀라는 것은 물론이요 분통이 터지는 것은 말할 것도 없었다.

1차로 서파(徐波) 동지가 적구(敵區)로 파견되고 2차로 신규섭(申奎燮)이 파견되었으나 신(申)은 실패로 끝나고, 3차는 김광산이 들어가고, 4차는 내가, 5차는 신송식(申松植), … 이렇게 계획을 세워 착착 진행해 나갔다. 그리고 적후로 들어간 동지들은 가끔씩 부양으로 돌아와, 공작 보고도 하고 공작금도 새로 가져가기도 했다.

그런데 우리가 부양에 가던 해에 공교롭게도 50년 만에 처음이라는 한재(旱災)와 수재(水災)가 겹쳐 우리가 머물고 있는 현성(縣城)만 빼고 사방 둘레 그 넓은 평야가 물바다가 되어 사람, 가축, 건물과 함께 모든 작물을 싹 쓸어버리는 바람에 요행히 살아남은 농민들도 모두 거지가 되어 걸식을 하게 되었다. 물이 빠져나간 땅 위에는 기아와 질병이 휩쓸었다. 교외에는 발에 걸리느니 굶어죽은 시체였다.

우리는 세 끼 먹던 식사를 두 끼로 줄였다가 다시 한 끼로 줄여가며 기아와도 싸우게 되었다. 채소는 구경도 할 수 없었다. 우리는 그래도 특수공작원으로 당지(當地) 현정부(縣政府)에서 적으나마 통밀과 수수를 배급받아 겨우 연명할 수 있었다.

후방에서 미처 공작금이 오지 않아 중국인에게 꾸어 쓴 돈을 기한에 갚지 못해 김 장군을 피신시키고 여자 셋이 섣달 그믐날 채권자에게 욕먹어가며 시달리던 일이 지금도 눈물 절반, 웃음 절반으로 가끔 생각이 떠오른다. 왜 웃음이냐고? 그믐날 자정, 시계가 열두 번 땡땡 울리니 빚 받으려 와서 땅땅 을러메던 채권자들이 언제 그랬더냐 싶게 웃는 얼굴로 싹 바꾸고 두 손을 모아 잡으며 "꿍시이 꿍시이 씬니엔 파차이"(恭禧恭禧 新年發財: 중국의 새해 인사말) 하고 돌아가는 것이었다.

그해가 넘어가고 1943년 5월이 되어 그만 나는 건강을 잃고 김 대장(隊長)의 명을 받아, 적후(敵後)를 탈출하여 부양에 온 제1호 동포 조병걸(趙秉傑) 씨를 중경으로 안내하는 임무를 맡고 치료 겸 후방으로 귀환했다.

1996년 3월 29일
전 한국광복군 여군 지복영

한시 2수(首)

「안휘성(安徽省) 부양(阜陽)에서 지은 시」³⁾

滴滴梧桐雨 耿耿不寐時

焦心念故國 唯有燭淚知

오동나무에 빗방울 떨어지고 깨어 잠 못 이룰 때

애타게 고국 그리는 마음 촛불만이 눈물 흘려 아네.

「어느 날 꿈속에서 얻은 구절」⁴⁾

人去樓空山猶立(聳)

月昏星移水自流

사람은 가고 누대는 비었는데 산은 변함없이 서있구나

달은 저물고 별은 자리를 바꾸는데 물은 여전히 흐르네

3) 연도가 언급되어 있지 않지만 내용으로 보아 부양에서 초모공작을 벌일 때 고국 광복의 마음을 다지며 지은 시이다.

4) 회고에도 나오지만 지은이는 어린 시절 홍진 선생께 한시를 배우고 노년에도 한시를 손에서 놓지 않았다. 즐겨 읽고 마음에 드는 시를 만나면 적고 평을 했다. 80세가 넘었을 때 새벽에 꿈속에 이 시를 짓고 기록했다. 첫 구절의 '입'과 '용'은 어느 표현이 나은지 결정하지 못했다.

어떤 사람이, 소설을 열심히 쓰는 사람을 보고 탓하여 말하기를 "거 뭣 땜에 그렇게 골치를 앓아 가며 복잡하게 쓰려고 하오? 나 같으면 단 세 마디 말로 다 쓰겠소. 났다, 살았다, 죽었다, 하면 다 되는 것을" 하고 말하더란다. 이 이야기를 듣고 과연 고개를 끄덕이고 무릎을 칠 수 있는 사람이 몇이나 있을까?

우선 사람이 세상에 태어날 때 자의(自意)로 태어나는 사람은 하나도 없다. 어쩌다가 한 사람이 그렇게 세상에 태어나면 제일 먼저 인간관계를 맺는다. 어머니, 그리고 아버지, 이건 필연적이다. 그리고 그밖에도 형제자매, 혹은 조부모, 더 나아가서는 이웃들까지도. 문제는 거기에만 그치는 것이 아니다. 태어나자마자 곧 먹이가 필요하여 어머니로부터 젖의 공급을 받으며 신(神)으로부터(종교인이 아니라면 자연이라고 해도 좋다) 신선한 공기, 즉 산소의 공급을 받아야 비로소 삶이 정식으로 시작된다. 그러나 처음에는 눈이 있어도 볼 줄 모르며 귀가 있어도 들을 줄 모른다. 그런 상태에서 조금씩조금씩 사물을 인식하여 호오(好惡)를 느끼며, 나아가서는 선악의 판별 능력을 얻으며 성장의 과정을 거쳐 비로소 사람이라는 인정을 받다가 어느 날 다시 자기의 의지와는 달리 이 세상을 떠나게 된다. 너나없이 사람이라면 누구나 다 이 과정을 거치지 않을 수 없다.

그런데 이 세상이 생긴 뒤로, 아니 이 세상에 사람이 생긴 뒤로 얼마나 많은 사람이 났다가 죽었을까? 그야말로 저 하늘의 별들을 이루 다 셀 수 없듯이 나고 죽은 사람을 어찌 다 셀 수 있을 것인가? 그 많은 나고 살고 죽은 사람이 모두 어떻게 살다가 어떻게 죽었을까는 더더욱 알 수 없다. 어찌 일일이 다 알 수 있을까?

그 많은 사람들 가운데 더러는 역사라는 기록에 나타나는 사람들이 없지는 않다. 혹은 영웅이라거니 혹은 성인이라거니, 혹은 다른 찬사로써 추앙을 받는 사람이 있는가 하면 그 반대로 일언지하에 매도되어 사람의 대열에 끼임을 얻지 못하는 경우도 더러는 있다.

그러나 먼 시대 사람들은 내게 있어서는 그야말로 멀게 느껴진다. 그들이 과연 그 남겨진 기록 그대로의 인간이었으며 그대로의 삶을 살았을까?

踏雪野中去 不須胡亂行 今日我行跡 遂作後人程
눈 밟으며 가는 들길 함부로 가서는 아니 되느니
(오늘) 내가 남긴 발자취, 뒷사람의 길이 되리니

일찍이 우리나라가 불행하여 망국의 치욕을 당했을 때 그 치욕을 씻고자 일생을 나라 찾는 일에 몸 바치셨던 백범 김구 선생이 만년에 마음에 새기셨던 시구이다. 이 시구를 읽을 때마다 가슴에 와 닿는 감회가 새롭고 깊다. 시는 즉 사람이다.

일찍이 내가 소녀 시절에 단짝 친구 조계림(趙桂林)과 함께 만오(晩悟) 홍진(洪震) 선생으로부터 한시(漢詩) 짓는 법을 잠시 배운 적이 있었는데 제일 첫 번째로 지은 시가 「춘우(春雨)」라는 제목이었다. 운(韻)을 비(飛), 희(稀), 의(衣)로 받아 가지고 우리 두 사람은 한참 끙끙 글자를 주워 맞추기에 바빴다. 그러다가 선생님께 가까스로 시라는 모습으로 꾸며 바쳤다. 그때 나는 "春雨漫漫飛 遠景更依稀 堤邊楊柳暗 均披雲霧衣"라 썼고 친구는 "燕雀共低飛 …… 恐濕羽毛衣"라고 지었다.

그때 선생님께서는 나의 것은 시로서는 규격에 있어서 평측(平仄)에 완전히 맞다고 볼 수 없는 것이 흠이나 셋째 구에 암(暗)자 하나는 제법이라고 칭찬 비슷이 하시며 아울러 다음과 같이 말씀하셨다. "시는 바로 지은 사람 자신이다. 너희 둘이 지은 것으로 보건대 시의 기교야 물론 초보이니 좋은 시를 얻기는 어렵겠지만 둘의 것을 비교해 보니 참으로 이상한 느낌이 드는구나. 복영이는 이 시로 미루어 보건대 남에게 덕을 입힐 사람 같고 계림이 너는 너무 소심하여 자신의 일에만 급급하는 것 같구나. 같은 봄비를 보는 눈, 느끼는 느낌이 이렇게 다르구나. 너희들은 시 짓는 기교를 배우기에 앞서 시심(詩心)을 먼저 다듬어야겠다.”

다시 말하지만 시는 바로 그 사람이라고 할 수 있는 것이다.

『제시의 일기』 출판기념 축사[5]

　일전에 최선화 여사님의 따님으로부터 오늘 출판기념식 때 중경에서의 생활이야기를 해달라는 부탁을 받았습니다. 중국 사천성 중경은 우리 대한민국임시정부가 중일전쟁과 제2차세계대전을 겪는 여러 해 동안 머물렀던 고장이고 임정 산하 우리 교포들의 생활에 얽히고설킨 사연이 많은 고장입니다. 그러한 고장을 꼭 다시 찾아보고 싶은 생각이 간절하던 차에 지난 3월 28일에야 가볼 기회가 생겼습니다.

　우리 임시정부가 마지막으로 자리 잡았던 청사 건물에 들어가 계단을 오르는데 그 음습한 계단에 파란 이끼가 잔뜩 끼여 있는 것을 보는 순간 저는 저도 모르게 눈물이 솟고 목이 꽉 메어 왔습니다. 그리고 그 청사에서 나라와 겨레의 앞날을 위해 노심초사하시던 여러 어른들의 모습이 떠올라 가슴이 아팠습니다. 이제 그분들은 모두 타계하시고 오직 세월의 이끼만이 남아 있음을 보았습니다. 그 순간의 저의 느낌과 생각을 이 자리에서 다 말씀드리기는 어렵습니다만, 어쨌든 저는 많은 감회를 안고 5월 4일 서울로 돌아왔습니다. 때마침 『제시의 일기』를 최 여사님께서 세상에 펴내신다는 소식을 듣게 되어 심중(心中)으로 반가웠습니다. 지난날에 우리들이 겪었던 여러 가지 생활에 대한 기록이 아쉬운 때에 매우 적절하게 내놓아 빛을 보게 하신 데 대해 매우 고맙게 생각하며 또 겸하여 축하를 드립니다.

　더욱 고맙게도 최 여사 따님으로부터 일찍 책을 받게 되어 즉각 단숨에

---

5)　양우조 최선화 지음, 김현주 정리, 『제시의 일기』, 혜윰, 1998 출판기념식에서의 축사를 겸한 중경 생활 회고이다.

읽었습니다. 여러분들도 읽으면 아시겠지만 일기 전편에 일본 비행기의 습격 이야기기 많이 나옵니다. 특히 1940년 8월 22일 기록에 "20일에 근 200대의 일본 비행기가 중경시를 대폭격해서 도시의 3분의 2가 파괴되고 불타버렸다는 소식을 전해 들었다"고 적으셨습니다. 바로 그때 그 폭격이 저로 하여금 제 인생행로의 방향타를 바꾸게 하기도 했습니다.

그때 우리 임시정부의 사무는 하석판가(下石板街)에서 보고 있었는데 저도 마침 거기에 있었습니다. 그 대폭격이 있던 날 방공호를 나오니 밖은 온통 수라장이 되어 있었습니다. 그때 저는 차마 볼 수 없는 광경을 보았습니다. 어떤 젊은 아낙이 핏물이 낭자한 가운데 창자가 흐르고 팔다리도 온전치 않은 모습으로 죽어 있었습니다. 그런데 젖먹이 아기는 어떻게 죽음을 면했는지 오히려 죽음보다도 더 처참한 모습으로 울면서 엄마의 가슴으로 기어오르고 있었습니다.

여러분, 그 젊은 아낙이 일본인에게 무슨 잘못을 저질렀기에, 또 어린 젖먹이가 무슨 죄가 있기에 그렇게 참혹한 일을 당해야 합니까? 숙소로 돌아와 보니 저의 침대 베갯머리에도 남자의 큰 손바닥만한 폭탄파편이 떨어져 있었습니다. 제가 만일 방공호에 피신을 하지 않고 그대로 있었다면 저도 그 파편에 맞아 죽었을 것입니다. 그러나 그 험한 나날의 폭격에도 우리 교포들은 용케도 생명을 부지했습니다. 폭격으로 생명을 잃은 사람은 없었습니다.

그럼에도 불구하고 중경에서 생을 마감한 분이 여러 분 있었습니다. 대부분이 결핵에 생명을 빼앗겼습니다. 중경은 무덥고 음습하며 또 안개가 심하여 외지에서 온 사람은 그곳 기후에 적응이 어려워 수토병도 많이 앓고 학질도 많이 앓았습니다. 그런데다 우리 교포들은 임정에서 나누어받는 생계비로는 충분한 영양섭취가 어려운 경우가 많았습니다. 그래서 결핵에 걸리는 경우가 적지 않았는데 그 당시에는 결핵치료제가 아직 발명

되지도 않았고 또 설령 있었다 하더라도 우리 형편에 그런 약을 쉽게 사서 복용할 여유도 없었으므로 일단 그 병에 걸리면 사형선고를 받은 것이나 다름없었습니다.

그런데 그 병에 걸린 어떤 분이 절망에 빠져 있는 것을 보고 이웃 사람이 말하기를 멀지 않은 곳에 푸줏간이 있는데 거기 가서 금방 잡은 소피를 얻어 마시면 영양공급이 되어 병이 나을 수 있을 것이라고 일러주었습니다. 그래서 그분은 바람이 부나 비가 오나 날마다 새벽에 일어나 소금 약간, 생강 몇 쪽, 사발 하나를 들고 그 푸줏간을 찾아가 더운 소피를 한 사발씩 얻어 마시곤 해서 병을 극복해 나갔습니다. 여러분 듣기에 생피를 마셔대는 그 젊은이의 모습이 끔찍하게 느껴지기도 하겠지요. 그러나 그것은 생명을 빼앗기지 않으려는 처절한 몸부림이기도 합니다.

중경에서의 우리들의 생활은 참으로 처절한 몸부림이었다고 생각될 때가 많습니다. 제가 1943년 여름 일선에서 중경으로 돌아와 보니 우리 교포들은 오사야항(吳師爺巷)에 겨우겨우 비바람을 막을 정도의 판잣집을 지어 세대별로 방을 나누어 가난한 살림들을 꾸려가고 있었습니다. 그때 최여사님도 그 중에 한 방에 살고 계셨는데 건강이 좋지 않으셨습니다. 그리고 제 친구 하나도 곱던 얼굴에 들깨알 같은 기미가 덮여 있어서 놀라 웬일이냐고 물었더니 그 친구의 대답이 걸작이었습니다. 끼마다 반찬으로 간장만 먹어서 그렇다고 하더군요.

중경이야기는 여기서 마치겠습니다. 그런데 이 자리를 빌어서 저의 소원 하나를 말씀드리겠습니다. 오늘을 사는 우리들은 지난 일을 곧잘 잊어버리곤 합니다. 그러나 지난 과거는 그냥 흘러간 것만은 아니라고 생각합니다. 지난 과거는 오늘의 삶에 발판이 되고 거울이 되어 앞날을 설계할 수 있다고 생각합니다. 과거는 소중한 것입니다. 그래서 그 기록들을 남기는 일이 매우 중요하다고 생각합니다.

임정 산하에서 생활하던 우리 여성으로서 먼저 정정화 여사의 『녹두꽃』
이 있었습니다. 이번에 최 여사의 『제시의 일기』가 또 나왔습니다. 세 번째
로는 어떤 분의 것이 나올는지요? 많은 기록이 쏟아져 나오기를 기대합니
다. 저는 여성이니까 특히 여성들의 분발을 기대합니다. 여러분! 저의 두서
없는 말씀을 들어주셔서 감사합니다.

젊어서 여행을 좋아하던 나는, 지금도 여행할 기회만 생기면 소학생 소풍 가는 날 못지않게 가슴을 설렌다. 그런데 내 주위에서 요즘 한창 한·일 간의 문제로 떠오르고 있는 독도를 둘러볼 기회가 있다고 해서 앞뒤 살펴볼 겨를도 없이 일행에 끼어들었다.

먼저 울릉도로 갔다. 포항에서 뱃길 5시간이 멀미 없이 기대(期待)로 즐거웠다. 여관에 들어서도 마음 맞는 동행들과 부푼 기대로 일찍 잠들 수도 없었다. 동해에 뿌리박고 있는 우리나라 영토의 끝부분까지 내가 밟을 수 있다면 내 생전에 38선 이북 금강산을 오르지 못하는 한을 조금이라도 대신 풀 수 있을 것 같았다.

그러나 이튿날 동이 트자 먼저 동해 일출을 구경하고 그리고 배를 타고 독도로 간다는 계획이 와르르 무너져 버렸다. 일출은 날이 흐려서, 배는 풍랑이 예상되어 노약자는 안 된다는 것이었다. 참으로 섭섭했다.

섭섭한 마음을 달래기도 할 겸 이왕 왔으니 울릉도라도 돌아보자 하여 동행 중 5명이 차 한 대를 빌려 타고 해안선을 끼고 일주를 시작했다. 차창 밖으로 내다보이는 툭 트인 동해의 출렁이는 파도를 보고, 또 친절한 운전기사의 안내를 따라 곳곳의 절경을 보노라니 내 마음의 우울은 사라지고 내 귀에는 노래가 수없이 들려오는 것이었다.'

첫 번째 노래는 「참 아름다워라」였다.

아! 아름다워라 주님의 세계는
저 솔로몬의 옷보다 더 고운 백합화
주 찬송하는 듯 저 맑은 새소리

내 아버지의 지으신 그 솜씨 깊도다
참 아름다워라 주님의 세계는
저 아침 해와 저녁 놀 밤하늘 빛난 별
망망한 바다와 늘 푸른 봉우리
다 주 하나님 영광을 잘 드러내도다
참 아름다워라 주님의 세계는
저 산에 부는 바람과 잔잔한 시냇물
그 소리 가운데 주 음성 들리니
주 하나님의 큰 뜻을 내 알 듯하도다

이어 들려오는 것은 일찍이 안창호 선생이 지었다는 「한반도가(韓半島歌)」이었다.

1. 동해에 돌출한 나의 한반도야 너는 나의 조상 나라이니
   나의 사랑함이 오직 너뿐일세 한반도야 한반도야
2. 산천이 수려한 나의 한반도야 내 선조와 모든 민족들이
   너를 의탁하여 생장하였고나 한반도야 한반도야
3. 역사가 오래 된 나의 한반도야 선조들의 유적을 볼 때에
   너를 생각함이 더욱 깊어진다 한반도야 한반도야
4. 아름답고 귀한 나의 한반도야 너는 나의 사랑하는 바니
   나의 피를 뿌려 너를 빛내고저 한반도야 한반도야

동행 중에 노래 잘 부르는 분이 있어 내가 목청껏 부르고 싶은 위 두 곡을 부탁했더니 그도 자연 경개에 감탄한 나머지 쾌히 노래를 부르기 시작했다. 그도 해외에서 나고 어린 시절을 독립운동 진영에서 자랐기 때문에….

옛날 중국에 사마천(司馬遷)은 궁형(宮刑: 즉 거세를 당하는 형벌)이란 극형을 받으면서도 곡필을 하지 아니하였다 하여 그의 저서 『사기(史記)』는 후세 사람들로부터 더욱 가치를 인정받고 있다.

그런데 오늘날 일본의 사가(史家)들은 어디 있으며 무엇을 하고 있는가? 어찌하여 몇몇 문부성 사람들에 의하여 만들어진 역사교과서의 왜곡된 사실을 묵묵히 바라보고만 있단 말인가? 그렇게 왜곡된 사실(史實)로써 계속 후세들을 우롱하여도 좋다는 말인가?

나는 묻고 싶다. 일찍이 그대들이 한국 민족의 영토 주권 내지 생존권마저 빼앗아 갔기 때문에, 이에 대하여 정당한 의사 표시로서 3·1독립선언을 평화적으로 발표하고, 우리로부터 빼앗아 간 모든 것을 주인인 우리들에게 돌려줄 것을 요구하였을 때 그대들은 한국인을 어떻게 대해 왔던가? 총칼과 감옥과 악형과 고문으로 우리들의 입을 막으려 했고 그대들 양심의 문을 잠가버리지 않았던가? 그도 부족하여, 그대들 유린에 견디다 못해 한을 품고 타국 땅 만주로 건너가서 농사짓고 노동하여 잔명(殘命)을 유지하며 살아가는 한국인들을 1920년에 무차별 학살하여 그 땅을 한국인의 피로 물들게 하였던 사실을 어떻게 은폐할 것인가? 그곳은 일본 땅도 아니요

---

6) 이 글은 지은 연도가 표시되어 있지 않지만 일본정부의 역사교과서 왜곡 지시를 비판하고 그의 시정을 촉구하는 내용으로 보아 1982년 일본의 역사교과서 왜곡 당시 쓴 것으로 추정된다. 1982년 일본 문부성은 역사 왜곡에 나서서 교과서 출판사들에게 일본제국주의의 침략을 '진출'로, 탄압을 '진압'으로, 출병을 '파견'으로 기술하라고 지시했다. 일본은 국제사회의 비판을 받고 외교문제로까지 비화되자 한국, 중국 등 일제의 침략으로 고통 받았던 나라들의 입장을 존중한다는 '근린제국조항'을 만들었다. 하지만 이후 들어 극우세력의 성장을 바탕으로 노골적인 역사 왜곡을 계속 시도하고 있다.

그대들에게 빼앗긴 한국 땅도 아니었거늘 그대들은 남의 나라 남의 땅에
서까지 불법으로 천인(天人)이 공노(共怒)할 잔인무도한 학살을 감행하여
산 사람을 땅에 묻어 죽이고 산 사람을 몇 십 명씩 건물 안에 잡아넣고 불
을 질러 소사(燒死)케 하는 등, 그것도 혹여 화염 속에서 뛰쳐나와 살려고
하는 사람이 있으면 칼로 찔러 다시 화염 속으로 집어던져 가면서 학살했
다. 피에 굶주린 그대들의 손에 무참하게 죽어간 그때 그들의 후예들이 한
을 품고 이 땅에 산 증인으로 살아 있다는 사실을 그대들은 알아야 할 것
이다. 나는 다시 그대들에게 묻겠노라. 과거 역사 어느 페이지에 한국인이
그대들에게 그러한 대우를 했으며 그대들의 무엇을 빼앗아 온 적이 있었
던가? 그와는 반대로 오히려 그대들에게 글을 가르쳤고 문화를 알게 했다.

　　그럼에도 불구하고 그대들은 한국의 병약한 틈을 타서 목줄기를 누르고
생명을 앗아 갔다. '합병'이라는 이름으로. 그 뒤 그대들은 소위 '내선일체
(內鮮一體)'란 말을 창조해 냈다. 그러나 일체란 무엇인가? 일체에 속해 있
는 육체의 각 부분은 팔이 다리를 돕고 다리가 팔을 도우며 눈이 귀를 돕
고 귀가 눈을 도와 질서 있는 균형이 이루어져야 일체의 구실을 다하는 것
이어늘, 그대들은 균형 없는 일방적인 것으로 한국인에게 조그만 자유조
차 주지 않고 소위 특별지원병이니 학병이니 징병, 징용 등등의 명목으로
한국의 젊은이들을 그대들의 총알받이로 내세웠으며, 또 창씨(創氏)를 강
요했고 신사(神社)참배를 강요했으며 황국신민서사 외우기를 강요했다. 그
뿐이랴? 한 사람이 세상에 태어나면 누구든지, 어느 나라 사람이든지 다
자연스럽게 그를 낳아준 그 부모의 말을 배워 차츰 자라 그 말을 바탕으
로 모든 사물을 이해하게 되는 것이어늘 그대들은 감히 우리 한국인들이
먼 먼 조상 때부터 면면히 이어오고 발전해 온 우리의 언어를 빼앗으려 했
다. 그 당시 나이 어린 학생이 어쩌다 깜빡 부주의로 한국어(조선어)로 말
하였다 하여 소위 교사에게 따귀를 맞고 매를 맞았던 그 사람들이 이 땅에

눈을 환히 뜨고 살아 있다. 산 증인들로서 말이다. 그런데도 강제로 한 것이 아니라고 할 수 있겠는가? 그때 그대들은 오직 한국인 모두가 그대들의 노예가 되어 그대들의 삶에 편리한 도구가 되어 주기만을 강요했던 것이다.

이제 문부성 책임자가 말하기를 교과서 내용의 시정에 대하여 왜 유독 한국인이 신경을 곤두세우느냐, 시정 요구는 내정간섭이다, 또 어느 나라이든지 자기 나라의 역사는 자기에게 유리하게 말하는 것이 아니냐고 말했다 하는데, 묻노니 역사상 어느 나라가 일본만큼 그런 잔인무도한 짓을 타민족에게 가한 일이 있었던가?

일본의 잔인무도한 행위는 한국 민족에게 국한되어 행해진 것이 아님은 이 땅 위에 여러 나라 모든 사람들이 잘 알고 있는 사실이다. 일본은 한국에서 피 맛을 보고 나서 계속 만주를 삼켜 버렸고 또 얼마 아니하여 중국의 그 너른 땅덩이마저 삼켜 버리려고 중국 사람에게 8년이란 긴 전쟁을 치르게 하였다. 그때 나는 몸소 그대들의 무도함을, 잔인함을, 부당함을 잘 알게 되었다. 피에 굶주린 이리떼가 아니고서야 어찌 그런 행동을 취할 수 있었겠는가? 전투원끼리의 전투는 우리 말하지 말자. 그 참담하던 피난민들의 모습, 주야로 쉬지 않고 계속되던 폭격, 폭격 뒤에 따르는 참상, …. 일찍이 중국인들이 그대들 영토 어느 구석을 그와 비슷하게라도 침공한 적이 있었던가?

그대들은 탐욕에 눈이 어두워져 버렸다. 거기에다가 철없는 오만만이 어둑서니 키 자라듯이 자라나서 그대들을 미치게 만들었고 미친 짓을 하게 하였다.

그러나 그대들이 미친 짓만을 계속하도록 그렇게 인류의 양심은 죽지 않았다. 드디어 그대들의 패망의 날이 오고야 말았다.

그때 그대들 국민 가운데 더러는 양식 있는 사람이 있어 일본의 과오를 뉘우치며 한국인과 중국인에게 대하여 죄스러워하는 사람도 없지 않았거늘, 이제 와서 그 과오를 솔직하게 시인하려 들지 않고 오히려 그것이 그대들에게 있어 정당한 행위였던 것처럼 역사를 왜곡하여 분명히 침략이었던 것을 '진출'이라 하고, 한국인의 정당한 요구의 표현이었던 독립운동은 도리어 '폭동'이라 하는 등 망언을 계속 일삼으니 아직도 과거의 미친 꿈에서 깨어나지 못하였다는 말인가?

　나는 바라노라. 그리고 나는 한국 국민들의 양심을 믿노라. 우리가 그대들에게 반성을 촉구하고 역사적 사실에 대한 왜곡과 망언에 대하여 이렇듯 분노하는 것은 한국 국민의 지나간 숙원(宿怨)만은 아니요 한국 국민의 자존심만을 위해서도 아니며 우리의 이익만을 위해서도 아니다. 인류의 정의 정도를 위해서, 다시는 이 땅에 과거와 같이 피 흘리는 전쟁을 막기 위해서, 약탈을 막기 위해서 너나없이 공동으로 함께 노력해야 되겠기 때문이다. 철없는 약탈, 철없는 전쟁은 결국 남도 망하고 나도 죽게 마련이니까. 일본은 과거를 철저히 반성하고 지나간 과오에 대하여 뉘우칠 줄 알아야 하며, 더욱이 오늘날에 있어 멀지 않은 지나간 과오를 미화하고 정당화하는 역사 왜곡 및 망언에 대하여 부끄러움을 알아야 할 것이다. 과오를 과오로 솔직히 시인하고 뉘우치는 자만이 새 길을 찾을 수 있고 새 길을 걸을 수 있으며 그런 자만이 진실로 용기 있는 자가 아니겠는가?

편지[7]

홍득룡 선생님께.

5월 6일에 보내 주신 사연 잘 읽었습니다. 돌아가신 아버님이 독립운동에 남기신 유적(遺跡)을 찾아 애태우시는 마음 짐작하고도 남습니다. 저역시 어린 시절을 만주에서 보냈고 독립운동의 와중(渦中)에 자라서 그 당시 독립운동에 참여한다는 일이 얼마나 어렵고 힘든지를 알기 때문에 그당시의 역사적 사실과 아울러 참여하셨던 모든 분들이 한 분도 빠짐없이역사 기록에 영원히 기록되어 우리 민족의 빛나는 혼의 상징이 되기를 원합니다. 그러나 그 당시 함께 참여하시던 분들은 이제 다들 타계하시고 기록조차 찾을 길이 없어 안타깝기만 합니다. 저의 선친께서도 생전에 항상, 함께 일하다가 먼저 독립운동의 길에서 희생되신 분들을 못 잊어하며 밤을 지새우시던 모습을 지금도 어제런 듯 기억하고 있습니다.

그런데도 진작 답신을 드리지 못한 것은 첫째 요즘 저의 건강이 여의치않아 심신이 피로에 지쳐 있기 때문이요, 둘째로는 행여나 건강이 좋아지면 책자라도 더러 찾아보고 무슨 자료라도 찾아본 다음에 회신을 드리고자 한 것인데 그만 차일피일 이렇게 늦어지고 말았습니다. 오직 양해와 용서를 빌 뿐입니다.

제가 알기로는 광복군동지회에는 옛날 만주에서 있었던 독립군 활동에관한 자세한 자료 같은 것은 없는 것으로 알고 있습니다. 다만 김승학(金承

---

7) 신흥무관학교를 졸업하고 만주에서 독립군 활동을 하셨다는 선친의 활동을 입증하기 위해 애쓰던 홍득룡 선생의 서신(1987년 5월 6일)에 대한 답신이다.

學) 저, 한국독립사(韓國獨立史), 353쪽에 신흥무관학교를 졸업하신 분들의 일부 명단이 나와 있을 뿐입니다. 생각건대 그건 해방 후 생존해 계셨던 몇몇 분들의 기억에 의해 구술(口述)된 것을 근거로 한 것이 아닌가 합니다. 그런데 거기에는 홍 선생님 선친의 함자는 보이지 않습니다. 참으로 안타까운 일입니다. 그리고 참고로 말씀드리고자 하는 것은 거기에 성명이 뚜렷이 나와 있는 분들 가운데에도 보훈대상이 아니 되신 분이 계시다는 사실입니다.

그리 아시고 너무 조급해하지 마시고 계속 찾아보시기를 권하고 싶습니다.

끝으로 다시 한 번 좋은 도움 되어 드리지 못하였음을 미안하고 안타깝게 여기면서 회신이 늦어졌음을 사과드립니다.

1987년 7월 13일 지복영 드림

"본래의 우리 가계는 전통적인 무신 집안으로 무장을 많이 배출했어요. 그러다가 할아버지 대에 와서 선비 집안을 이루었는데 아버님(지청천 장군)은 일찍부터 외세의 침략을 막기 위해서는 우리의 국력을 길러야 한다고 판단, 군사력의 중요성을 주장하셨습니다. 그래서 군인이 될 결심을 하셨고, 일본의 육군사관학교에 입학, 군인교육을 받았습니다. 그것은 '내 조국'을 지키기 위한 한 방법이었지, 결코 일본군인이 되려는 것이 아니었어요. 그래서 아버님은 현역 일본군인으로 임관되어 중위가 된 뒤 탈영, 만주로 망명하셨고, 초지일관 조국광복을 위해서만 일하셨습니다."

"[만주에서] 그 당시의 8월은 국치일(8월 29일) 행사를 대단하게 치렀습니다. 이 날은 굴뚝에 연기를 내지 않는 굶는 날로 정했고, 학교에서는 광복의 주제가 담긴 연극, 토론대회를 가지면서 일본에게 빼앗긴 조국을 되찾기 위해 정신무장을 철저히 했지요."

"아버님과 오빠, 그리고 나만이 광복운동을 한 것이 아닙니다. 수없이 많은 사람들이 광복운동에 목숨을 걸었습니다. 내 경우는 그나마 국가로부터 혜택을 받고 있지만 '증거불충분'이란 이유로 작은 보상조차 받지 못하는 경우도 있습니다. 그뿐이 아니지요. 보상은커녕 이름 석 자마저도 밝혀

---

8) 여러 신문, 잡지에 지은이와의 대담 기사가 실렸는데 그 가운데 학생을 대상으로 하고 또 '말'을 중심으로 엮은 「광복군 최초의 여군 지복영 여사」(『학생신보』 1988년 8월 13일) 기사에서 몇 어록을 추렸다.

지지 않은 채 조국광복에 몸 바친 무명투사들은 이루 헤아릴 수 없을 정도입니다. 그런 분들의 목숨을 건 투혼 덕택에 우리나라의 광복이 이루어진 것입니다. 그걸 잊어서는 안 됩니다. 역사는 조금도 왜곡되어서는 안 돼요. 드러난 이름보다는 묻혀버린 이름들에 대해서 바르게 알려주어야만 합니다."

"나는 여섯 살 때 일주일을 꼬박 굶으면서도 배가 고프다거나 밥을 달라거나 하는 말을 해 보지 않았던 사람입니다. 열세 살 때 양손의 손톱이 죄다 빠질 정도로 농사일을 해 보고 나서 노동하는 사람의 고마움도 깨달았어요. 그리고 그렇게 하고 싶었던 공부 대신 조국을 되찾는 데에 나를 던졌던 것도, 그때는 그것이 내가 가야 할 옳은 길이라고 생각했기 때문이지요."

"지금은 자신이 하고 싶은 뜻을 세우기만 하면 뭐든지 이룰 수 있는 좋은 세상입니다. 정말 열심히 공부해서 이 나라의 국력을 키우는 데에 일익을 담당할 수 있기를 바랍니다. 그러나 성적을 따기 위한 공부나 건강을 해치면서 하는 밤샘공부는 하지 말라고 당부하고 싶군요. 모든 것은 '나'가 건강하고 난 뒤의 일이니까요."

 자술 연보

1919.4.11(음)	오전 9~10시 사이(巳時)에 한국 서울 종로구 관훈동 셋방에서 태어남.
1924. 여름	어머니와 오빠를 따라 만주로 감.
1925	봄 길림성 액목현(額穆縣) 검성중학(儉成中學) 부속 소학교에 입학. 독립운동가 춘정(春汀) 이완규(李玩圭) 선생으로부터 배움을 시작.
1926	길림성 오상현(五常縣) 치거띵즈(七個頂子)에서 자연을 벗으로 삼아 지냄.
1927~1928	길림성 오상현 싸허즈(沙河子)에서 이장녕(李章寧) 선생을 교장으로 은사 김창도(金昌道) 선생으로부터 가르침을 받음.
1929~1930	길림성 충하진(冲河鎭)에서 처음으로 농사일을 돕기 시작. 1930년에 교포들의 주선으로 신광(新光)학교가 세워지자 4학년으로 전입. 동시에 소년단 단장으로 임명되어 활동.
1931	주하현(朱河縣)으로 이사. 오빠 지달수(池達洙)를 도와 농사. 9·18 만주사변이 일어남.
1932	오상현 샤오쓰허(小石河)에서 농사. 전 해에 일어난 만주사변으로 전화(戰禍) 속에서 농사는 거의 황폐되고, 가을에는 장질부사로 앓기 시작. 8개월 동안 사경을 헤매다가 다음 해 4월에야 겨우 혼자 걸을 수 있게 됨. 발병 전 그해 여름에 오빠는 대한독립군에 입대하여 일군(日軍)과 싸움.
1933	1931년 말에 언니 선영(善榮)이 심만호(沈晩湖) 선생의 조카 심광식(沈光植)과 결혼하여 1932년 12월 7일(음력)에 득남하고 주하현으로 옮겨감에 따라 어머니와 나도 따라 옮겨가서 언니네와는 따로 논 한 쌍지기(1晌)를 얻어서 농사를 지음. 그해 겨울 아버지로부터 연락을 받고 낙양군관학교에 입학할 청년 3명을 가족으로 위장하여 언니네와 함께 북경으로 감.
1933~1935	여름 청사(晴簑) 조성환(曺成煥) 선생에게서 6개월 동안 중국어를 배워 중국 사람으로 행세하고 풍옥상(馮玉祥)이 세웠다는 구지(求知)소학교에 응시하여 합격(고급소학 1학년).
1935. 여름~	일제의 마수가 북경에까지 뻗어 와서 불안해지자 남경으로 이주. 사립 육군(育群)중학에 동등 학력으로 응시 합격. 제2학기부터는 전교수

석에게 지급되는 장학금으로 학업을 계속. 교장 왕육재(汪育才. 여) 채여림(菜汝霖. 남).

1937.11   한국광복진선(韓國光復陣線. 대한민국임시정부 산하) 소속 교포들과 함께 호남성 장사(長沙)로 피난.

1938.7~1939.4   장사가 위태로워지자 광동성 광주(廣州)로 피난. 1938년 10월에 다시 광서성 유주(柳州)로 피난. 1938년 겨울 유주에서 항적선전(抗敵宣傳)을 개시. 1939년 2월 한국광복진선 청년공작대(靑年工作隊)가 정식으로 결성됨.(지금 전하는 당시 단체사진에 본인은 빠져 있음. 언니의 신병이 악화되어 돌보느라고 사진 찍는 데 참가하지 못함.)

1939.4~1940   여름 1939년 4월에 다시 사천성 기강(綦江)으로 옮겨 그해 여름까지는 친구들과 함께 심신단련에 힘쓰며 벽보를 만들어 게시. 그러다가 임시정부의 주선으로 여름 신학기에는 한국유학생 자격으로 국적을 밝히고 각급 학교에 분산되어 학업을 계속함. 조계림(趙桂林)과 함께 제5중산중학(第五中山中學. 고등학교 과정)에 배치됨.

1940.9.17   한국광복군이 창군됨에 따라 자원 입대. 창군 전례식 때부터 참가하여 11월 총사령부가 일선지구 가까운 섬서성 서안(西安)으로 옮겨감에 따라 함께 이동. 총무처, 정훈처 등에서 복무하면서 군 기관지『광복(光復)』을 한글판과 중국어판 두 가지로 펴내는 일에 참여. 편집책임자 김광(金光), 인쇄책임자 김용의(金容儀), 총책임자 조경한(趙擎韓).

1942.4   한국광복군 초모위원회(招募委員會) 일원으로 김학규를 수장(首長)으로 신송식(申松植), 김광산(金光山), 서파(徐波), 신구섭(申久燮), 오희영(吳熙英), 오광심(吳光心) 등과 함께 적정 탐지 및 광복군 초모공작을 위해 안휘성 부양(阜陽)으로 감.

1943.5   전 해에 발생한 한재(旱災)에 이어 황하(黃河), 회수(淮水)의 범람으로 부양현성 주위의 모든 마을이 전부 유실되고 살아남은 주민들은 또 굶주림으로 떼로 죽어 들에 널려있음을 보게 됨. 50년 만에 당하는 큰 수재라고 했는데 이로 인해 초모위원회도 식생활에 영향을 받아 하루 한 끼니로 연명하기에 이르렀음. 이에 육신으로나 정신으로 크게 괴로워하던 끝에 영양실조로 발병. 당지에는 의료시설이 없어 치료가 불가능하여 김학규 대장의 명을 받아 후방 중경으로 귀환. 마침 적후를 탈출하여 부양에 체류 중인

	조병걸(趙秉傑)이 중경 임시정부로 가기를 소원하여 인솔을 맡음.
1943~1945	임시정부 선전부(부장 엄항섭) 및 외무부(부장 조소앙)에서 자료과 과원,
	선전과 과원으로 근무.
1944~1945	중국 중앙방송국(中央廣播電臺)에서 대적(對敵) 한국어방송을 담당.
	한국광복군 총사령부 비서실 한글비서로 복무.
1945.8.10	일본의 무조건 항복을 알게 됨.
1946.5	한국광복군 국내 복원과 함께 귀국.
1946.8	한국 국립도서관 전문학교에 입학(단기속성).
1947. 가을	서울대학교 중앙도서관 사서로 동양서적(특히 중국 고서)과 현대서적의
	분류를 맡아 함(목록과).
1950.6.25	한국동란 발생. 많은 피난민들과 같이 남으로 피난.
1953	이재석(李梓錫)과 결혼.
1954.3	장녀 이모현(李慕賢) 출생.
1956.6	장남 이준식(李俊植) 출생.
1959.8	차남 이중연(李中淵) 출생.
1963.8.15	대한민국 정부로부터 독립유공(건국공로) 표창을 받음.
1963.9~1982.3	부산 화교중학(중고등학교) 전임교사.
1971	중화민국 주한대사관(대사 羅英德)으로부터 교육공로상을 받음.
1978	대한민국 정부로부터 독립유공(건국공로) 포장을 받음.
1990.12.26	대한민국 정부로부터 독립유공훈장(건국훈장) 애국장을 받음.
1983~집필현재	한국광복군동지회 상임위원(이사) 및 부녀부장, 한국독립유공자협회 상임
	이사 및 부녀부장 등 역임.

연보 보유(補遺)

1995.3	저서 『역사의 수레를 끌고 밀며: 항일무장독립운동과 백산 지청천 장군』(
	문학과지성사)을 펴냄.
2007.4.18	향년 89세로 별세. 국립대전현충원 애국지사묘역에 안장.
2012.5	국가보훈처에서 '이달의 독립운동가'로 선정.

민들레의 비상
여성 한국광복군 지복영 회고록

지은이 지복영   **정리** 이준식
펴낸곳 민연
펴낸이 방학진
교열 조세열
편집 박광종 손기순
출판등록 제2018-000004호
주소 서울시 용산구 청파로 47다길 27, 3층(청파동2가 서현빌딩)
홈페이지 www.historybank.kr
전자우편 minjok815@gmail.com
인쇄 디자인 내일

초판 1쇄 발행 2015년 7월 31일
초판 2쇄 발행 2019년 4월 30일

정가 15,000원

ISBN 978-89-93741-12-4